U0560167

铿然舍瑟春风里

王陽明

心学语录的天人之境

青山闲人／著

团结出版社

图书在版编目（ＣＩＰ）数据

　　铿然舍瑟春风里 / 青山闲人著. -- 北京 ：团结出版社，2019.3（2019.7 重印）
　　ISBN 978-7-5126-6691-7

　　Ⅰ．①铿… Ⅱ．①青… Ⅲ．①古典哲学－中国－通俗读物 Ⅳ．①B21-49

　　中国版本图书馆 CIP 数据核字(2018)第 233912 号

出　　版：团结出版社
　　　　　（北京市东城区东皇城根南街 84 号　邮编：100006）
电　　话：（010）65228880　65244790 （出版社）
　　　　　（010）65238766　85113874　65133603（发行部）
　　　　　（010）65133603（邮购）
网　　址：http://www.tjpress.com
E-mail：zb65244790@vip.163.com
　　　　　fx65133603@163.com（发行部邮购）
经　　销：全国新华书店
印　　装：三河腾飞印务有限公司

开　　本：170mm×240mm　　　　16 开
印　　张：25.5
字　　数：352 千字
印　　数：5046-7055
版　　次：2019 年 3 月　第 1 版
印　　次：2019 年 7 月　第 2 次印刷

书　　号：978-7-5126-6691-7
定　　价：68.00 元
　　　　　（版权所属，盗版必究）

为什么说阳明学是医治灵魂的良方？

（一）

古往今来，大凡医者，可分为五个层次：

大医治神！

上医治心！

中医治身！

下医治病！

下下医治症！

阳明学是治心之学，更是治神之学，是医治灵魂之学！

心与神是什么关系呢？

心为神府！

府，就是住宅也；神府，就是神明（灵魂）寄居的地方。

故，

心宅越宽敞，灵魂越自由；

心宅越温凉，灵魂越自适；

心宅越素朴，灵魂越自在。

反之，

心宅越狭窄，灵魂越局促；

心宅越燥热，灵魂越烦躁；

心宅越奢靡，灵魂越堕落。

故，

修习圣人之学，实乃修建心宅之学，安置灵魂之学！

一个人，要修建好自己的心宅，装饰好自己的神府，应当注意些什么呢？应当遵循些什么呢？

阳明先生传授给你三个字的秘方：循天则！

什么叫天则？

就是天道的自然法则。

什么叫循天则？

就是人的思维、理念、言行能遵循天道的法则。

天则这个概念，尽管并不像"心即理""知行合一""致良知"出现得那么频繁，但在阳明心学里，却是一个极核心的概念。如果把心即理、知行合一、致良知比作星星，那么，"天则"就是阳明心学天空里的太阳！

在《传习录》中，阳明先生三次提到"天则"：

一次是，黄以方问他："声色货利，恐良知亦不能无？"先生回答："当然，这就像最干净的地板上面也会有灰尘一样。但是，对于圣学上的初步用功者，千万要扫荡干净，别让灰尘在上面留积。这样，即便是遇到声色货利的诱惑，也不会成为负担，顺其自然地就应对了。净化自己的良知，一定要在扫除心宅里的声、色、货、利等灰尘上用功。一个人，如果能够把自己的良知净化得精精明明，没有丝毫的遮蔽，即便有声、色、货、利等私欲的侵蚀，也无非是循着天道的'法则'流去了，不会有一点留积在心！"

一次是，有个朋友问："释氏亦务养心，然要之不可以治天下，何也？"先生回答说："我儒家养心，从来没有离开过具体的实践和事物，只是顺着'天则'自然去修为就行了。佛教却要抛弃世间一切事物，把心看作一种幻像，渐渐地流入了虚无空寂之中，与世事仿佛没有丝毫的关系，既如此，也就无法打理天下之世事了。"

还有一次，阳明先生在给学生讲中庸时，举了孔子的例子："孔子面对乡野村夫们的提问，也并不是事先准备了多少知识来应答，而是先把自己的心放得空空的，然后根据村夫们所问的问题，把住是、非两个端口，帮他们客观地剖析一下，村夫们也便了然于心了。村夫们心中这种自知的是非标准，便是他们的本来'天则'。圣人虽然聪明，也难以帮他们增减得一分一毫。"

细细揣摩上述三段话的真髓，可以看出，阳明先生所谓的"天则"，乃天地间最大的法则，具有三个鲜明的特征：

一是本来的原生性；

二是绝对的规律性；

三是无限的外延性。

面对这种崇高的天地大法则，任何力量都是难以撼动和改变的，任何力量在它面前，除了"遵循"，别无选择！

（二）

一个人，怎样才能修炼到"循天则"的灵魂自由境界呢？

阳明先生为你开出了"四随"的药方！

其一，是随遇而安。无论是遭遇顺境还是逆境，无论是遇到险境还是窘境，无论是踏上终南捷径还是陷入烂泥之途，都能保持一颗安然、安定之心，既不妄喜，也不惶惧；都能做到"险夷原不滞胸中"。

其二，是随地而乐。就像阳明先生一样，漫步于湖光山色之中，能享受自然之乐；拘禁于阴暗牢房之中，能找到义理之乐；忙碌于官衙案牍之中，能享受亲民之乐；独处于龙场蛮荒绝境之地，能找到悟道之乐……也就是说，无论处于何地，都能做到"常快乐"三字！

其三，是随感而应。世间万物有万变，但万变不离其心。如何以一心应万物，以一心应万事，以一心应万变？阳明先生告诉你，"跟着感觉走"！当一个人修炼到"致良知""循天则"的境界时，他的"天感"也就激发出来了。这种天感，既像一面放大镜，又像一面显微镜，能将一切世事、一切人心，洞察得清清楚楚、明明白白，并让你在最快的时间内作出最真切的反应。

其四，是随机而动。万化生于机。机者，机遇也，机变也，机会也。阳明先生一生，无论是处理政务难题，还是处置军事险情，从不给自己先画框框，搞"画地为牢"，而是具体事物具体分析，并根据具体分析再制定具体行动方案。如同样是处理土匪头子，在面对良知泯灭、不思悔改的涠头大贼首池仲容时，阳明先生就用了一个"诈"字，干净利落地除掉了他；而在面对良知犹存、一心归顺的广西大贼首卢苏、王受时，阳明先生就用了一个"诚"字，恩威并施降服了他们。

（三）

世人都晓神仙好！

当一个人能够修行到"四随"之境时，那他即便不是神仙，也好过神仙了。

何为神？就是你心中的那一点灵明，就是你的灵魂。

何为仙？就是在"山"中修行之"人"。

两个字合起来，所谓的"神仙"，就是灵魂极度自由、内心极度自在之人！

一个人，如何才能拥有一个自由、自在的灵魂呢？

阳明先生又给你开出了一剂良方。这个方子，由三味药组成：

第一味，是"君子穷达、一听于天"，破"执"念。有执念之人，往往是一条道走到黑，不撞南墙不回头。特别是对孟子所讲的功、名、利、禄等"求在外"的东西，一片痴心不改，一味痴迷不醒，最终是自己把自己关进了声、色、货、利之牢笼。反之，无执念之人，则"人生达命自洒落"，其心就像那广阔无垠的天空，其灵魂就像那天空中飘着的白云，去留无意，舒卷自如。

第二味，是"顺其自然"，破"逆"念。有逆念之人，往往喜欢较劲、较真，明明知道逆水行舟难上加难，可偏偏就是要顶着上、逆着进。就像1506年时的阳明先生，明明知道荒唐的正德皇帝和一手遮天的刘瑾不可能听得进逆耳忠言，当时的天下大势已经是"黑云压城"，可他还是逆势上了一道劝谏之书，结果呢？被打了个半死，发配到龙场绝境之地。龙场悟道，对阳明先生而言，不仅仅是悟到了什么"心即理"，更重要是破了"执"念，破了"逆"念，凡事讲究物来顺应，凡事讲究顺势而为。正因为破了"逆"念，当1515年正德皇帝大搞劳民伤财的迎佛活动时，阳明先生虽然写了一道《谏迎佛疏》，但却始终没有发出去。因为，他已经消除了当年的"逆"念了！

第三味，是"勿以妄想灭真知"，破"妄"念。妄者，通"亡"也。古往今来，有多少帝国、多少组织、多少雄君、多少英杰、多少巨商、多少大贾，皆因一个"妄"字，而走向覆亡之途。龙场悟道，阳明先生之所以能在绝境之中浴火重生，一个重要的因素，是他破除了妄念，破除了自己"致君尧舜上"的妄念。因为无论是当时的正德皇帝，还是后来的嘉靖皇帝，根本不具备尧舜的情怀，又如何做得了尧舜事业？妄念灭，真知出。正是破除了对昏庸之君的妄念，阳明先生才找到了自己内心真正的良知，才获得了灵魂真正的自由和自在！

为什么说王阳明是东方文艺复兴的巨星？

世界是由量子构成的！

相互纠缠的两个量子，不管距离有多么遥远，当其中一个发生变化时，另一个也会在瞬间发生相应的变化。

这一规律，不仅适用于天地、自然、万物，也适用于文明、思维、艺术……

十五世纪末，当意大利三个最伟大的艺术家达芬奇（1452—1517）、米开朗基罗（1475—1564）、拉斐尔（1483—1520），打着复兴古希腊、古罗马艺术的旗号，将文艺复兴运动推向了高潮时，以"人"为中心的人文主义精神，就如同那光芒四射的一轮太阳，冲破了中世纪以"神"为中心的重重黑暗和窒息，为人类赢得了一次难得的大解放！解放的内容，包括：人的价值、人的尊严、人的本性自由、人的生命平等……

同为纠缠，在东方，中国（大明王朝）三个最伟大的思想家陈献章（1428—1500）、王阳明（1472—1529）、湛若水（1466—1560），打着复兴儒学的旗号，冲破了"理"学的重重窒息，将"心"学运动推向了高潮，构建了一个完整的心学世界观体系。"天地我立，万化我出，宇宙在我"，为人类赢得了一次难得的心灵独立、自由与解放。

这三人中，献章、若水均以动嘴皮子为主，以立言为主，独有阳明先生，则以"立德、立功、立言"真三不朽、以文武双全的大圣人而名于世！其所创造的阳明学，不仅风靡明朝一百余年，更盛极于清末、民国与当代；不仅在日本蔚然成风，遍地开花结果，还传播到了欧美。

滚滚长江东逝水，浪花淘尽英雄。

历经五百年的千淘万漉，为什么阳明学会焕发出越来越夺目的光彩呢？

这其中的原因，可能很多很多，但主要的两点，就在于：符合人性，适应潮流。前者，是本质特征的问题；后者，是功能效用问题。

先说说阳明学的本质特征。归结起来，主要有五个方面：

第一，阳明学乃人性解放之学。阳明先生是一个有独立精神的人！他做学问，完全秉承陈献章"学贵知疑"的优良传统，大疑则大进，小疑则小进。人性之自由、开放，是阳明学的最鲜明的特色。日本著名阳明学者冈田武彦先生在其巨作《王阳明大传》中，对阳明先生作了如此评价："严格来说，中国真正的文艺复兴始于王阳明。王阳明创立'良知'说，认为自我和圣人一样，生而伟大，存而无异，这种强调自我的主张正是文艺复兴开始的标志。""阳明学对那些虚伪的儒学家充满憎恶，以率性而为、随心而乐为善。虽然这种人性解放也产生了很大的问题，但毋庸置疑，阳明学开启了中国真正的文艺复兴之路。"

第二，阳明学乃人格平等之学。阳明先生是一个有大平等观念之人！在他看来，满大街都是圣人！无论是高官还是小吏，无论是巨贾还是小贩，无论是贤士还是愚夫，无论是学者还是白丁……只要是人，心中都有良知，心中都有一个太阳，心中都有一盏明灯。只要你把那一盏心中的灯点亮，就能驱散千年的黑暗；只要你把那层层乌云拨开，就能见到太阳的光芒万丈；只要你把那私欲去掉，就能让良知得以彰显，就能达到圣人的境界。这种人格的平等，体现在阳明先生招收学生的工作中，就是人人都可以进入他的"圣学"修习班。位高权重的大臣可以进来，知识渊博的大儒也可以进来；年逾七十的老翁可以进来，十几岁的孩童也可以进来；英俊潇洒的士子可以进来，又聋又哑的残疾人也可以进来……在阳明先生看来，在追求圣贤的大道上，每一个人都具有平等的资格，不管是富裕还是贫贱，不管是高贵还是卑微，不管是年老还是年少，不管是健康还是残疾，都具有成为圣人的可能，只要他（她）肯努力，只要他（她）肯向上。

第三，阳明学乃人心净化之学。阳明先生是一个有大勇气之人！心犹水，私欲如泥，泥土多了，水自然浑浊；心犹镜，私欲如垢，尘垢积厚了，镜面自然斑驳。阳明学强调净心，实质上就是一个去污泥、扫尘垢的过程。世间万物，均以对立而存在。浮云散，明月照人来；私欲去，良知自然显。圣人净心之途，就是一个以强大意志、巨大勇力控制私欲、彰显良知的过程。朱熹讲"存天理、灭人欲"，这话有些绝对，也办不到。阳明先生不讲"灭"字，只强调一个"减"字，减得一分人欲，便复得一分天理，这话更符合人性的本质。

第四，阳明学乃人文关怀之学。阳明先生是一个有大慈悲心之人！这种慈悲之心，就体现在"亲民"二字上。何谓亲民，就是把每一个人都能当作自己的亲人去看待。阳明先生一生为官，不管是当县令，还是当巡抚，都把百姓疾苦放在第一位，为了维护百姓利益，不惜与上司顶撞，不惜与朝廷叫板。在他看来，当官就得把亲民作为第一责任，他所写的《大学问》，实质上就是在向世人传授"为人民服务"的大学问。

第五，阳明学乃人伦教化之学。阳明先生是一个有大战略之人！这种大战略体现在：不争做一代之官，而争为百代之师。因而，无论在何处为官，他都不忘讲学。即便是在非不得已、必须拿刀砍人的烽火战场，他也不忘温情脉脉地执卷讲学授业。至于他的教育理念，则突出了三个特点：一是寓教于"本"。这个本，就是人伦之本，即教育的重点，始终是放在"君臣有义、父子有亲、长幼有序、夫妻有别、朋友有信"的人伦大义上，在他看来，学校之中，唯以成德为事，其余皆末。二是寓教于"乐"。他的课堂，不在房屋里，不在楼阁中，往往是在大自然中，在秀美的山山水水中，通过轻松愉悦的交流探讨，通过一些不经意的点拨，让学生自悟自得。三是寓教于"励"。无论学生的条件是好是差，无论学生的资质是高是愚，他都以鼓舞为主，以鼓励为主。尤其是，他要求每一个学生先立圣人之志，再求圣人之学，这在古往今来的教育史上，都属于特色独具！

接着，我们再探究一下阳明学的功能效用。归结起来，有四个方面：

第一大功效，阳明学乃王者治心之学。世间之人，有"真我"和"假我"之分。所谓真我者，循本心本性而行事者也。世间之王，亦有"真王"和"假王"之分。所谓真王者，不光以威刑束人之行，更以威德服人之心。在阳明先生看来，动天下者当动天下人之心，静天下者当静天下人之心。他羡慕唐尧、舜禹，经常念叨"古人为治，先养得人心和平"。如何一个养法？从他每到一地的施政方略看，总离不开三个法子：一是明法纪，用法纪之剑震慑人心。二是正风俗，如他在庐陵针对其盛行的告状风出台的奇怪的告状信写法要求，在赣州发布的乡约，以及恢复申明亭和旌善亭的做法，都是为了改变一地之坏习俗。培养民众的好习惯。三是重教化，每到一地都举办书院，通过培养士子来转移世风，净化人心，从而达到人心平、天下平的理想效果！

第二大功效，阳明学乃强者炼心之学。何谓强者？在阳明先生看来，就是当得起"豪杰"二字。何谓豪杰？就是有大志、有大勇、有大量、有大力之人。所谓有大志者，并不是以图谋当大官、掌大权为目的，而是以宣扬圣人之学，拯救天下人心之陷溺为己任，使天下之人都能自致其良知。所谓有大勇者，就是能够做到"苦其心志、劳其筋骨、饿其体肤"而不改其初心之人。人生春风得意之时，时刻不忘用良知镜照警示自己；人生秋风萧瑟之时，时刻不忘用良知激励鼓舞自己。所谓有大量者，就是做人做事但凭良知，对世间一切非议、诽谤、毁誉，都能做到淡然处之。就像阳明先生在江西时，面对平定宁王叛乱后皇帝的猜疑，面对朝廷中枢大臣的猜忌，面对一帮奸佞之臣的猜怨，始终保持一种"人生达命自洒落"的心态。所谓有大力者，就是在危难时刻，在纷杂局面中，能保持清醒神志、强大定力的人。就像阳明先生，面对宁王的突然叛乱，面对宁王号称十八万、至少也有十万的虎狼之师，面对当时江西全省已无官可用、无兵可用、无粮可用、无饷可用的困局，依然在谈笑之间，用一种非常规的办法，聚起了一帮骨干，凑起了一支兵马，硬是创造了以弱胜强、以少胜多的奇迹！如此有大志、大勇、大量、大力之人，焉能当不起"豪杰"二字！至于如何将自己炼就为豪杰，阳明先生告诉你一个不二法门，就是"事上磨炼"。即通过每一件具体事情去磨炼自己，通过抵御声色货利的诱惑去磨炼自己，通过忍受各种攻击诽谤去磨炼自己……总之，生活、工作中的每一次遭遇、每一次打击、每一次含羞忍耻，都是磨炼心志、成就自己的最好机会。

第三大功效，阳明学乃兵者攻心之学。阳明学诞生近五百年来，之所以受到世人如此青睐，受到英雄豪杰如此推崇，一个重要的元素，就是阳明先生创造的用兵如神、百战百胜的战争奇迹。世间之事，最复杂多变、最凶危难测者，莫过于打仗，而一种学问，能经得起战争检验者，必定是真学问！否则，即便如那赵括、马谡，纵然是口若悬河，纵然是下笔千言，亦是停留在纸上的假学问，当不得真。阳明学之所以为真学问，主要原因还是阳明先生无论打什么仗，用什么谋，都是万变不离其"心"，他把孙子的"攻心为上"之诀，算是悟到了极致，用到了极致。就拿平定宁王叛乱来说吧，他用伪造的几十份调兵文件，就把宁王的心神彻底搞了个稀巴乱，硬生生错过了最佳战机；平定广东浰头的贼匪，他用一封温情脉脉的书信，就把几千土匪暴戾之气消解得无影无踪；平定广西叛乱，他还是用一封情真、理正、威严的书信，让卢苏、王受及他们率领的七万兵马心甘情愿地归服。如此大手笔，焉能不让后世领兵者神往崇拜！

第四大功效，阳明学乃仁者乐心之学。阳明先生的一生，既是辉煌的一生，也是饱受屈辱、打击、诽谤的一生，更是达观、和乐、坦易的一生！一个人在顺风顺水之时，有一个好心境、好情绪，不算什么；在逆境逆流之时，能够保持一个好心态、好心情，则实属不易！"常快活便是功夫"，这是阳明先生教给学生的一把衡量修身的标尺。遇危险便恐，不是功夫；遇挫折便馁，不是功夫；遇屈辱便愤，不是功夫；遇诽谤便怒，不是功夫……什么是真功夫？就是在你遭遇世间一切无常之成败利钝时，一切无常之算计侮辱时，能够淡然应对之，能够廓然接受之。而能将功夫修到如此境界者，则必须具备"天地万物一体之仁"！世间非有大仁者，不能忍大挫大辱，不能得大和大乐！

这世上没有无缘无故的爱，更没有无缘无故的心甘情愿！

阳明学问世近五百年来，之所以能得到如此多世界级英雄豪杰的推崇，一个重要原因，就是它掌握了人的心，发现了人心中的原子核"良知"，并告诉人们，如何以仁去涵养良知，如何以义去致其良知，如何以礼去修习良知，如何以智去妙用良知，如何以信去坚守良知！

励志篇

1.　立志贵专一
　　　——《王阳明全集·语录一·薛侃录》 /002

2.　举业不患妨功，唯患夺志
　　　——《王阳明全集·文录一·与辰中诸生》 /004

3.　君子唯患学业之不修，科第迟速，所不论也
　　　——《王阳明全集·文录一·寄诸用明》 /006

4.　夫志犹种也，学问思辩而笃行之，是耕耨灌溉以求于有秋也
　　　——《王阳明全集·文录四·赠郭善甫归省序》 /008

5.　君子之学，无时无处而不以立志为事
　　　——《王阳明全集·文录四·示弟立志说》 /010

6.　为人臣者，上有益于国，下有益于民，虽死亦甘为之
　　　——《王阳明全集·别录九·再批追征钱粮呈》 /011

7.　能下人，是有志；能容人，是大器
　　　——《王阳明全集·外集二·示宪儿》 /013

8. 须怜绝学经千载，莫负男儿过一生

——《王阳明全集·外集二·月夜二首》 /014

9. 志不立，天下无可成之事

——《王阳明全集·续编一·教条示龙场诸生》 /016

10. 夫志士仁人皆心有定主，而不惑于私者也

——《王阳明佚文辑考编年·弘治五年乡试卷〈论语〉》 /017

11. 世俗之荣辱，决非君子之所为欣戚也

——《王阳明佚文辑考编年·与谢士洁书》 /019

12. 夫志，气之帅也，人之命也，木之根也，水之源也

——《王阳明全集·文录四·示弟立志说》 /021

良知篇

13. 无善无恶心之体，有善有恶意之动；知善知恶是良知，为善去恶是格物

——《王阳明全集·语录三·钱德洪录》 /026

14. 心者，身之主也；而心之虚灵明觉，即所谓本然之良知也

——《王阳明全集·语录二·答顾东桥书》 /030

15. 天理之在人心，终有所不可泯，而良知之明，万古一日

——《王阳明全集·语录二·答顾东桥书》 /033

16. 能戒慎恐惧者，是良知也

——《王阳明全集·语录二·答陆原静书·又》 /035

17. 良知之在人心，不但圣贤，虽常人亦无不如此

——《王阳明全集·语录二·答陆原静书·又》 /037

18. "致良知"是学问大头脑，是圣人教人第一义
——《王阳明全集·语录二·答欧阳崇一》 /039

19. 思是良知之发用。盖思之是非邪正，良知无有不自知也
——《王阳明全集·语录二·答欧阳崇一》 /042

20. 君子之酬酢万变，当行则行，当止则止，当生则生，当死则死，斟酌调
停，无非是致其良知，以求自慊而已
——《王阳明全集·语录二·答欧阳崇一》 /044

21. 世之君子唯务致其良知，则自能公是非，同好恶，视人犹己，视国犹家
——《王阳明全集·语录二·答聂文蔚》 /046

22. 今诚得豪杰同志之士，扶持匡翼，共明良知之学于天下，使天下之人皆
知自致其良知，以相安相养，去其自私自利之蔽，一洗谗妒胜忿之习，
以济于大同
——《王阳明全集·语录二·答聂文蔚》 /047

23. 尔那一点良知，是尔自家的准则
——《王阳明全集·语录三·陈九川录》 /049

24. 良知在人，随尔如何，不能泯灭
——《王阳明全集·语录三·陈九川录》 /050

25. 人若知这良知诀窍，随他多少邪思枉念，这里一觉，都自然消融，真个是
灵丹一粒，点铁成金
——《王阳明全集·语录三·陈九川录》 /052

26. 良知是造化的精灵
——《王阳明全集·语录三·钱德洪录》 /054

27. 良知是你的明师
——《王阳明全集·语录三·钱德洪录》 /057

28. 良知愈思愈精明，若不精思，漫然随事应去，良知便粗了

　　——《王阳明全集·语录三·钱德洪录》　　　　　　　/059

29. 良知只是个是非之心，只是非就尽了万事万变

　　——《王阳明全集·语录三·钱德洪录》　　　　　　　/061

30. 圣人之知如青天之日，贤人如浮云天日，愚人如阴霾天日

　　——《王阳明全集·语录三·钱德洪录》　　　　　　　/063

31. 学者信得良知过，不为气所乱，便常做个羲皇已上人

　　——《王阳明全集·语录三·钱德洪录》　　　　　　　/064

32. "良知"二字真吾圣门正法眼藏

　　——《王阳明全集·文录二·与邹谦之·二》　　　　　/066

33. 所幸良知在我，操得其要，譬犹舟之得舵，虽惊风巨浪颠沛不无，尚犹
　　得免于倾覆者也

　　——《王阳明全集·文录三·寄邹谦之·四》　　　　　/067

34. 夫名利物欲之好，私吾之好也，天下之所恶也；良知之好，真吾之好
　　也，天下之所同好也

　　——《王阳明全集·文录四·从吾道人记》　　　　　　/069

35. 良知即天道

　　——《王阳明全集·年谱卷三》　　　　　　　　　　　/071

36. 夫良知，一也，以其妙用而言谓之神，以其流行而言谓之气，以其凝聚
　　而言谓之精

　　——《王阳明全集·传习录·答陆原静书》　　　　　　/074

37. 心之良知，是谓圣。圣人之学，唯是致此良知而已

　　——《王阳明全集·文录五·书魏师孟卷》　　　　　　/077

教化篇

38. 学校之中，唯以成德为事
    ——《王阳明全集·语录二·答顾东桥书》 /080

39. 今教童子，必使其趋向鼓舞，中心喜悦，则其进自不能已
    ——《王阳明全集·语录二·训蒙大意示教读刘伯颂等》 /081

40. 人胸中各有个圣人，只自信不及，都自埋倒了
    ——《王阳明全集·语录三·陈九川录》 /083

41. 乐之元声只在你心上求
    ——《王阳明全集·语录三·钱德洪录》 /085

42. 学问也要点化，但不如自家解化者，自一了百当
    ——《王阳明全集·语录三·钱德洪录》 /086

43. 你看满街人是圣人，满街人到看你是圣人在
    ——《王阳明全集·语录三·钱德洪录》 /090

44. 无有为善而不蒙福，无有为恶而不受殃
    ——《王阳明全集·别录八·告谕新民》 /091

45. 风俗不美，乱所由兴
    ——《王阳明全集·别录八·告谕》 /093

46. 务洗贪鄙之俗，共敦廉让之风
    ——《王阳明全集·别录八·优奖致仕县丞龙韬牌》 /094

47. 种树者必培其根，种德者必养其心
    ——《王阳明全集·传习录·薛侃录》 /095

48. 致中和，则大本立而达道行，知天地之化育矣

　　——《王阳明全集·文录四·修道说》　　　　　　　　　　　/097

49. 日趋于和平而大会于中正，斯乃圣贤之德之归矣

　　——《王阳明全集·外集七·祭文相文》　　　　　　　　　　/101

用兵箴

50. 出其所不趋，趋其所不意

　　——《王阳明全集·别录一·陈言边务疏》　　　　　　　　　/104

51. 兵无定势，谋贵从时

　　——《王阳明全集·别录二·议夹剿方略疏》　　　　　　　　/106

52. 胜败由人，兵贵善用

　　——《王阳明全集·别录一·闽广捷音疏》　　　　　　　　　/107

53. 夫盗贼之患，譬如病人，兴师征剿者，针药攻治之方；建县抚辑者，饮食调养之道

　　——《王阳明全集·别录三·添设和平县治疏》　　　　　　/109

54. 任之不专，无以连属人心；赏罚之不重，无以作兴士气；号令之不肃，无以督调远近

　　——《王阳明全集·别录三·辞免升荫乞以原职致仕疏》　　/111

55. 举动由己，呼吸从心

　　——《王阳明全集·别录八·选拣民兵》　　　　　　　　　　/112

56. 用兵何术？但学问纯笃，养得此心不动，乃术尔

　　——《王阳明全集·世德纪附录·征宸濠反间遗事》　　　　/114

修行箴

57. 人须在事上磨，方立得住，方能静亦定，动亦定
——《王阳明全集·语录一·陆澄录》 /120

58. 知是行的主意，行是知的功夫；知是行之始，行是知之成
——《王阳明全集·语录一·徐爱录》 /123

59. 人须有为己之心，方能克己。能克己，方能成己
——《王阳明全集·语录一·薛侃录》 /125

60. 破山中贼易，破心中贼难
——《王阳明全集·文录一·与杨仕德薛尚谦》 /128

61. 人要随才成就，才是其所能为
——《王阳明全集·语录一·陆澄录》 /131

62. 人到纯乎天理方是圣，金到足色方是精
——《王阳明全集·语录一·薛侃录》 /133

63. 桀、纣心地如何做得尧、舜事业
——《王阳明全集·语录一·薛侃录》 /136

64. 大凡看人言语，若先有个意见，便有过当处
——《王阳明全集·语录一·薛侃录》 /138

65. 精神、道德、言动，大率收敛为主，发散是不得已。天地人物皆然
——《王阳明全集·语录一·陆澄录》 /140

66. 攻吾之短者是吾师
——《王阳明全集·语录二·启问道通书》 /141

67. 吾儒养心，未尝离却事物，只顺其天则自然，就是功夫

——《王阳明全集·语录三·钱德洪录》 /143

68. 圣人不贵前知。祸福之来，虽圣人有所不免。圣人只是知几，遇变而通耳

——《王阳明全集·语录三·钱德洪录》 /145

69. 谦者众善之基，傲者众恶之魁

——《王阳明全集·语录三·黄以方录》 /147

70. 圣人之道坦如大路

——《王阳明全集·语录三·朱子晚年定论》 /148

71. 修己治人，本无二道。政事虽剧，亦皆学问之地

——《王阳明全集·文录一·答徐成之》 /150

72. 患难忧苦，莫非实学。横逆之加，最是动心忍性砥砺切磋之地

——《王阳明全集·文录一·寄希渊·三/四》 /151

73. 本心之明，皎如白日，无有有过而不自知者，但患不能改耳。人孰无过？改之为贵

——《王阳明全集·文录一·寄诸弟》 /153

74. 道之不明，皆由吾辈明之于口而不明之于身，是以徒腾颊舌，未能不言而信

——《王阳明全集·文录二·与朱守忠》 /155

75. 眼前路径须放开阔，才好容人来往，若太拘窄，恐自己亦无展足之地矣

——《王阳明全集·文录二·答刘内重》 /157

76. 凡人言语正到快意时，便截然能忍默得；意气正到发扬时，便翕然能收敛得；愤怒嗜欲正到腾沸时，便廓然能消化得。此非天下之大勇者不能也

——《王阳明全集·文录三·与黄宗贤》 /160

77. 若自身病痛未能除得，何以能疗得天下之

　　——《王阳明全集·文录三·与黄宗贤》　　　　　　/162

78. 功夫只是要简易真切。愈真切愈简易，愈简易愈真切

　　——《王阳明全集·文录三·寄安福诸同志》　　　　/164

79. 心端则体正；心敬则容肃；心平则气舒；心专则视审；心通故时而理；
心纯故让而恪；心宏故胜而不张，负而不驰。七者备而君子之德成

　　——《王阳明全集·文录四·观德亭记》　　　　　　/166

80. 常快活便是功夫

　　——《王阳明全集·语录三·陈九川录》　　　　　　/168

81. 扩大公无我之仁，明改过不吝之勇

　　——《王阳明全集·别录一·乞宥言官去权奸以章圣德疏》　　/170

82. 为善虽人不知，积之既久，自然善积而不可掩；为恶若不知改，积之既
久，必至恶极而不可赦

　　——《王阳明全集·别录九·南赣乡约》　　　　　　/172

83. 毫厘何所辩，唯在公与私。公私何所辩？天动与人为

　　——《王阳明全集·外集一·忆昔答乔白岩因寄储柴墟·其二》　　/176

84. 险夷原不滞胸中，何异浮云过太空。夜静海涛三万里，月明飞锡下天风

　　——《王阳明全集·外集一·泛海》　　　　　　　　/178

85. 天道虽远，至诚而不动者，未之有也

　　——《王阳明全集·外集三·答佟太守求雨》　　　　/180

86. 君子以忠信为利，礼义为福

　　——《王阳明全集·外集三·答毛宪副》　　　　　　/182

87. 夫警惕者，万善之本，而众美之基也
　　——《王阳明全集·外集四·气候图序》　　　/183

88. 夫精藏则太和流，神守则天光发，累释则怡愉而静，机忘则心纯而一
　　——《王阳明全集·外集四·寿汤云谷序》　　　/185

89. 不贵于无过，而贵于能改过
　　——《王阳明全集·续编一·教条示龙场诸生》　　　/187

90. 众方嚣然，我独渊默。中心融融，自有真乐
　　——《王阳明全集·外集六·示徐曰仁应试》　　　/189

91. 谦，德之柄，惟德之基。故地不谦，不足以载万物；天不谦，不足以覆万物；人不谦，不足以受天下之益
　　——《王阳明全集·外集六·书陈世杰卷》　　　/191

92. 予惟天下之事，其得之也不难，则其失之也必易；其积之也不久，则其发之也必不宏
　　——《王阳明全集·续编三·庆吕素庵先生封知州序》　　　/193

93. 仅把毁誉供一笑，由来饥饱更谁知
　　——《王阳明佚文辑考编年·答友人诗》　　　/195

94. 殃莫大于叨天之功，罪莫大于掩人之善，恶莫深于袭下之能，辱莫重于忘己之耻，四者备而祸全
　　——《王阳明全集·别录五·辞封爵普恩赏以彰国典疏》　　　/197

95. 胸中须常有舜禹有天下不与气象
　　——《王阳明全集·年谱卷三》　　　/200

96. 学者惟患此心之未能明，不患事变之不能尽
　　——《王阳明全集·传习录·右曰仁所录》　　　/203

97. 悔悟是去病之药，然以改之为贵；若留滞于中，则又因药发病
　　——《王阳明全集·传习录·薛侃录》　　　　　　　　　　/207

处友箴

98. 处朋友，务相下则得益，相上则损
　　——《王阳明全集·语录一·陆澄录》　　　　　　　　　/212

99. 大凡朋友，须箴规指摘处少，诱掖奖劝意多方是
　　——《王阳明全集·语录三·陈九川录》　　　　　　　/215

100. 与朋友论学，须委曲谦下，宽以居之
　　——《王阳明全集·语录三·陈九川录》　　　　　　　/217

101. 自古有志之士，未有不求助于师友
　　——《王阳明全集·文录一·与戴子良》　　　　　　　/219

政治箴

102. 繁文益盛，天下益乱
　　——《王阳明全集·语录一·徐爱录》　　　　　　　　/224

103. 严霜大冻之中，岂无些小风和日暖意思
　　——《王阳明全集·附录·朱子晚年定论》　　　　　　/226

104. 天下事虽万变，吾所以应之不出乎喜怒哀乐四者。此为学之要，而为政
　　亦在其中矣
　　——《王阳明全集·文录一·与王纯甫》　　　　　　　/228

105. 至善也者，明德亲民之极则也

    ——《王阳明全集·文录四·亲民堂记》   /230

106. 因才器使，朝廷之大政也；量力受任，人臣之大分也

    ——《王阳明全集·别录一·辞新任乞以旧职致仕疏》   /233

107. 众心一散，不可以复合；事机一失，不可以复追

    ——《王阳明全集·别录一·添设清平县治疏》   /235

108. 不加赋而财足，不扰民而事办

    ——《王阳明全集·别录一·疏通盐法疏》   /237

109. 天下之事，成于责任之专一，而败于职守之分挠

    ——《王阳明全集·别录三·浰头捷音疏》   /238

110. 夫聚敛以为功，臣之所素耻也；掊克以招怨，臣之所不忍也

    ——《王阳明全集·别录三·再请疏通盐法疏》   /240

111. 财者民之心也，财散则民聚；民者邦之本也，本固则邦宁

    ——《王阳明全集·别录五·计处地方疏》   /241

112. 任贤图治，得人实难，其在边夷绝域反覆多事之地，则其难尤甚

    ——《王阳明全集·别录七·边方缺官荐才赞理疏》   /243

113. 唯国是谋，与人为善

    ——《王阳明全集·别录七·八寨断藤峡捷音疏》   /244

114. 官务以国家大难为心，尽心竭力

    ——《王阳明全集·别录九·牌行吉安府敦请乡士夫共守城池》   /246

115. 诚于爱民者，不徒虚文之举；忠于谋国者，必有深长之思

    ——《王阳明全集·别录九·批吉安府救荒申》   /248

116. 大道即人心，万古未尝改
　　——《王阳明全集·外集一·赠阳伯》　　　　　　　　　　/249

117. 夫权者，天下之大利大害也。小人窃之，以成其恶；君子用之，以济其善
　　——《王阳明全集·外集三·寄杨邃庵阁老·二》　　　　　/251

118. 郡县之职，以亲民也。亲民之学不明，而天下无善治矣
　　——《王阳明全集·续编三·书赵孟立卷》　　　　　　　/253

119. 事苟庇民，岂吝小费；功有实效，何恤浮言
　　——《王阳明全集·续编五·批漳南道教练民兵呈》　　　/254

120. 修己便是明明德，安百姓便是亲民
　　——《王阳明全集·传习录（卷上）》　　　　　　　　　/256

121. 但举大事，须顺民情
　　——《王阳明全集·别录三·立崇义县治疏》　　　　　　/258

122. 当多难之日，事宜从权，庶克有济
　　——《王阳明全集·别录四·飞报宁王谋反疏》　　　　　/260

123. 朝廷用人，不贵其有过人之才，而贵其有事君之忠
　　——《王阳明全集·别录六·辞免重任乞恩养病疏》　　　/262

为学篇

124. 为学须有本原，须从本原上用力，渐渐"盈科而进"
　　——《王阳明全集·语录一·陆澄录》　　　　　　　　　/266

125. 为学须得个头脑，功夫方有着落
   ——《王阳明全集·语录一·薛侃录》 /268

126. 为学大病在好名
   ——《王阳明全集·语录一·薛侃录》 /269

127. 吾人为学，紧要大头脑，只是"立志"
   ——《王阳明全集·语录二·启周道通书》 /271

128. 凡学问之功，一则诚，二则伪
   ——《王阳明全集·语录二·答欧阳崇一》 /273

129. 夫道，天下之公道也；学，天下之公学也
   ——《王阳明全集·语录二·答罗整庵少宰书》 /274

130. 若离了事物为学，却是著空
   ——《王阳明全集·语录三·陈九川录》 /276

131. 圣人之学，只是一诚而已
   ——《王阳明全集·语录三·黄直录》 /277

132. 君子论学，固唯是之从，非以必同为贵
   ——《王阳明全集·文录二·答方叔贤》 /279

133. 为学直是先要立本
   ——《王阳明全集·语录三·答黄直卿书》 /281

134. 杀人须就咽喉上着刀，吾人为学当从心髓入微处用力，自然笃实光辉。
   虽私欲之萌，真是洪炉点雪，天下之大本立矣
   ——《王阳明全集·文录一·与黄宗贤·五》 /282

135. 凡人之学，不日进者必日退
   ——《王阳明全集·文录一·与陈国英》 /286

136. 民人社稷，莫非实学
  ——《王阳明全集·文录二·答路宾阳》   /287

137. 凡看经书，要在致吾之良知，取其有益于学而已。则千经万典，颠倒纵横，皆为我之所用
  ——《王阳明全集·文录三·答季明德》   /289

138. 圣人之学，以无我为本，而勇以成之
  ——《王阳明全集·文录四·别方叔贤序》   /291

139. 勿以无过为圣贤之高，而以改过为圣贤之学
  ——《王阳明全集·外集三·徐成之·二》   /293

140. 夫为大人之学者，亦唯去其私欲之蔽，以自明其明德
  ——《王阳明全集·续编一·大学问》   /294

141. 养心莫善于义理，为学莫要于精专
  ——《王阳明全集·续编一·家书墨迹四首·与徐仲仁》   /296

142. 明学术，变士风，以成天下治
  ——《王阳明全集·外集四·送别省吾林都宪序》   /298

143. 圣贤之学，心学也。道德以为之地，忠信以为之基，仁以为宅，义以为路，礼以为门，廉耻以为垣墙，《六经》以为户牖，《四子》以为阶梯
  ——《王阳明全集·外集五·应天府重修儒学记》   /300

144. 唯古为学，在求放心。心苟或放，学乃徒勤
  ——《王阳明全集·续编三·铭一首》   /302

145. 夫君子之学，先立乎其大者，而小者不能夺
  ——《王阳明佚文辑考编年·答懋贞少参》   /304

146. 君子之学，以变化其气质

——《王阳明佚文辑考编年·赠朱克明南归言》 /305

147. 与其为数顷无源之塘水，不若为数尺有源之井水，生意不穷

——《王阳明全集·传习录·右曰仁所录》 /307

明心箴

148. 心即理也。天下又有心外之事，心外之理乎

——《王阳明全集·语录一·徐爱录》 /312

149. 圣人之心如明镜，只一个明，则是随感而应，无物不照

——《王阳明全集·语录一·陆澄录》 /315

150. 知昼夜即知死生

——《王阳明全集·语录一·薛侃录》 /316

151. 佛氏不著相，其实著了相；吾儒著相，其实不著相

——《王阳明全集·语录三·黄直录》 /318

152. 天地万物与人原是一体，其发窍之最精处，是人心一点灵明

——《王阳明全集·语录三·钱德洪录》 /320

153. 你未看此花时，此花与汝心同归于寂。你来看此花时，则此花颜色一时明白起来。便知此花不在你的心外

——《王阳明全集·语录三·钱德洪录》 /323

154. 孔子气魄极大，凡帝王事业，无不一一理会，也只从那心上来

——《王阳明全集·语录三·钱德洪录》 /325

155. 天下事不能尽如人意。大抵心病愈则身病亦自易去
      ——《王阳明全集·文录一·与薛尚谦·三》 /327

156. 一一世事，如狂风骤雨中落叶，倏忽之间，宁复可定所耶
      ——《王阳明全集·文录一·答甘泉》 /329

157. 循理之谓静，从欲之谓动。欲也者，非必声色货利外诱也，有心之私皆
      欲也
      ——《王阳明全集·文录二·答伦彦式》 /331

158. 一，天下之本也；精，天下之大用也
      ——《王阳明全集·文录四·送宗伯乔白岩序》 /333

159. 心犹水也，污入之而流浊；犹鉴也，垢积之而光昧
      ——《王阳明全集·文录四·别黄宗贤归天台序》 /334

160. 圣人之学，心学也。学以求尽其心而已
      ——《王阳明全集·文录四·重修山阴县学记》 /336

161. 夫佛者，夷狄之圣人；圣人者，中国之佛也
      ——《王阳明全集·别录一·谏迎佛疏》 /337

162. 即从初心，死无所避
      ——《王阳明全集·别录四·再报谋反疏》 /339

163. 安受尔命，宁奈尔心
      ——《王阳明全集·别录九·告谕军民》 /341

164. 吾儒亦自有神仙之道
      ——《王阳明全集·外集三·答人问神仙》 /342

165. 君子养心之学，如良医治病，随其虚实寒热，而斟酌补泄之，要在去病而已

  ——《王阳明全集·年谱卷三》

/344

附录

附录一

  王阳明一生的七个数字   /348

附录二

  阳明年表及大事记   /355

附录三

  阳明心学歌   /372

励志箋

1. 立志贵专一

——《王阳明全集·语录一·薛侃录》

今译：一个人立志，最可贵的是能够专一。

中华文化的精髓在哪里？

答案是两个字：尚一！

中华文化中成功的秘诀在哪里？

答案还是两个字：专一！

中国历代经典和圣贤对"一"都是情有独钟。《尚书·大禹谟》云："人心惟危，道心惟微，惟精惟一，允执厥中。"这十六个字，被认为是中华心法的原生咒语。《阴符经》则云："绝利一源，用师十倍。"

老子特别推崇一，认为"道生一，一生二，二生三，三生万物"。孔子也说，"吾道一以贯之。"孙子在谈到杀敌致胜的法宝时，则说："并敌一向，千里杀将。"

立志为什么要专一？阳明先生以树打比喻，对黄诚甫、梁日孚等学生说："一棵树，在它刚刚生长不久时，往往会长出很多繁余的枝条，这个时候，你如果不能把这些繁枝剪掉，这棵树是长不高的；反之，如果我们在它初生时就注意及时地把多余的枝条修剪掉，并着重培植它的根本，则这棵树必能够长得粗壮而高大。"

立志如何才能做到专一？

阳明先生教导学生要注意三点：

其一，要"随才"立志。即根据自己的天赋、特长和兴趣等去设定追求的目标。如一个对色彩辨别力强的人,可以立下当"画家"的志向;一个对歌舞有特别兴趣的人,可以立下当"音乐家"的志向;一个对阴阳平衡、五行相生相克规律极有体悟、且具有慈悲心肠的人,可以立下当"名医"的志向,等等。如此,才能收到事半功倍的效果。

其二,要"随势"立志。即根据时代发展的大环境、大趋势去设定自己的志向追求。古人讲,"只有时势造英雄,没有英雄造时势",就包含了这个意思。比如,如果不是明朝当时的社会治安状况糟糕到了透顶的地步,如果不是当时的江西、福建、广东、湖南边界匪患到了极为严重的地步,阳明先生又如何能有机会排兵布阵,实现自己青年时立下的"若个书生万户侯"的志向?而极有可能是英雄无用武之地。又比如,在明代中后期人心丧乱、物欲横流,儒学的活水已经被理学禁锢得陈腐不堪的年代,阳明先生和他的学生高举起"良知"教的大旗,就如同在沉沉暗夜里点燃了一个火炬,让天下人的心中感受到了光明和温暖;就如同在一潭死水里引进了一股清泉,让天下人的心中感受到了甘甜和鲜新!

其三,要"随遇"立志。这个遇,主要包含两层意思。一是际遇的意思。就像一块楠木,它如果遇上了一个能工巧匠,它就会变成一件珍稀的工艺品;但它如果遇上的是一个不识货的农夫,它很可能就会成为粪坑上的一块踏板。同样,一个学医的青年,他如果遇上扁鹊、华佗那样的神医,他很可能成为一代名医;但他如果遇上的是一个江湖郎中,他很可能会变成一个下三流的游医。再者像阳明先生,如果不是遇上兵部尚书王琼那样的伯乐,他一个从来没有带过兵、打过仗的干部,又如何能得到承担四省剿匪重任的机会呢?

二是境遇的意思。人生在世,有顺境也会有逆境。顺时可能在九天之上,逆时可能在九地之下。当此之时,该如何对待呢?阳明先生教导说:"种树者必培其根,种德者必养其心。一个人的心志,就像树的种子,不管风把它吹到哪里,不管是肥沃的田土,还是贫瘠的山岩,你都要有一颗'勿助勿忘'的心，只管去浇水、只管去施肥，只管在培根上下功夫，自然而然，它就会滋长起来，生意盎然。"

世间万物的发展，是受多种客观环境条件的影响和制约的。在这种"多"的诱惑、动摇乃至打击下，要守住一个"一"，是很不容易的。所谓"弱水三千，我只取一瓢饮"；繁花万朵，我只摘一朵卖；美女成群，我只钟情于一人。如此这般，没有高远的情怀，没有坚定的意志，没有顽强的定力，都是不可能做到的！

2．举业不患妨功，唯患夺志

——《王阳明全集·文录一·与辰中诸生》

今译：参加科举考试求得功名，进入仕途，并不会妨碍修习圣贤之学，唯一可怕的是，在官场混得久了，被迫改变自己的志向。

这世上，最美的假设是什么？

假设每一个官员都以圣贤的标准要求自己！

到那时，这个世界将一定是一个最风清气正、最繁荣昌盛、最和谐安宁、最幸福美满的世界。

这种假设，为什么难以变成现实呢？主要原因有二：一是要把圣贤之学与科举之业相得益彰，难度太大，确实难以达到；二是从宋代起，二者被分割对立起来了。

这种对立的状况，用冈田武彦先生的形容是："宋代以前，儒生认为参加科举考试是自己的使命，将科举之业视作自己的第一要务。宋代以后，部分儒生将修习圣人之学当作自己的第一要务，而认为科举之业是次要的。"

阳明先生又是如何纠正这种偏执观念的呢？

首先，他在 1508 年写的《重刊文章轨范序》中大喝了一声："从隋唐以来，朝廷都是通过科举考试选拔官员。一个读书士子虽然具备圣贤之学的修养，又有'致君尧舜上'的志向，但如果通不过科举考试，那就最终不可能实践自己的理想于天下。"

其次，在 1509 年写的《与辰中诸生书》中，阳明先生又一次强调："举业不患妨功，唯患夺志，只如前日所约，循循为之，亦自两无相碍。所谓知得洒扫应对，便是精义入神也。"这里的洒扫，便是古人讲的日常家务劳动教育；应对，便是接人待物的处世教育。圣人之学并不是一味的"高大上"，能够懂得并实践日常劳动和接人待物的基本常识，便算是得到了圣人之学的精华要义。

后来，他又在 1518 年给家乡名人邦英、邦正兄弟的两封书信中，再一次阐述了圣学与举业的关系："求禄仕而不工举业，却是不尽人事而徒责天命，无是理矣"；"但能立志坚定，随事尽道，不以得失动念，则虽勉习举业，亦自无妨圣贤之学"；"谓举业与圣人之学相戾者，非也"。

正是在这一思想的支撑下，阳明先生虽然于 1493 年、1496 年两次参加会试失败，但都没有放弃，终于在 1499 年的会试中，一举成功；参加皇帝主持的殿试，被赐予二甲进士出身第七人。这为后来的建功立业打下了一个良好的基础。

3. 君子唯患学业之不修，科第迟速，所不论也

——《王阳明全集·文录一·寄诸用明》

今译：君子唯一担心的，就是自己的圣贤之学修习不到位，至于中举的先后、升迁的快慢，都是不值得过分担心的。

阳明先生的这一声感叹，发自于其写给小舅子诸用明的一封信中。那个时候，他刚刚从江西庐陵县令调回到京城的吏部工作。

那几年，阳明先生的仕途升迁状况究竟如何呢？

1511 年正月，阳明先生被提拔为吏部验封清吏司主事，正六品，相当于现在中央组织部的处长，主要负责官吏封爵和诰敕草拟工作；

1511 年 10 月，被提拔为吏部文选清吏司员外郎，从五品，相当于现在中央组织部的副局长，主要负责文官的选拔工作；

1512 年 3 月，被提拔为吏部考功清吏司郎中，正五品，相当于现在中央组织部的局长，主要负责官员政绩考核工作；

1512 年 12 月，被提拔为南京太仆寺少卿，正四品，相当于现在的副部级巡视专员。

短短两年时间，连升五级，这个纪录，不仅在正德一朝少见，就是在整个大明王朝，也是十分罕见的。在如此"春风得意马蹄疾"的情况下，阳明先生发出的这一声感叹，究竟是真是假呢？

如果是假的，那无疑就是饱汉子不知饿汉子饥，故意装逼，装"高大上"。

如果是真的，那无疑就是他的志向已经不在官场，他的心已经超越了官场，他已经发自内心地把光大圣贤之学、做一个千古圣人作为自己人生的最高目标！

历史就是这样的幽默！往往在你最想它的时候，它偏偏不给你任何机遇；往往在你已无意于它的时候，它偏偏主动地向你投怀送抱。

为什么阳明先生在这个时候，对这种投怀送抱缺乏兴趣、缺乏热情了呢？

这其中最主要的原因就是，他确实已经实现了理想的超越。自从龙场悟道之后，自从在北京大兴隆寺同黄绾、湛甘泉订立了"三人终身共学之盟"以后，阳明先生便把光大圣学作为自己人生的第一目标和第一使命了。至于官场的升迁，只能是屈居其后了。

而这种目标位置的倒换，主要是源于两点：

其一，他确实已经看透。看透了正德皇帝的那一颗心。在那一颗心里，除了他自己的权位，除了他自己的享受，除了他自己的私欲，除了他自己的淫邪，已经别无他物。在这种情况下，自己过去那种借君行道、造福天下苍生的宏愿，根本不可能实现了。

其二，他确实已经看破。看破了整个朝局的奥秘所在。除了钩心斗角，除了尔虞我诈，除了拉帮结派，除了灯红酒绿，整个朝廷、整个官场还有多少正气、多少良知呢？还有几人在想着国家的安危、人民的苦乐呢？尤其是想起自己在正德五年（1510）三月至十一月在庐陵当县令的那一段日子，真是让人揪心扯肺撕肝！

那一年，庐陵县经历了一场大灾，先是旱灾，接着是瘟疫，后来又是火灾，真正到了民不聊生的地步。可就是在这种痛苦到了极点的情况下，朝廷不但没有减免庐陵县苛捐杂税，反而比往年增加了三倍。

面对如此不顾百姓死活的朝廷，阳明先生的心真是冰冷极了，也愤怒极了。

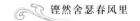

于是，他冒天下之大不韪，擅自宣布了一个决定：全部免除朝廷滥征的一万多两捐税！

于是，他毅然地承担起了"抗命罢捐"的责任，在给吉安知府的报告中赫然宣告："俯念时势之难为，特赐宽容，悉与蠲免，其有迟违等罪，止坐本职一人，即行罢归田里，以为不职之戒，中心所甘，死且不朽。"如此为民请命的勇气，在当时的官场，恐怕是绝无仅有。

于是，他不再寄希望于皇帝，不再寄希望于朝廷，而是把全部的希望寄托于自己，寄托于与自己志同道合的同志！他坚信，良知之学一定会共明于天下，到那时，用天下人之共同良知一定能驱除天下之共同邪恶！

4．夫志犹种也，学问思辩而笃行之，是耕耨灌溉以求于有秋也

——《王阳明全集·文录四·赠郭善甫归省序》

今译：志向好比种子，需要通过博学、审问、慎思、明辨、笃行等扎实功夫来成就，这就好比农民种田，只有通过深耕细作、及时锄草、及时施肥、及时灌溉，才能在秋天获取好的收成。

从 1512 年至 1516 年，对阳明先生来说，是神仙一般逍遥的时期。这五年，他的职务虽不断升迁（从正六品至正四品），工作却越来越悠闲，先是到滁州养马，还有点活干；而后又到南京鸿胪寺任少卿，基本上就靠自己找活干了。

阳明先生给自己找了什么活干呢？讲授圣人之学！

怎么个讲法呢？

方法有二：一是口头讲，就是把学生们聚到一起，由他主讲，而后大家讨论。二是书面讲，就是通过写信、写序两种方式进行。其中，写信是以回答学生的疑问为主；写序是以临别赠言为主。

那是 1515 年的秋天，一个叫郭善甫的人在向阳明先生修习一年的圣人之学后，准备回家。临行前，对阳明先生说："我很幸运听了您的立志学说，也知道该怎么去做了。今日离别之际，能不能请先生再送几句话，让我作为座右铭，以便天天对照鼓励自己！"

阳明先生略加思索，说："君子修习圣人之学，就好象农民种田，既要有好的种子，又要深耕细作、及时锄草、及时杀害虫、及时灌溉施肥，如此日出而作、日落而息，勤劳不怠，才能有希望在秋天获得好的收成。人的志向，就像种子，必须通过博学、审问、慎思、明辨、笃行等扎实功夫才能开花结果，这跟农夫种田必须依靠勤耕细作、锄草灭害、施肥灌溉才能获得好收成是一样的。一个人，志向立得不端正，就好像是播下了稗草的种子，其后果可想而知；志向端正了，而践行修炼的功夫却跟不上，就好像庄稼未成熟一样，结果比播下坏的种子更坏！一直以来，每当看到你们在挑选种子时，我最担忧的是选了杂草野稗的种子；每当看到你们在辛勤耕作时，我又担心你们不能坚持，半途而废。农民种田，能够做到春种秋收、春华秋实，是因为他抓住了时机。君子从立定志向，以实现理想，也需要抓住时机啊！志向虽然立定了，时机却错过了，这就好像种子虽然选好了，却没有及时播下去一样，不是更可怕吗？这几年，跟随我一起探讨圣人之学的人很多，我讲得也多，但都没有超出'立志'的范畴。希望你回去以后，以农民为榜样，以'良知'为种子，勤锄'私心'之稗草，勤杀'邪欲'之害虫，勤施'正道'之肥料，勤浇'天理'之肥水，好好地耕耘自己的心田吧！"

5. 君子之学，无时无处而不以立志为事

——《王阳明全集·文录四·示弟立志说》

今译：君子追求圣人之学，没有哪个时刻哪个地方不是把"立志"作为头等大事。

阳明先生一生，最看重的是立志，平时给学生、同志念叨得最多的也是立志。他于1515年应弟弟王守文之请写的《立志说》，堪称一篇立志的专论。

在这篇论说里，他彰明的第一个问题，就是立志的重要性。他认为："夫学，莫先于立志。志不立，犹不种其根而徒事培壅灌溉，劳苦无成"，"夫志，气之帅也，人之命也，木之根也，水之源也"，"后世大患，尤在无志，故今以立志为说。中间字字句句，莫非立志。盖终身问学之功，只是立得志而已"。

在这篇论说里，阳明先生阐明的第二个问题，就是怎样立志。他认为，立志最重要的是专。专到什么程度呢？"正目而视之，无他见也；倾耳而听之，无他闻也。如猫捕鼠，如鸡覆卵，精神心思凝聚融结，而不知有其他，然后此志常立，神气精明，义理昭著。"

在这篇论说里，阳明先生阐明的第三个问题，就是立志是克制私欲的有力武器。人的私欲究竟有哪些表现？阳明先生将之归纳为八种：一是怠，即懈怠；二是忽，即疏忽；三是躁，即急躁；四是妒，即嫉妒；五是忿，即愤怒；六是贪，即贪婪；七是傲，即骄傲；八是吝，即吝啬。如何防止这些私

欲的萌发？阳明先生传授给守文等人的一个法宝，即立志。他说："故凡一毫私欲之萌，只责此志不立，即私欲便退。""……或怠心生，责此志，即不怠；贪心生，责此志，即不贪；傲心生，责此志，即不傲……。"为此，阳明先生反复教导，君子追求圣人之学的过程，"无一息而非立志责志之时，无一事而非立志责志之地"。有了这种随时随地对自己进行磨砺的立志功夫，要挡住私欲的萌发，那就是飞轻松了，"有如烈火之燎毛，太阳一出而魍魉潜消也"。

6. 为人臣者，上有益于国，下有益于民，虽死亦甘为之

——《王阳明全集·别录九·再批追征钱粮呈》

今译：为大臣者，须有大心志。对上，只要是有益于国家的事；对下，只要是有益于人民的事，即便牺牲自我也心甘情愿。

这句话，出自于阳明先生在担任江西巡抚期间发布的《再批追征钱粮呈》中。

这句话，也是阳明先生为官情怀的光辉体现。

阳明先生身处仕途，有两个突出特点：一方面，他对做官的升迁看得极淡，一生向朝廷打的辞职报告就有十几次；一方面，他对做官的责任和使命看得极重，从来都是"尽心职业，勿因事变之难，有灰爱民之志"。

以常识而论，公文是最苍白枯燥的。但阳明先生于正德十四年连发的《批追征钱粮呈》《再批追征钱粮呈》《批南昌府追征钱粮呈》，内容却是最丰富，感情也是最真挚的。

其一，饱含了大赤诚。面对江西百姓遭受的天灾（水、旱灾）和人祸（战乱），阳明先生无丝毫之隐瞒，而是反复向朝廷陈述："看得江西一省，重遭大患，民困已极。"

其二，饱含了大悲悯。面对朝廷反复无常的政策，面对户部下达的一会儿免征、一会儿又催缴的前后矛盾的指令，阳明先生既痛苦，又愤怒，更伤心。"目击贫民之疾苦而不能救，坐视征求之患迫而不能止，徒切痛楚之怀，曾无拯援之术，伤心惨目，汗背赧（nǎn）颜。"

其三，饱含了大胸襟。阳明先生一生论事，都是秉持中庸之道，叩其两端，从不走极端。就是在这种极为矛盾困难的情况下，他仍不忘告诫自己的属下要两面看问题。一要站在朝廷职能部门的立场，体谅"国计之忧"，财政空乏，追征钱粮是"势不得已"；二要站在江西官员的立场，"目击民瘼，不能不以抚恤为重"。

其四，饱含了大智慧。面对不征则朝廷困难、急征则百姓艰难的危局，阳明先生要求江西各府县官员"斟酌调停，事在善处"，"务使穷民不致重伤，而国用终亦无损"。

具体的策略是：量力而行，分步实施。或者先征收新粮，把旧粮任务减半征收；或者，将征粮任务分作几成，让老百姓逐渐交纳。

其五，饱含了大担当。无论任务能否完成，阳明先生都反复申明强调："此皆本院之罪，其亦将谁归咎"，"除本院身为巡抚，不能为国为民，自行住俸（停发俸禄）待罪外……其各该官员，本非其罪，不必住俸，革去冠带（免职）"。如此担当，古往今来，又有几个封疆大吏能够做到呢？

7. 能下人，是有志；能容人，是大器

——《王阳明全集·外集二·示宪儿》

今译： 能够以谦虚之心对待别人，是有志向志气的表现；能够以宽容之心对待别人，是有大气量大格局的表现。

自 1488 年秋天，阳明先生在江西南昌与诸氏结婚后，或许是由于聚少离多的缘故，或许是由于身体健康的原因，一直到 1516 年，28 年时间里，两人都未能生下一儿半女。这种情况下，不光阳明先生夫妇着急，老父亲王华更是着急。于是 1516 年，父亲王华做主，将阳明先生堂弟王守信的 8 岁儿子过继给了他，以确保香火得续。

对这个过继的儿子，阳明先生很是疼爱，非常重视对他的教育问题。1516 年九月被朝廷任命为南赣巡抚后，临上任之前，他针对儿童的天性特点，模仿《三字经》的样式，特地为儿子写了一篇教育铭，也就是《王阳明全集》中收录的《示宪儿》。全文如下：

幼儿曹，听教诲：勤读书，要孝悌；学谦恭，循礼仪；节饮食，戒游戏；毋说谎，毋贪利；毋任情，毋斗气；毋责人，但自治。能下人，是有志；能容人，是大器。凡做人，在心地；心地好，是良士；心地恶，是凶类。譬树果，心是蒂；蒂若坏，果必坠。吾教汝，全在是。汝谛听，勿轻弃。

尽管时间已经过去了五百多年，但这篇教育铭文，至今读来仍朗朗上

口，浅显易懂。更重要的是，他为我们今天的人提供了儿童教育三条最重要的规律参考：

其一，教育孩子一定要先从"心"上下功夫，从引导做人开始。孩子的心原本就是一块肥沃而纯洁的土地，可谓是种什么长什么。你在他的心中播下"恶"的种子，他就会朝着坏的方向成长；你给他的心中播下"善"的种子，他就会朝着好的方向成长。

其二，教育孩子一定要从日常生活抓起。特别要注意培养好的言行习惯。如不说谎话，不争强好胜，不暴饮暴食，不过分沉溺于游戏打闹，说话要和气，对父母兄弟要友爱，等等。

其三，教育孩子一定要培养他的"自治"能力。胜人者有力，自胜者强。如何才能把自己的孩子培养成一个强者，阳明先生告诉你，就要在"谦下"和"宽容"二字上下功夫。通过培养其谦虚的心态，以涵养其大志；通过培养其宽容的心态，以扩大其格局和器局。

8. 须怜绝学经千载，莫负男儿过一生

——《王阳明全集·外集二·月夜二首》

今译：千百年来流传的圣学，是最值得珍惜的；能够将之发扬光大，也不辜负男儿一生的光阴了。

诗言志。

这两句诗，就体现了阳明先生一生的志向追求！

阳明先生30年宦海生涯，基本上是两种状态：一是有事时"成雄"，以

为国为民做实际工作为主，但时间很短，前前后后加起来不过 10 年左右。二是无事时"成圣"，以教育学生、传播圣学为主，且时间很长，前前后后加起来有 20 多年。

自 1521 年秋退隐归田后，阳明先生又开启了一段悠闲自得的"神仙"日子。至于闲适到什么程度，有他自己写的诗为证。如"百战归来白发新，青山从此作闲人"；"一雨秋凉入夜新，池边孤月倍精神"；"山中仅有闲风月，何日扁舟更越溪"；"铿然舍瑟春风里，点也虽狂得我情"，等等。

在这段悠闲的岁月里，阳明先生的思想和思悟却一刻也没有闲着，特别是作为圣学使者、良知教主，他对自己创建的以"良知"为核心的心学，作了系统的归纳和提炼，以期更通俗、更简易、更容易让人理解和信奉。

如第一首："个个人心有仲尼，自将闻见苦遮迷。而今指与真头面，只是良知更莫疑。"这是告诉人们，每个人都具备圣人的基因，每个人的心中都有一个"孔子"，每个人的心中都有良知之根。

如第二首："问君何事日憧憧（chǒng），烦恼场中错用功。莫道圣门无口诀，良知二字是参同。"这是告诉人们，追求圣人之学，最好的捷径就是从"良知"入手。圣人之道其实并不难，平坦得如大路一般。

如第三首："人人自有定盘针，万化根源总在心。却笑从前颠倒见，枝枝叶叶外头寻。"这是告诉人们，良知之学，不假外求。万变不离其心！只要把良知作为心中的定盘针，不管遇到多少名、利、权、色的诱惑，都能守住本心。

如第四首："无声无臭独知时，此是乾坤万有基。抛却自家无尽藏，沿门持钵效贫儿。"这是告诉人们，良知的最大特点，是无声无味，无影无形，却又无处不在。遗憾的是，很多人不明白这一点，守着金碗讨饭吃。把自己最大的精神财富"良知"抛掉了，却又像乞丐一样捧着饭钵到处去乞求。

如第五首："良知即是独知时，此知之外无他知。谁人不有良知在，知得良知却是谁。"这是告诉人们，良知是独一无二的，这世上每个人都有良知，可又有几个人能知道自己的良知，守住自己的良知？

如第六首："知得良知却是谁，自家痛痒自家知。若将痛痒从人问，痛痒何须更问为。"这是告诉人们，想问题、办事情，是不是循良知而动，你自己一定知道，无须他人提醒。这就好像你身上有一处痒，究竟痒到何种程度，你自己一定知晓。故致良知，关键在一"诚"字，最怕的是自欺欺人。

9. 志不立，天下无可成之事

——《王阳明全集·续编一·教条示龙场诸生》

今译：志向不立，天下没有可以成就的事业。

自 1508 年春天到龙场后，阳明先生很快就将这一"绝境"变成了"神仙之境"，不仅与当地的群众打成了一片，成为鱼水关系；而且还吸引了本地及周边地区的一大批青年粉丝，一起游山玩水，一起饮酒弹琴，一起吟诗作对，一起放歌纵舞，一起静坐修身，一起研讨圣人之学，正所谓"讲习有真乐，谈笑无俗流。缅怀风沂兴，千载相为谋"。

随着汇集到龙冈书院的青年学子越来越多，阳明先生便自然而然地担起院长的责任。既为书院，便得有学规，可究竟以什么作为学规呢？思来想去，阳明先生提炼出了八个字，即"立志、勤学、改过、责善"。

在"立志"篇中，阳明先生首先就来了一声棒喝："志不立，天下无可成之事，虽百工技艺，未有不本于志者。"这一论断，实质上是将立志的重要性推到了无以复加的程度。在他看来，志向对于一个人的重要性，就像舵对于船的重要性一样，就像马嚼子对于骑马之人的重要性一样。一个无志之人，就像一艘在汪洋大海里的无舵之船，随风飘荡，随波沉浮，最终靠不了岸，最终会遭于倾覆。

反之，一个人如果立定了志向呢？那就是"立志而圣，则圣矣；立志而贤，则贤矣"！

从这个意义上说，阳明心学，首先就是一门立志之学。而阳明先生的一生呢？其实就是做了两件事：一是督责自己立志；二是引导他人立志。

10. 夫志士仁人皆心有定主，而不惑于私者也

——《王阳明佚文辑考编年·弘治五年乡试卷〈论语〉》

今译：所谓志士仁人，都是心力强大，能定得住，能做到我心有主，而不被私欲所遮闭、侵蚀、动摇的人。

明朝是科举制度的鼎盛期。其重视程度之高、组织之严密，都超过了以往。

明朝的乡试属于地方考试，每三年一次，逢子、卯、午、酉年举行，又叫乡闱。阳明先生 1492 年参加的这次乡试，正好是壬子年。

乡试的题目都是四书五经的文句，考生只能依照题义阐述其中的义理。

1492 年的浙江乡试，题目为三道，即志士仁人一节，出自《论语》；《诗》云"鸢（yuān）飞戾天"一节，出自《中庸》；"子哙不得与人燕"一句，出自《孟子》。

阳明先生对"志士仁人"的深度认识，就出自于他在这次乡试中的第一

道题的答卷。尽管明朝对"八股文"的写法有明确要求，考卷行文措词要用古人语气，也就是所谓的代圣人立言，容不得有多少发挥，但还是有些优秀考生，如阳明先生等，能够在代圣人立言中体现出自己的独立思考。

何谓志士？阳明先生认为："夫所谓志士者，以身负纲常之重，而志虑之高洁，每思有以植天下之大闲。"这里所谓的"天下之大闲"，就是天下的行为准则的意思。

何谓仁人？阳明先生认为："所谓仁人者，以身会天德之全，而心体之光明，必欲有以贞天下之大节。"这里所谓的"天下之大节"，就是天下的纲纪、节操的意思。

志士、仁人有什么特点呢？阳明先生认为，这两种人，都能做到遇变不惊、临危不乱，面对利害得失而不改变其志向和气节，即便是生死考验也难以改变其初心。

阳明先生在 21 岁时写下的这一认识，是仅仅停留在考卷上，还是真正的入脑入心，做到知行合一了呢？

这一点，从阳明先生对待流言蜚语的态度便可以印证。

所谓名满天下，谤亦随之。平定宁王叛乱，阳明先生可谓是救了大明王朝一条命，立下了盖世奇功；但也正是因为这一奇功，让他遭受了无数官员的嫉妒和红眼，各种流言、各种毁谤、各种非议、各种谩骂和责难，就像那漫天飞雪，冰冷冷、寒彻骨，打落到了他的心上。

面对这种情状，面对学生们担忧的神情，阳明先生丝毫不为所动，而是笑着问学生："你们知道这其中的原因吗？"

有的学生说，是因为先生立下了旷世奇功，招来了天下的嫉恨。也有的学生说，是因为先生心学的影响越来越大，引来了朱熹门徒的反抗。还有的学生说，是因为先生文治武功都太出类拔萃，让那些无能的庸庸之辈自愧不如，由愧生忌，由忌生恨。

阳明先生听了，淡然一笑，说："你们的话都有道理，但还是没有说到根上。最根本的原因是，在没有完全做到良知与言行统一之前，我对人对事还有些'老好人'的痕迹。可自从我完全地信奉良知以后，心情越发愉快，头脑越发清新，凡事但凭良知指引，根本不在乎别人怎么看、怎么说了。由此，也养成了一个古代'狂者'的胸襟。何为狂者呢？就是一心一意立志做圣人的人，就是屈原大夫讲的'亦余心之所善兮，虽九死其犹未悔'的人。"

11. 世俗之荣辱，决非君子之所为欣戚也

——《王阳明佚文辑考编年·与谢士洁书》

今译：世俗之人所谓的荣耀和屈辱，绝不能影响和左右一个真正君子的情绪，其欢欣之心与悲戚之情绝不可能受其影响或控制。

阳明心学乃强者炼心之学！

世间真正的强者，究竟是个什么样子呢？

阳明先生为你提供的参考答案就是，荣辱不足以动其心的人。

世俗所谓的荣耀有哪些呢？升大官，发大财，盖豪华房子，坐豪华车子，娶漂亮媳妇，享有大的名声，赢得耀眼的光环……

世俗所谓的屈辱又有哪些呢？有高尚的品德，却得不到尊崇，甚至被人耻笑；有深远的情怀，却得不到认可，甚至被人唾弃；有卓越的才能，却得不到重用，甚至被人排挤；有非凡的功绩，却得不到奖赏，甚至遭人诋毁；有满腹的学问，却得不到挥洒，甚至被无情地埋没……

君子所谓的欢欣又是什么呢？就小我而言，包括：知识之丰富，品格之完善，能力之提高，情怀之拓展，信念之坚定，意志之强大，心力之锻

造……就大我而言，包括：国家之强大，民族之兴旺，人民之幸福，社会之太平，人心之化育，环境之净美，科技之发达，经济之繁荣……

君子所谓的悲戚又是什么呢？就自身而言，包括：学问未增长，眼界未开阔，修养未加强，心志未坚定，操守未守住，良知未发用……就家国而言，包括：社会道德日见滑坡、人心丧乱；国家经济日见萧条、民生凋蔽；民族文化日见沉沦、灵魂丢失；内政外交日见困窘、左右为艰……

通过以上分析，我们可以明白：世俗之所谓荣辱，就是在"个人得失"之中打圈圈；而君子之所谓欣戚，就是在"家国情怀"之中打造升华。

这一点，从阳明先生在平定宁王叛乱后，想方设法逆忤圣心、阻止正德皇帝南下到江西就可以印证。

当时的情势，对绝大多数官员来说，可能是以"欢欣"为主。自己刚刚立下盖世奇功，正德皇帝知道得不多，现在皇帝居然亲自南下了，这简直是千载难逢的讨好机会，牢牢抓住还来不及，哪里可能拒绝呢？至于迎接皇帝、侍奉皇帝及其身边工作人员、军队所花的费用，财政掏吧、百姓出呗，说不定自己还能借此巧立些收费名目，以中饱私囊呢。如此既能讨好皇帝、加官晋爵，又能大发横财之事，求之不得啊！这种无限"欢欣"就是完全建立在"小我"得失之上的，就是完全建立在世俗功利之上的。

与之相反，阳明先生的"悲戚"又从何而来呢？在得知正德皇帝要亲自南下后，阳明先生首先想到的，不是自己有了讨好亲近皇帝的机会，而是刚刚经历大战之后的江西，财政已困难到了极点，百姓生活已困难到了极点，再要拿出大把的银子来供皇帝及其身边工作人员挥霍，来供养那一支如狼似虎般贪婪的京军，无疑就是把百姓往死里逼呀！每念及此，阳明先生便忧急如焚；每念及此，他便下定决心，要千方百计阻止皇帝到江西。不管皇帝如何不高兴，不管皇帝的宠臣如何愤怨乃至放射暗箭，他都是无所畏惧、无所计较了！

12. 夫志，气之帅也，人之命也，木之根也，水之源也

——《王阳明全集·文录四·示弟立志说》

今译：一个人立定了做圣贤的志向，就像是一身精气有了统帅，生命本体有了神明，树木成长有了根本，水流淙淙有了源泉。

功可强立，名可强成。

一个人的强大，是心的强大！

一个国家的强大，还是心的强大！

一个民族的强大，仍是心的强大！

一人、一国、一民族，如何才能拥有一份强大的心力？

阳明先生于 1515 年在南京写的《示弟立志说》中，开出了一个"强心剂"，就是"立志"！他对弟弟守文说："夫学，莫先于立志。志之不立，犹不种其根而徒事培壅灌溉，劳苦无成矣。"在他看来，一个无志之人，就像一棵无根之树，水浇得再多，肥施得再多，也是长不成的。为此，他一再告诫："君子之学，无时无处而不以立志为事。"

一个人如何才能立定坚实的志向，无论遭遇多少风雨、多少挫败、多少诱惑而不动摇呢？

阳明先生开出了"八味"治心之方：

第一味，是防止生"怠心"。怠者，懈怠也。就是要防止一日曝、十日寒；防止三天打鱼、两天晒网；防止凭借一时的激情立志，激情过后则抛得

干干净净。

第二味，是防止生"忽心"。忽者，疏忽也。就是要防止用大网捞小鱼，结果呢，把自己的一条条小过错全然忽略了。阳明先生常常把人心比作一面镜子，而一些"小节"问题、小过错等，就像是落在镜子上的灰尘，你如果有了疏忽之心，今天落一点灰尘认为不重要，明天积一点灰尘认为没关系，时间稍久点，这面镜子就会污垢堆积，浑浊不堪了。

第三味，是防止生"躁心"。躁者，急躁也。天下事，谁不希望一蹴（cù）而就？天下事，又有几件事能够一蹴而就？尽管"圣人之道，坦如大路"，但阳明先生还是一再告诫世人，要求贤逐圣，必须要有打"持久战"的心理准备，因为良知与私欲斗争，就像猫与老鼠的斗争一样，是拉锯式的，是长期的，是反复的，有时甚至是激烈的！

第四味，是防止生"妒心"。妒者，嫉妒也。人世间，最难医治的顽症是"红眼病"。这一点，阳明先生有着深刻的体会。作为一个立志成圣的人，作为一个善良的人，作为一个宽宏的人，作为一个视人犹己、视国犹家的人，阳明先生从不会去算计私利，更不会算计别人。但他的一生，却又屡遭别人的诽谤、暗算、攻击。这其中最主要的原因，就是别人在嫉妒他，因妒而成怒，因怨而生毒。就拿在明史上享受较高评价的杨廷和、费宏、杨一清来说吧，他们也因为嫉妒阳明先生的功劳，而直接或间接地算度和阻挡阳明先生，由此可见，人之妒心是如何可怕！是如何难治！

第五味，是防止生"忿（fèn）心"。忿者，怒恨也。恨是一种毒药，不仅会伤害人的身体，也会妨害事业的发展。世间多少事，都因"冲冠怒"而功败垂成。阳明先生领兵打仗，之所以能以少胜多，以弱胜强，其中最重要的心诀就是"此心不动"，而在战场上要做到此心不动，最关键的就是要去"忿心"，时刻保持冷静，时刻保持镇定。相反，对敌人，则想方设法地"怒而挠之"，激发其怒火，焚烧其理智。

第六味，是防止生"吝心"。吝者，吝啬也，贪而不绝者也。圣人以天地万物为一体，扩大公无我之仁。这对于一个吝啬的人来说，对于一个斤斤计较于个人私利的人来说，又如何能做得到呢？在阳明先生看来，要成雄成圣，首先就是要有一种人生大格局，关键就是要有一种奉献精神，而一个吝啬之人，又如何会舍得奉献呢？

第七味，是防止生"贪心"。贪者，贪婪也。贪是万恶之源。君子与小人的最大区别，就是在对待声、色、货、利的问题上，君子能够有"止心"，而小人则起的是"贪心"。孟子和阳明先生讲的"不动心"功夫，最主要的还是强调不起"贪心"，即面对名誉荣耀不起贪心；面对金珠宝玉不起贪心；面对沉鱼落雁之美色不起贪心；面对显赫一时之权势不起贪心……

第八味，是防止生"傲心"。傲者，骄傲也。阳明先生认为，人生大病在一傲字。要去此病，必须常服"谦"药。阳明心学，以《周易》作为其哲学的基石；阳明先生一生，则把《周易》作为人生的指南。尤其是在1506年冬天，在锦衣卫的诏狱里，阳明先生通过研读《周易》，终于悟透了"谦卦"的内涵，对自己赤裸裸攻击权奸刘瑾的方式作了反思；而到了龙场以后，又通过研读《周易》，冲破了生死关口的考验，一洗公子傲气，放下贵族公子的架子，与当地群众打成一片，很快地便体悟到了鱼水之乐，结下了鱼水之情。更重要的，是为阳明心学之花找到根植的沃土！

在阳明先生看来，一个人，能把上述"八心"克制住，扫涤尽，则其良知自然大放光明，其圣人之志自然坚如磐石。故他不断强调："终身学问之功，只是立得志而已！"

良知箴

13. 无善无恶心之体，有善有恶意之动；知善 知恶是良知，为善去恶是格物

——《王阳明全集·语录三·钱德洪录》

今译：既无善念也无恶意时，心就处于一种本体状态；既有善念 又有恶意时，心就处于萌动状态；能够分辨善念恶意时，心中的良知 就已经显现；只要坚持善的、去除恶的，心中的格物功夫定会不断增强。

这四句话，看起来就像一首打油诗。

但它打出来的，绝不是普普通通用以"养身"的花生油、菜籽油……

它打出来的，是中国心学史、世界心学史上顶级的润心、美心、养心之 "精油"。

那是 1527 年的秋天，已经被朝廷冷落了六年之久的阳明先生，突然间 又变成了"香饽饽"，被任命为"总督两广兼巡抚"，负责平定广西思恩、 田州发生的叛乱。临行前的那天晚上，也许是预感到自己的身体健康状况每 况愈下、大限将至，阳明先生便在自家花园的"天泉桥"上，再次向学生钱 德洪、王汝中阐述了"四句教"的要义，并一再叮嘱，"以后与朋友讲学， 切不可失了我的宗旨！"

这"四句教"究竟是什么意思呢？

我们不妨通过一个比喻来了解：一个人的初心就像一块未曾开垦的肥沃 的土地，寒冬时节，这块地上既没有种上"善"的禾苗，也没有长出"恶" 的杂草，这种状态下，就是"无善无恶心之体"。

一到春天，万物复苏，农夫们在这块土地上种上了"善"的禾苗，同时，一些"恶"的杂草也伴随着生长，这种状态下，就是"有善有恶意之动"。

天气一天比一天暖和，"善"苗与"恶"草同时长大长高，这种状态下，精明智慧的农夫一定要有一把标尺，能够分得清楚哪是"善"苗，哪是"恶"草。如此便步入了"知善知恶是良知"的境界。

在以"良知"为标尺分清"善"苗与"恶"草以后，农夫们便以果敢的举措拔掉了田地里的"恶"草，同时适当地施肥浇水，让"善"苗苗壮成长，及至秋天结出丰硕的果实。这种状态下，就算是达到了"为善去恶是格物"的更高境界！

这"四句教"既然被阳明先生视为其心学的宗旨，那它的重要性究竟在哪里呢？

答案很简单：第一，这"四句教"的第四句话"为善去恶是格物"，是阳明心学与程朱理学的分水岭；第二，在程朱理学为天下人修身成圣指出的旧的路径外，阳明心学开辟了一条新的道路。

我们先来分析第一个答案。《大学》中列出"格物、致知、诚意、正心、修身、齐家、治国、平天下"的儒家修身八条目，这是阳明心学和程朱理学都认可的。两派的根本区别在于，对"格物"的理解不同。朱熹的理解是，"格"，为至和到的意思；"物"为物理，即事物道理的意思。所谓格物，就是要通过学习研究，穷尽物理。

而阳明先生的理解是，"格"是去的意思，"去其心之不正"；"物"，是物欲、私欲的意思。所谓格物，就是通过致良知，去除物欲，为善去恶。千万别小看了这点理解上的差异，这一差异，实质上就成了阳明心学与程朱理学的主要分歧，而且是源头上的分歧，是出发点上的分歧。

接下来，我们分析第二个答案。由于在出发点上出现了严重分歧，从而直接导致了二者所指划的修身道路的差异。朱熹为天下人所指的道路是什么呢？我们只要读一读他在《补〈大学〉格物致知传》中的一段话，就明白了：

　　所谓致知在格物者，言欲致吾之知，在即物而穷其理也。盖人心之灵莫不有知，而天下之物莫不有理，唯于理有未穷，故其知有不尽也。是以大学始教，必使学者即凡天下之物，莫不因其已知之理而益穷之，以求至乎其极。至于用力之久，而一旦豁然贯通焉，则众物之表里粗精无不到，而吾心之全体大用无不明矣。此谓物格，此谓知之至也。

　　从这段话可以看出，朱熹给天下人指出的这条修身之路，是极为复杂烦琐的。他的一个最起码的要求就是，要先穷尽"天下之物"之理。可天下之物有多少呢？据现代科学的最新统计，有870多万种，这还不包括海洋中90%的未知物种。即使在朱熹所处的那个时代，已经认知到的恐怕也有几十万种。要把几十万个物种的道理一一弄明白，这得要花多大的精力呢？一个人即使是活上一百岁，一生也就三万多天；即便是从一出生就开始研究"物理"，即便是一天能悟透一种物理，一生也只能是三万多种啊！谁又能穷尽天下之物理呢？而不能穷尽天下之物理，按朱熹的说法，就不可能知天之理，就不可能"豁然贯通"，就不可能做到"吾心之全体大用无不明矣"。

　　由此可见，朱熹给天下人指出的是一条"理有未穷、知有不尽"的路，是一条烦琐哲学的路，是一条漫长的、劳而无功的、永远无法达到目标的路！

　　程朱理学的这条道路，为什么会被封建王朝的统治阶级如此地喜欢和吹捧呢？主要是因为他们为了维护自身的阶级利益，不愿意看到天下人民的觉醒，不愿意看到整个中华民族主体意识的觉醒。他们更愿意看到天下人，尤其是读书士子皓首穷经，永远成为其思想的奴隶、心灵的囚徒。

　　与朱熹相反，阳明先生给天下人指出的则是一条简单的、快捷的、实实在在的、通过努力就可以达到的路。这条路，用四个字概括，就是"格物成圣"；用八个字概括，就是"格除物欲，即可成圣"。阳明先生曾多次对他的学生强调："功夫难处，全在格物致知上。"只要一个人能够以自己心中天生的良知为标准，除去恶的，坚持善的；除去丑的，弘扬美的；除去私欲，保持公心，那他（她）就是一个圣人。而这一切，与他（她）的地位高低、读书多少、能力大小等都没有关系。

由此可见，阳明先生与朱子之争，乃"主义之争"，而非"私人之争"。这一点，阳明先生也曾反复告诫他的学生：我的学说与晦庵先生有不同之处，是因为"入门下手处有毫厘千里之分，不得不辩"。阳明先生讲的"入门下手处"，不正是格物吗？

须怜绝学经千载，莫负男儿过一生。

历经四百多年的风雨洗涤，阳明心学的格物即可成圣的观点，被另一位伟人在1939年《纪念白求恩》一文中作了进一步的提炼和升华。他说："我们大家要学习他（白求恩）毫无自私自利之心的精神。从这点出发，就可以变为大有利于人民的人。一个人能力有大小，但只要有这点精神，就是一个高尚的人，一个纯粹的人，一个有道德的人，一个脱离了低级趣味的人，一个有益于人民的人。"

这种人，难道不是儒家所谓的圣人吗！这种人，在毛泽东思想的培育下，一批又一批地集中地涌现出来了，如张思德、雷锋、刘胡兰、王进喜、欧阳海，等等。他们的地位都不高，属于普通战士和工人；他们的文化程度也不高，属于"半文盲"。但他们都具有"圣人"的根本特征——"大公无私"，即处处为别人着想，从不计较个人得失。他们光辉的品质和高尚的行为，感化和影响了整整一代人乃至几代人！

14. 心者，身之主也；而心之虚灵明觉，即所谓本然之良知也

——《王阳明全集·语录二·答顾东桥书》

今译：心，是身体的主人。人心中那种原始的、浑沌的、真切的直觉，就是所谓的本来就有的良知。

任何一个伟大的思想家，都有自己标志性的核心概念。

当然，这个核心概念也许并不是他自己原创的，但一定是经过了他的加工改造而铸炼、充实和丰富了的。

老子思想的核心概念是"道"；

孔子思想的核心概念是"仁"；

孟子思想的核心概念是"义"；

周敦颐思想的核心概念是"无极而太极"；

程颢程颐思想的核心概念是"天理"；

张载思想的核心概念是"气"；

朱熹思想的核心概念是"存天理、灭人欲"；

陆九渊思想的核心概念是"明本心"；

阳明先生心学的核心概念是"致良知"。

"良知"一词，最早出现于《孟子·尽心上》中，原话是"人之所不学而能者，其良能也；所不虑而知者，其良知也"。阳明先生在丰富和发展了孟子心学的基础上，采用旧瓶装新水的方式，将"良知"这一概念化作了自

已心学的内核！

良知，究竟是什么意思呢？

阳明先生在这里给出的第一个参考答案是：良知是心中的一种"虚灵明觉"。这种虚灵明觉，其实就是人心中的那种原始的、朦胧的、浑沌的，而又往往比较真实的直觉。这种直觉是先天赋予的！

阳明心学之所以能具有强大的实践效用，阳明先生之所以能达到"天下无难事"的胜境，与其对这种直觉的深度挖掘、大力提升和精熟运用有很大的关系。

这方面，一个典型的例子就是：阳明先生于公元 1517 年初到达赣州后，其剿匪工作面临的第一个难题就是，官匪勾结，尤其是自己的巡抚衙门中藏有匪贼的内线，衙门里的一举一动都被匪贼掌握得清清楚楚，以至于处处陷于被动挨打的局面。怎样才能发现和抓住衙门里的内奸呢？阳明先生一边不动声色地盘算，一边暗中观察衙门里的每一个人。

一天上午，正在装着看书假寐的阳明先生，突然看到一个正在做勤杂的老衙役在偷偷地四处张望，特别是对自己书案上的文件时不时想凑近瞄瞄。此等情状，让阳明先生瞬间警醒，直觉告诉他：这个老衙役不正常！对于一个在衙门里工作了十几年的人，早该对这个院子里的一草一木、一砖一瓦、一物一件都熟悉了，而且是熟悉得麻木了，又何必张张惶惶地四处瞄望呢？尤其是他的眼睛瞥向自己案台时流露出的贪婪之色，更证明其心中有鬼……

到了晚上，阳明先生把老衙役叫到了自己的办公室。昏黄的灯光下，老衙役忐忑不安地站在那儿，阳明先生对其不闻不问，只是一脸严肃地端坐在太师椅上，居高临下的威视着他。慢慢地，他发现老衙役的额头上冒汗了，手指在微微地抖动。大约熬了一炷香的功夫，阳明先生见时机已成熟，便猛地一拍惊堂木，厉声喝斥老衙役："你是想寻死路还是想走活路？"本已虚弱的老衙役被惊慑得一屁股坐到了地上，连声哭叫着说："老爷饶命，老爷饶命，我给山上的土匪递情报，也是不得已啊！我家里人多，收入又太少，给他们送情报信息，也就是图点银子补充家用。"阳明先生见状，知道自己的直觉是正确的了。他严厉地扫视了老衙役一眼，说："朝廷有法度，通匪是要杀头抄家的，你认为我该怎样处决你呢？"此时的老衙役，心理防线已彻底崩溃，只是一个劲地磕头，请求饶命……

过了好一会儿，阳明先生才慢条斯理地说："本抚是一个仁慈之人，尽管你已是将死之人，但我还是忍不住要给你指一条活路，现在，有一个将功折罪的机会，不知道你愿不愿意要？"老衙役一听这话，就像一个挂在悬崖边上的人突然抓住了一根救命的绳子，咚、咚、咚，一边把头磕在地砖上，一边哭泣着说："只要能给活路，一定照大人的意思办！如再有二心，天打雷劈，甘受任何刑罚。"就这样，阳明先生成功的把土匪埋在自己身边的内线变成了自己的眼线。而老衙役呢，也很快地由单面间谍变成了双面间谍，只不过，他送给土匪的情报从此都变成了假的，送给阳明先生的情报都是真的了。

就这样，一场前所未有的剿匪战争就从阳明先生心中的一缕良知之光和直觉之神中拉开了胜利的序幕！

15. 天理之在人心，终有所不可泯，而良知之明，万古一日

—— 《王阳明全集·语录二·答顾东桥书》

今译：天理自然地存在于人的心中，终究是不可泯灭的；而良知的光明，就像太阳一样，万古不灭。

站在中国历史的街头，经常可以看到这样的场景：

大街上，商铺边，两个人在吵架。

甲："你怎么能这样做，你还讲不讲天理？"

乙："你怎么能这样胡来，你还有没有良心？"

如此有伤文明风化的一幕，却让阳明先生欣喜地看到了文明的焰火。因为，就在这两个人的相互指责和对骂中，阳明先生悟到了：良知、天理，就像太阳一样，照耀着每个人的心。不仅圣人心中有道德的太阳，道德的种子，愚夫愚妇的心中也有道德的太阳、道德的种子。

只不过，圣人的心有如晴天的太阳，没有被一丝私欲的云朵遮闭；常人的心如多云天的太阳，间或被私欲的云块遮挡；而坏人的心则如同雨天的太阳，完全被私欲的云层遮住了。但不管遮了多大的面积，不管遮了多长的时间，太阳的光芒依然是存在的，良知的种子依然是存在的。一旦有风吹来，拨云便可见日；一旦有水浇灌，良知的种子便可发芽长苗。不管这个人有多坏、有多恶，良知在他心中，是不可能泯灭的。就像再穷凶极恶的土匪，他的内心深处，也知道抢人财物、霸人妻女、伤人性命是不对的；就像再贪得无厌的蛀虫，他的内心深处，也知道以权谋私、贪污受贿是不对的。而他们

之所以明知不对而强行为之，是因为他们心中的良知被私欲蒙蔽了。但是，一旦他们的私欲之云被强台风吹散，他们心中的良知之光还会光芒四射的，他们便可以瞬间地由一个坏人、一个恶人变成一个好人、一个善人，甚至成为圣人。

这种规律性的现象，就是阳明先生的欣然之处，就是整个社会、整个人类的希望之光。"太阳不灭、良知永恒"，它伴随着每一个生命的始终。

阳明先生不仅深刻地认识了这一规律，而且在日常的学习、生活和工作中很好地运用了这一规律，尤其是在官场周旋、战场博弈中很好地运用了这一规律。

这方面，最典型的例子，就是阳明先生感化太监张永。张永是正德皇帝身边的大太监，为人处于正邪之间，资历老，权势大。阳明先生在 1519 年 7 月间迅速平定宁王朱宸濠的叛乱后，没想到，得到的不是鲜花和奖励，而是由贪好玩乐的正德皇帝一手导演的，由江彬、许泰等奸臣具体操持的一场飞来横祸。不仅已经相当穷困的江西百姓面临兵匪之灾，已经相当疲惫的阳明先生也是岌岌可危。当此之时，阳明先生将目光投向了皇帝身边的红人张永。因为，他从对张的全面分析中，看到了他心中存在的良知之光，尽管，这种光芒比较微弱。但只要有光在，就有希望。

于是，在一个苍茫的月夜，阳明先生到杭州拜见了太监张永。朦胧的烛光下，阳明先生先是真诚地夸赞了张永过去的一些优秀事迹，赢得了他的好感；接着又描绘了战争之后江西百姓的极端惨状，赢得了他的同情；再后，又巧妙地向张永灌输了自己的良知之学，点燃了张永心中那尘封了很久的良知的火种……

那天晚上，张永彻底地认同了阳明先生的心灵导师的地位，给阳明先生指明了解困的办法。

不久之后，张永抓住一个机会，趁正德皇帝高兴之时，推荐阳明先生做了江西巡抚。

16．能戒慎恐惧者，是良知也

——《王阳明全集·语录二·答陆原静书·又》

今译： 能让人戒慎恐惧的，就是良知。

要理解阳明先生这句话的意思，就得先理解康德的一句名言。他在《实践理性批判》中说："在这个世界上，有两样东西值得我们终生仰望和敬畏：一是我们头顶灿烂的星空，一是我们心中崇高的道德律！"

在阳明先生看来，宇宙、世界、社会、国家乃至芸芸众生都在不停地变化，唯有两样东西是不会变的：一是每个人的心中都有天然的良知，哪怕是最坏最恶的人；二是每个人都会敬畏良知，只是程度不一、先后不一而已。

孙子云："攻心为上，攻城为下。"阳明先生用兵打仗，最擅长的就是攻心之术。而他用于攻心的最锐利的武器，就是"良知"，就是人对良知的那种天生的敬畏之心！

这方面，最典型的事例，就是阳明先生用一封书信瓦解了广东浰头数千贼匪的斗志的故事。

阳明先生是如何唤起那些穷凶极恶的贼匪的良知呢？我们不妨细细地品味一下这段文字：

自从我来到这个地方当巡抚，还没有派遣一个人来抚谕你们。这个时候，我如果突然派兵来剪灭你们，那就等同于"不教而诛"了，这会让我感到终身遗憾！所以，今天我特地派人来告诉你们，不要以为你们兵力很强，还有比你们更强的；不要以为你们的巢穴很险，还有比你们更险的，可如今，他们不都被消灭了，你们难道没有看到？难道没有听到吗？

是人都有情！从人的常情而言，最让人感到耻辱的，莫过于背上了盗贼之名；是人都有心，从人的本心而言，最让人感到悲愤的，莫甚于遭受了劫掠之苦。现在，假使有人骂你们为强盗，你们一定会怫然而怒。既然这样，你们又怎么能够自相矛盾呢？内心里厌恶强盗之名，行动上却干着强盗之事。又假如，有人烧掉了你的房子，抢夺了你的财产，奸淫了你的妻女，你一定会恨之入骨，宁死必报。可如今，你们却将这种恶行强加到无辜人的身上，他们难道就不仇恨吗？人同此心，难道你们真的感觉不到吗？

天哪！这样情真真、意绵绵的话语，难道是出自官府的一纸公文吗？的确，阳明先生就是用这样一纸像"情书"一般的告示，激发了贼匪们心中那久已尘封的"良知之光"！而在启悟贼匪们发现自己心中的良知后，阳明先生又挥洒如椽之笔，柔中有刚、软中有硬地逼迫贼匪们不得不面对自己的良知，不得不循着良知的指引去改恶从善。

你们当初决定去当土匪强盗，乃是生人寻死路，如此情状，你们尚且想去就去了。如今，我教你们改恶从善，乃是死人求生路，你们为什么反而不敢了呢？这是什么原因呢？

你们好好想想吧！如果能听我的话改恶从善，我立即就把你们当做良民看待，当做赤子安抚，更不会追究你们以往的罪行。就像你们熟悉的叶芳、梅南春、王受、谢钺等人。你们难道没有听说吗？但是如果你们硬是顽固不化、恶习不改，那我就会从南面调来广东广西的狼达兵，从西面调来湖北、湖南的土兵，我会亲率大军来围剿你们的巢穴，一年灭不了就两年，两年灭不了就三年。你们的财力有限，而我的兵马粮草却是源源不断的，纵然你们都变成了插翅之虎，谅也不能逃出我们的掌控之外！

呜呼！痛哉！难道是我非要杀掉你们吗？不是的！但如果你们非要继续作恶害得我的子民寒无衣、饥无食、居无庐、耕无牛，家破人亡、妻离子散，即便是我想让我的子民避让一下，但由于他们的田产已经被你们侵夺，哪里还有可避的地方？即便是我想让我的子民贿赂你们，但他们的家当已经被你们抢光,哪里还有可贿的财物呢?在这种情况下,就是请你们为我谋划,也必须把你们杀尽了,才可以让我的子民安生啊!

天哪!如此入情入理的剖析,堪称千古奇文。不仅让贼匪们的心中感受到了良知的温暖,春天般的温暖;更让贼匪们感受到了良知的崇高与威严,因为,再无恶不作的人,当他真正面对自己的良知时,也会感到害怕,产生悔悟⋯⋯更何况,除了抛出良知这颗"精神炸弹"外,阳明先生还高高地举起了霹雳之刀,让贼匪们真切地感受到了一种刀架在脖子上的凛烈和肃杀!

事实证明,阳明先生的这封信抵得上十万兵,产生了意想不到的效果!其一,是感化了不少的贼匪,如金巢、卢珂等都主动投诚,并且还在后来的剿匪战斗中立了功,受到了朝廷的封赏。其二,是全面地打乱了贼匪们的心志,使他们的思想发生动摇,精神开始涣散,在且疑且惧之中,迅速地被歼灭了!

17. 良知之在人心,不但圣贤,虽常人亦无不如此

——《王阳明全集·语录二·答陆原静书·又》

今译:良知永远存在于人的心中,不但圣贤如此,普通人也是这样。

如果把阳明心学思想比作一顶皇冠,那么,"良知"就是皇冠上的明珠。

阳明先生把"良知"一词从孟子博大如渊的心海里打捞上来,并赋予它新的内涵,实质上,也是赋予了阳明心学新的生机,为当时儒家几近干涸的

源流注入了一泓清泉……

良知是一种"虚灵明觉"，是一种天然的直觉，这是阳明先生对良知"本质性"的定义。"良知之明，万古一日"，"盖良知之在人心，亘万古，塞宇宙，而无不同"，良知像太阳一样永放光芒，这是阳明先生对良知"永恒性"的描述。

良知能够让人心存戒慎恐惧，这是阳明先生对良知"功能性"的概括。

"良知良能，愚夫愚妇与圣人同"，良知不分贤愚，不分贵贱存在于每一个人的心中，这是阳明先生对良知"平等性"的形容。

这种平等的特征，被阳明先生在教育实践中运用到了极致。这方面，最经典的一个故事就是：

有一个叫杨茂的青年，既是个聋子，又是个哑巴。有一天，他找到阳明先生，要求拜师求学。由于他口不能言，耳不能听，阳明先生就用纸和笔与他对话交流。

先生高兴地说："你的心能明白是非，就说明你的良知之光仍在闪耀，你可以来我这里学习！"

杨茂看了非常高兴，但仍心存顾虑："先生，我家境贫困，身体又残疾，能够像别人一样修习如圣学吗？"

先生热情地鼓舞说："你的身体虽然有残疾，但你的心却是健康的，你的良知却是光明的，你完全具备条件。至于家境的好坏，根本就不是我收学生所考虑的条件。"

"那照先生这样说，我这个残疾人也能迈进圣贤的大门。"

"当然可以！你只要记住，永远以自己心中的良知为师，坚持对父母尽孝心，对国家有忠心，对兄长有敬心，对妻儿有爱心，对朋友有诚心，为人处事有公心，你就是一个圣人了！"

18. "致良知"是学问大头脑，是圣人教人第一义

—— 《王阳明全集·语录二·答欧阳崇一》

今译： "致良知"是做学问的大纲领，是圣人教人的第一要义。

阳明先生是一个伟大的教育家。

其教育的伟大目标是让人人都达到"致良知"的境界！

致良知，究竟是一种怎样的境界呢？

很简单！一言一行都符合良知的准则；一举一动都符合中庸的规范。

要达到这种境界，难度大吗？

我们只要听听孔子的形容就明白了。孔子说："天下国家可均也，爵禄可辞也，白刃可蹈也，中庸之道不可能也。"由此可见，要修养到"致良知"的境界，几乎是"蜀道之难，难于上青天"。这也就是几千年来圣贤屈指可数的原因。

而达到了"致良知"的境界，又会怎么样呢？

遭巨变：每逢大事有静气，不慌不忙。就像 1519 年的夏天，阳明先生在前往福建出差的途中，突然得到了宁王叛乱的消息。其时，江西巡抚孙燧和按察副使许逵被宁王杀害，江西全省官员被宁王控制，各地府库的钱粮物资被宁王没收。宁王的十万判军就像被喂饱了的鹰犬，露出了锋利的牙齿……在一无兵马、二无将官、三无粮草、四无器械的情况下，阳明先生临危不乱很快地在吉安府树起了平叛的大旗，并针对宁王可能采取的上、中、

下三策，迅速的使出了"无中生有"的疑兵之计，仅用了几百份伪造的朝廷公文，硬是扰乱了宁王的心神，打乱了宁王的战略步骤，使其不知不觉地落入了阳明先生为其设计的"下策"（据守南昌，被朝廷大军围困而死）之中。

逢绝境：人生达命自洒落，不惶不馁。1507 年的一个夏天的黄昏，阳明先生在贬走龙场之前，寄住在杭州胜果寺养病，被刘瑾派来的两个刺客挟持了。面对逃又逃不了、打又打不过的万分危局，阳明先生没有绝望，而是眉头一皱，计上心来。他先是将家里给自己准备的一笔不小的路费全部送给两个刺客，显得非常诚恳地说道："两位兄弟与我无冤无仇，这次办差一定是奉命行事，我一点也不怪你们。只是，我是一个必死之人，这钱拿着也没有什么用处了，就送给两位作辛苦费吧！"两个刺客一生杀人无数，倒从来没有见过在死亡面前如此通达之人，顿时心生好感，便和气地对阳明先生说："我们是有命在身，不得已而为之。今日你不死，我们就得死！不过看在你如此配合的份上，你可以选择一个死法。"阳明先生一听，非常感激得作了一个揖，说道："临死之前，能遇到两位兄弟，也是一种缘分。我一生潇洒自在，今日也想求一个自在死法。这样，我先拿钱置办一桌酒席，恳请二位与我豪饮一顿，然后，我就投江自尽，以完成二位的任务，如何？"两位刺客一听，觉得没什么风险，而且还乐得赚一顿美酒美食，便爽快地答应了。

酒过三巡，菜过五味，眼看着两个刺客已渐入朦胧之态。阳明先生心知计已生效。但为了把戏作足，彻底地让两个刺客放松警惕，阳明先生又请人拿来笔、墨、纸、砚，当场写了两首绝命诗，并一再嘱咐刺客想办法交给自己的家人。其中一首诗是："学道无成岁月虚，天乎至此欲何如。生曾许国惭无补，死不忘亲恨有余。自信孤忠悬日月，岂论遗骨葬江鱼。百年臣子悲何极，日夜潮声泣子胥。"两个刺客虽然文化程度不高，但看着阳明先生那行云流水般的秀丽劲挺的书法，也"相顾惊叹为天才"！善于察言观色的阳明先生便趁热打铁，又灌了两人不少美酒，直至让他们彻底地进入了醉乡。这时，阳明先生果决地起身，大步向江边走去。两个刺客摇摇晃晃地跟在后面，距离拉得越来越远。阳明先生到达江边后，见两个刺客尚未跟上来，便赶紧脱掉鞋子，摘下头巾，将之放在江边的沙滩上，而后抱起一个大石头，"扑通"一声投入江中，制造了一个投江自尽的假象，自己则迅捷地躲进了江边的芦苇丛中，悄然地远遁了。等两个刺客醉步走到江边，看到遗落在沙滩上的鞋子和头巾，认为任务已经完成，便放心地回去复命了。

遇诱惑：举头三尺有神明，不贪不占。阳明先生之所以能成为一代伟大的思想家、教育家，之所以能为中华民族种上"良知"之树，与其父亲王华的言传身教是密不可分的。如果说，阳明先生无愧于一个"良知"圣人，王华则无愧于良知之父。这一点，从两个小故事可以看出来。一个故事是：王华六岁时，与村里的一群小伙伴在河边玩耍。这时，一个醉汉来到河边洗脚，洗完后便摇摇晃晃地走了。等他走后，王华最先发现河边有一个钱袋子，他掂了一掂，觉得沉甸甸的，便知里面一定是金子。小王华想，这一定是醉汉丢下的，等他酒醒了，不知道该有多着急呢？眼看着太阳落山了，王华随意找了个借口，没有同小伙伴一起回去，而是静坐在江边等待醉汉归来。果不其然，那醉汉一边号哭，一边向江边赶来了。王华迎上去，举着钱袋说："大叔，你看看，这是你丢的钱袋吗？"那醉汉欣喜若狂地接过袋子，打开一看，里面分文未少。醉汉随即取出一小锭金子说："小朋友，非常感谢你，这点钱你拿去买糖果吃吧。"小王华笑着拒绝说："大叔，你数十锭金子我都不要，还会要你一锭金子吗？"那醉汉听了非常惭愧，对着小王华深深地一鞠躬！

另一个故事是：大约是1465年，二十岁的王华受浙江布政使宁良的邀请，到湖南省祁阳县给宁良的儿子当老师，住在一个叫梅庄别墅的地方。当地一个大富豪非常仰慕王华的品貌和才学，就把他请到自己的家里做客。一天晚上，已经喝得半醉的王华正准备上床歇息，一个容颜秀丽的美女突然间出现在房间里。王华猛然一惊，酒醒了一半。只听那美女说道："先生别慌！我是主人的小妾。因我家主人身体有疾，一直生不出孩子，没办法，他见先生品貌才华均佳，所以想向先生借种续后。先生如不信，可看这扇面上的字。"王华半信半疑地拿着扇子一看，果见上面是主人亲笔写的一行字："欲借人间种"。王华看罢，略一沉思，便在扇面上加了一行字："恐惊天上神"。然后，将扇子退给了那位美妾，并毅然地将其请出了房间。

19. 思是良知之发用。盖思之是非邪正，良知 无有不自知也

——《王阳明全集·语录二·答欧阳崇一》

今译： 人的思想活动，就是良知的运用。故思想的对与错、邪与正，良知没有不知道的。

举头三尺有神明！

在阳明先生看来，良知就是神明，就是上天赋予人心中的一把天然的标尺。有了这把标尺，你就能立即判断出任何一个言行、任何一件事情的是与非、对与错、好与坏等！

运用好这把标尺，你就能将许多看似复杂的难题，简单轻松地加以解决。

那是 1510 年三月，阳明先生奉朝廷之命到庐陵县当知县。当时的庐陵县是个令官府头痛的地方。用官府的话形容，这个地方最主要的特产是"刁民"，最猖獗的活动是互相告"刁状"。阳明先生的前任，一位姓许的县令，就是被每天堆积如山的诉讼案卷，折腾得身心俱疲，不得不提前辞职。阳明先生分析，这种恶劣的告状之风之所以盛行，主要还是人心丧乱，许多人的良知被私欲蒙蔽了。本来"乡邻之道，宜出入相友，守望相助，疾病相扶

持"，"乃今至于骨肉不相顾"，父亲可以为了些许小利状告儿子，兄长可以为了些许财产状告弟弟，以至于因"一朝之忿"，"忘其身以及其亲，破败其家，遗祸于其子孙"。

面对这种情况，阳明先生没有退缩避让，而是直接从"心"入手，着力从两个方面唤醒百姓的"良知"：

一是用言语唤醒。阳明先生精心写了一篇《告谕庐陵父老子弟》的文告，开篇就是大喝一声："庐陵文献之地，而以健讼称，甚为吾民羞之！"接着阳明先生又与百姓约法三章："因为我身体不好，气弱多病，所以自今以后，不是人命关天的大事，不得告状。如果非要告状，那就必须做到：一次只能上诉一件事，内容不得超过两行，每行又不得超过三十字。违者，予以重罚。"这个霸王规定一出，首先是难坏了过去代人写状纸的人，水平哪够呀！其次是吓坏了那些告状的人，过去告状不亏本，现在风险系数明显增加，谁又敢轻举妄动呢？

二是用楷模唤醒。阳明先生恢复了明太祖朱元璋时期的"两亭"制度，要求庐陵县每个村都重新设立"两亭"：旌善亭主要用于表彰本村的好人好事，凡是热心于公益事业、乐于助人、奉公守法、积德行善的人，都在该亭张榜表扬，让家人和邻人引以为荣。申明亭主要用于批评坏人坏事，凡是因偷盗、斗殴、奸淫等劣迹被官府定罪的人，都要在该亭公布名字，让家人和邻人引以为耻！

尽管阳明先生在庐陵只当了七个月的县令，但他妙用"良知"之药方，治好了庐陵县延续了几十年的"好讼"毛病。

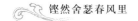

20. 君子之酬酢万变，当行则行，当止则止，当生则生，当死则死，斟酌调停，无非是致其良知，以求自慊而已

——《王阳明全集·语录二·答欧阳崇一》

今译：君子应酬交际，应对种种事变，应当做到，该行则行，该止则止，该生则生，该死则死，考虑问题协调矛盾关系，无非是遵循良知的标准，以求得自己心安理得而已。

做事的最佳境界是什么？

适可而止！

做事的最大危险是什么？

不知止！

故世上最大的学问是"止学"。这门学问，萌发于《大学》，成熟于阳明心学。《大学》的开篇就是："大学之道，在明明德，在亲民，在止于至善。知止而后有定，定而后能静，静而后能安，安而后能虑，虑而后能得。"

这其中，最关键，最核心的一句话就是"知止而后有定"。一个人，如果一颗心总在浮躁，如果一团欲望总在膨胀，那他（她）又如何定得住心呢？俗话说得好，"五心不定，输得干干净净"。"不知止、不定心"，恐怕是古往今来许多失败事件的主要原因。

阳明先生的一生，尽管饱经忧患、饱受磨难、饱受屈辱，但他还是登上了立德、立功、立言"真三不朽"的巅峰境界。这与他强大的定心之功是分不开的。先生的定心之术是从何时何地起开始修炼的呢？许多人恐怕都想不到，是从"监狱"开始的！

那是 1506 年十一月，时任兵部武选清吏司主事的王阳明，看到给事中戴铣、御史薄彦徽等人因上书弹劾刘瑾被打入大牢，深感义愤不平，便以极其委婉的口气向皇帝上了一道《乞宥言官去权奸以章圣德疏》，试图说服皇帝放了二人。没想到事与愿违，不仅没有救出二人，反而把自己搭了进去。挨了四十大板，被打得皮开肉绽，奄奄一息；先是被打入大牢，后来又被贬谪到贵州龙场驿。

阳明先生坐牢的时间大约为三个月。这段日子，不仅对他的肉体是一种严酷的考验，对他的心魂也是一种痛苦的铸炼！

当时的狱中环境究竟苦到了什么程度呢？我们读读阳明先生在狱中写的诗就知道了。"屋罅（xià）见明月，还见地上霜。客子夜中起，旁皇涕沾裳"；"天寒岁月暮，冰雪关河迥。幽室魍魉（wǎng liǎng）生，不寐知夜永"；"高檐白日不到地，深夜黠鼠时登床"；"幽室不知年，夜长昼苦短"，等等。身处如此幽苦之境，有的人会愁死，有的人会病死，有的人会疯死，有的人会闷死……

阳明先生又是如何顺应这种艰苦环境，而开始修炼自己的"定心"之术呢？

其一，是向周文王学习，在狱中研读《易经》。"囚居亦何事？省愆惧安饱。瞑坐玩义易，洗心见微奥。乃知先天翁，画画有至教。俯仰天地间，触目俱浩之。箪瓢有余乐，此意良匪矫。幽哉阳明麓，可以忘吾老。"此时此刻，在阳明先生心中，监狱已不是监狱，而是幽静、浩渺的研究之地了！

其二，是向孔子学习，"朝闻道，夕死可矣"。在狱中，先生组织几位狱友一起讲学论道。"累累囹圄间，讲诵未能辍。桎梏敢忘罪，至道良足悦"；"愿言无诡随，努力从前哲"；"留得升平双眼在，且应蓑笠卧沧州"。由上述诗句可见，阳明先生在狱中，不仅没有颓废丧志，反而过得充实丰富，反而培养出了一颗对苦乐的淡定之心，对生死的超越之心。

从此，无论是沧海横流，还是世事纷纭，阳明先生都守定"良知"不放松！阳明心学也就从这幽深的监牢中开始孕育……

21. 世之君子唯务致其良知，则自能公是非，同好恶，视人犹己，视国犹家

——《王阳明全集·语录二·答聂文蔚》

今译：这世上的君子，唯有达到"致良知"的境界，就能够自觉地做到，公正地处置是非问题，平等地对待好恶问题，看待别人如同看待自己一样，看待国家的事情如同看待自己的家事一样重要。

当一个人实现了致良知，他会具有一种怎样的大情怀呢？

阳明先生告诉你八个字："视人犹己，视国犹家。"

阳明先生是这样教导别人的，也是这样坚持和坚守的。

1519 年六月十三日，当宁王朱宸濠利用自己 43 岁生日之机突然在南昌举起反叛大旗时，作为南赣巡抚的阳明先生原本是可以置之度外的。其一，自始至终，朝臣并未将平叛的指挥大权授予他；其二，当时的正德皇帝已自封为威武大将军，准备御驾亲征，过一把打仗的瘾。在这种情形下，阳明先生完全可以选择当一个旁观者和避让者，坐等皇帝的到来。但是在良知的主导下，阳明先生并不是立足于一人一家的安危来考虑的。他想到的是，一旦宁王的叛乱目的得逞，国家必将陷入分裂，整个社会至少南中国将处于一种大动乱之中，届时，最苦的还是老百姓。基于此，阳明先生毅然地扛起了平

叛的大任，率领二万多临时拼凑起来的军马向宁王的十万叛军发起了攻击。

七月二十六日，当阳明先生指挥的地方游击队生擒了宁王朱宸濠时，宁王笑着问道："这是我朱家的事，王都堂为何如此费心呢？"阳明先生望着夕阳下炊烟袅袅升起的村落，淡淡地回答说："谁当皇帝，确实是你们的家事。但如果任你胡来，恐怕千万人、亿万人都将陷入水深火热之中！作为朝廷命官，我的职业良知告诉我，'天下之心皆吾之心也'，既然天下百姓都反对这场战争，都不愿意遭受战火离乱之苦，那我就必须操心这件事！"

致良知者必有大爱！

阳明先生用自己的行动印证了这一点。

22. 今诚得豪杰同志之士，扶持匡翼，共明良知之学于天下，使天下之人皆知自致其良知，以相安相养，去其自私自利之蔽，一洗谗妒胜忿之习，以济于大同

——《王阳明全集·语录二·答聂文蔚》

今译：现在，如果真能得到一批具有英豪之气的同志的匡扶帮助，共同彰明良知的学说于天下，使天下的人都懂得自觉地实践良知，相互帮助以安心养神，去除自私自利的毛病，清除诽谤、嫉妒、争强好胜和脾气暴躁的恶习，以实现天下大同。

阳明先生一生，最高的理想和最美的愿景是什么？

答案就在上述这段话中："共明良知之学于天下，使天下之人皆知自致其良知。"

这个美好的愿景如何能实现呢？

阳明先生清醒地认识到：关键在人！在于能够得到一批豪杰同志的扶持匡助！何谓同志？《礼记》有云："同窗为朋，同志为友。"《国语·晋语》有云："同德则同心，同心则同志。"阳明先生在这里讲的同志，就是指志向、志趣相同的人。

何谓豪杰？就是才智出众、心力强大的人，就是认准了一个目标而勇敢前行不退缩的人，就是为了弘扬某一思想和学说，不怕嘲笑、不惧诋毁、不畏打击的人。

在阳明先生的诸多同志中，堪称为"豪杰"的有聂豹（聂文蔚）。这个聂豹，生于1487年，卒于1563年，江西永丰人。他在1526年的夏天，以右佥都御史的身份巡察福建，借机渡过钱塘江到余姚拜访阳明先生，就心学问题作了详尽的探讨，可谓是拨云见日，豁然开朗。但当时，聂豹并未正式拜阳明先生为师。

一直到1532年，也就是阳明先生死后的第四年，聂豹才在阳明先生的亲密学生钱德洪和王龙溪的见证下，摆香案祭祀先生，正式行拜师之礼。从此，聂豹自称阳明门人，到处宣扬阳明心学。而最能体现他的坚定性和坚韧性的，就是他针对当时世人非议、诋毁阳明心学的情况，发出了一声狮子吼："与其尽信于天下，不若真信于一人。道固自在，学亦自在，天下信之不为多，一人信之不为少！"

23. 尔那一点良知，是尔自家的准则

——《王阳明全集·语录三·陈九川录》

今译： 你心中的那一点良知，就是你自己的准则。

自从阳明先生从中华文化的大花园中摘出"良知"这朵美丽的花后，良知的概念一直在不断地丰富之中。

良知虽美，它的功能和功用究竟是如何呢？

阳明先生回答得很明确："良知就如同佛教说的'心印'一样，真的是人生的试金石、指南针！"

那是 1520 年的春天，一个名叫陈九川的学生为了尽快解开自己心中的疑惑，不辞辛劳来到了赣州，再次向阳明先生请教："这段时间，我的学问功夫虽然有些长进，但却很难找到那种稳当快乐的感觉，这是为什么呢？"

阳明先生微微一笑说："这是因为你还没有掌握一个诀窍。"

九川的眼睛突地一亮，着急地问道："这个诀窍是什么呢？老师，您赶快传授给我吧！"

先生说："这个诀窍就是致知，这'致知'两个字，真是千古圣人传承的秘诀，你能懂得这个了，就达到'百世以俟圣人而不惑'的境界了！"

九川追问："可我怎样才能达到这个境界呢？"

先生说："很简单啊！你那一点良知，就是你自己的准则。你的念头想法只要一产生，它就能自发地、准确地给你衡量出来。对的就知道是对的，错的就知道是错的，一点也隐瞒不了。你只要不欺骗自己的良知，老老实实按照良知的指引去做，那么，真的、善的、美的东西就能够在你的心中存

养，而假的、恶的、丑的东西便会从你的心中去掉，到这个时候，你的心也就稳当快乐了！这，就是格物的真诀窍，就是要像扫地一样，时刻注意扫除自己心中物欲的灰尘；这，就是致知的实功夫，就是要像爬山一样，不断地向着良知的最高境界攀登！"

24. 良知在人，随尔如何，不能泯灭

——《王阳明全集·语录三·陈九川录》

今译：良知生在人的心中，不管怎样，也泯灭不了。

阳明先生这句话，再一次肯定了良知的永恒性。

良知真的能永恒吗？不管是什么人，好人，坏人，恶人，善人，其心中都有良知存在吗？

阳明先生的回答是非常干脆的："即便是一个十恶不赦的盗贼，他也知道自己的偷盗行为是不应该的，你喊他是贼，他也会不好意思。"

那是一个深秋的夜晚，阳明先生正在巡抚衙门里与几个学生探讨学问，其中一个学生始终弄不明白良知是什么，尤其是搞不明白，为什么坏人心中也还有良知存在？

正在这时，一个卫兵报告：抓到了一个小偷，请问如何发落。阳明先生心中一亮，对几个学生说："走，我带你们去见识见识良知！"

说着，便带着几个学生来到了关押小偷的房屋。阳明先生看了小偷一眼，故作愤怒地喝道："把衣服脱了！"

众人都迷茫不解，小偷更是战战兢兢。在阳明先生威严的目光的逼视

下，赶紧脱掉了外衣。

接下来，阳明先生不停地叫"脱"，直到小偷脱得只剩下一条短裤。

这个时候，令人惊讶的事情发生了。不管阳明先生如何叫脱，小偷却死活不肯再脱，并愤怒地喊道："打我也好，杀我也好，就是不能再脱，这是我的底线！"

阳明先生闻此一言，不由得哈哈大笑，对几个学生说："看到了吧，良知就在这条短裤中！他尽管是个贼，但他更是人，是人就有良知。他之所以要坚决地护住这条短裤不脱，实质就是在护卫自己的尊严和良知不致泯灭！"

几个学生明白了！

那个小偷大哭起来，跪着对阳明先生说："我为了一家人的生计，被迫做了贼，从来没有人看得起我，连我自己也看不起自己。这几年做贼，一旦被抓住，只有挨打挨骂的份儿，从来没有人说过我还有良知。既然大人您把我当人看，我就不能辜负您的期望。我对天发誓，从今后我如再犯此病，我就一头撞死。"

阳明先生扶起了他，满怀真诚地说："你能悔悟，千金难买。但愿你今后能光大自己的良知，凡事以良知为标准。我相信，你也会达到致良知的境界的！"

小偷含泪再三拜别而去……

25. 人若知这良知诀窍，随他多少邪思枉念，这里一觉，都自然消融，真个是灵丹一粒，点铁成金

——《王阳明全集·语录三·陈九川录》

今译：一个人如果能懂得良知的诀窍，不管他心里产生多少私心邪念，这里一旦觉悟，便都会自然消融，真的是一粒灵丹妙药，能够收到点铁成金的效果。

一个人，要实现自己的修行之志，真的有什么灵丹妙药吗？

阳明先生告诉你：有！这粒灵丹就是你自己心中的良知。只要良知发挥作用，你心中多少妄想、邪念都会立即除去。

这方面，最经典的一个例子，就是阳明先生一言点化王艮的故事。

王艮是谁呢？

王艮原名王银，生于1483年，江苏泰州人。王艮的先祖以烧盐为业，属于"灶丁"阶级。王艮十九岁时跟随父亲王守庵到山东做生意，拜谒了孔庙，受到了很大启发，认为，"孔夫子也是人，我也是人，我为什么不可以通过学习而成为圣人呢？"从那以后，他天天研讨《孝经》《论语》《大学》等儒家经典，并不耻下问，渐渐学有所成。

38岁时，他听人说阳明先生在江西讲心学，获得好评如潮，便怀着一种不服气的心态，赶到南昌，试图探个究竟。

那是一个天气晴朗的日子，王艮故意穿着一身古服，戴着一顶古帽，拿

着一把古木简，带着自己近期写的两首诗为见面礼，径直来到了阳明先生的府门前。先生觉得此人有些特异，便亲自到门口迎接。王艮进屋后，也不客气，大大咧咧地就坐到了上座之上。别的学生看了都觉得很气愤，要赶他走。唯独阳明先生毫不在意，笑咪咪地问王艮："你戴的是什么帽子呀？"

王艮大声地回答："这是上古有虞氏部落的帽子！"

"那你穿的是什么衣服呢？"

"老莱子的衣服！"

"你在学老莱子吗？"

"当然！"

阳明先生笑着说："那你为什么只学穿他的衣服，而不学他为讨父母欢心假装跌倒学婴儿啼哭呢？"

尽管阳明先生问得轻言细语，但对于王艮而言，却不亚于一声惊雷……

老莱子，是春秋晚期道家学派的主要代表人物，这个人不仅通悟道家学说，而且特别讲究孝道，是我国古代二十四孝的典型之一。老莱子七十多岁时，为了讨父母欢心，故意做了一身五颜六色的童服，经常穿着在父母面前蹦蹦跳跳，逗父母高兴。有一次，他给父母送茶水，不小心摔了一跤，怕父母认为自己年纪大了伤心，便就地打滚，学着婴儿的样子啼哭起来。父母看了，还以为是老莱子故意摔给他们看的，便开心地笑道：真是好玩，快起来吧！

刚才阳明先生一问，王艮立即明白：自己穿着老莱子的衣服，仅仅是模仿其表；阳明先生问的为何不学老莱子跌倒啼哭，那才是真正体现对父母的孝顺之心！

真不愧为一代心学大师，三言两问，便抓住了问题的核心，指正了自己学问的弱点。他领悟到："自己的所谓学问，不过是故作高深，对外炫耀一些罢了；阳明先生的学问，才真是精深极微，得之于心了！"

想到这里，王艮慢慢地从上座起来，恭恭敬敬地朝着阳明先生作了三个

揖，说："我太浅薄，不知天高地厚，今日方知先生学问之渊深，愿拜先生为师，为光大心学、拯救天下人之良知奋斗一生！"

阳明先生哈哈一笑："能得贤弟为同志，共明良知之学于天下，何其幸也！不过，建议把名字改一改。"

"那我改个什么名字呢？"

阳明先生略一思考，说："共明心学，拯救良知，需要有绝大定力！这世上，什么东西最难撼动呢？自然是山。我看你就改叫'王艮'吧，艮者，山也。但愿你将来能成为捍卫心学的一座大山。"

不得不承认，阳明先生具有知人之明。这个王艮，后来成了阳明心学泰州学派的创始人。他收的学生，多是平民百姓，有种田的、砍柴的、卖盐的，共计 487 人。他提出的"百姓日用即是道"的观点，进一步彰显了阳明心学的通俗性和人民性。

26. 良知是造化的精灵

——《王阳明全集·语录三·钱德洪录》

今译：良知是造物主赋予人的一种独一无二的神觉灵悟。

一个人要认识世界，主要靠什么？

感性、理性和灵性。

感性是感官的产物，是眼、耳、鼻、舌、身等对外界事物刺激的一种直接反应。

理性是大脑的产物，是脑这个思维器官的运动的成果。

灵性是心的产物，是心这个引领人获得生命高度提升的器官的妙用。

而良知呢？就是人心中的灵性之根。

古往今来，普通之人大都凭感性行事，聪明之人大都凭理性行事，圣明之人大都凭灵性行事，天才之人则完全凭良知行事。

阳明先生属于几百年乃至千年才出的天才，他的行事方式，很多时候靠的是灵性，靠的是良知，尤其是在带兵打仗时，其"良知"效应的发挥颇像今天的原子弹爆炸，令人不可思议！

1519年七月二十四日，深夜。

江西南昌城外黄家渡，宁王朱宸濠端坐在帅船上，召开紧急军事会议。一想到安庆城久攻不下，一想到自己的老巢南昌城已经被阳明先生占领，一想到昨天一场水战让自己损失了一万多军队、几百艘战船，朱宸濠直气得咬牙切齿，不停地咒骂着阳明先生。但气归气，急归急，骂归骂，仗还得打。

怎样才能让将士替自己卖命呢？朱宸濠还是老思路、老办法，把自己的全部家当都搬了出来，将数十万两白银一夜之间全部赏给了手下的将士，再一次激发起了叛军的狼性。

同一个晚上，南昌城里的巡抚衙门，阳明先生召集各统兵官开会。面对次日之决战，面对仍然数倍于自己的叛军，面对已经被宁王用银子喂饱了的叛军，伍文定、邢珣等统兵官都面露难色。见此情状，阳明先生作了精辟分析："宁王的军队尽管还有好几万，但实际上已经是乌合之众，是一群没有丝毫意志的躯壳罢了。你们想一想，宁王的将士大部分是南昌人，如今巢穴已失，内心能不慌乱吗？而一支心已乱了的军队，还能有多大战斗力呢？明日一战，你们只管勇猛向前，我还给预备了两万精兵作为后援。"

各位统兵官一听，不由得眼前一亮，精神立即振作了起来

七月二十五日凌晨，一心要扭转败局的朱宸濠指挥几万叛军不顾一切地向阳明先生指挥的官军全面地展开了冲杀，章江之上，顿时炮声如雷、杀声震天。双方混战了一个多时辰，由于官军人数实在太少，武器装备又差，渐

渐地落了下风，越来越难以支撑了。

万分危急之时，阳明先生却与几个学生坐在帅船上，一边品茶，一边聊着学问，一边处置军情。只见一个参谋急如星火地跑到阳明先生跟前，大声地催促道："先生，都什么时候了，您还在这里悠闲？前方危急了，您预备的两万精兵呢？为什么还不派上？"

阳明先生微微一笑，对身边的卫士说："去把那两万精兵调出来吧。"卫士一听，立即爬上帅船的桅杆，解开绳子，将一块巨大的白布放了下来，只见上面写着几个黑字："宁王已擒，各军不得纵杀。"由于字体巨大，老远就能看得到。

这下，轮到几个学生发呆、参谋和卫士们发傻了。一个学生结结巴巴地问道："先生，这就是你那两万精兵？"

阳明先生笑着答道："不是吗？你们想想看，宁王的将士今日之所以如此卖命，不就是冲着昨晚宁王给的买命钱吗？现在我们告诉他们，宁王已经被擒，他们还会有心继续卖命吗？"

众人一听，恍然大悟。于是遵照阳明先生的意思，扯开嗓子大喊起来："宁王已擒，各军不得纵杀。"随着一阵又一阵的声浪传播，宁王几万叛军的心顿时作了鸟兽散。"拿人钱财，替人消灾"，如今给钱财的人已经完蛋，自个儿还不赶紧跑呀！

就这样，一转眼之间，战场形势彻底翻转，叛军溃散如雪崩，宁王心败如死灰。他做了万千个梦也没有想到，阳明先生会有如此奇招、绝招和神招。

27. 良知是你的明师

——《王阳明全集·语录三·钱德洪录》

今译： 良知是你人生高明的导师。

这句话出自《传习录下·钱德洪录》。

从钱德洪的记录看，当时阳明先生正在与何廷仁、黄正之、李侯璧、王汝中等几个学生探讨学问。谈及《中庸》的开篇之语，钱德洪问了一个问题："为什么说道即是教？"

阳明先生解释说："天道者，天理也，天理即良知。人心中的良知，其实就是天道规律的反映。良知本来是完全完美的，它是你心中一把天然的是非标尺。你的思想言行是对的，它就会告诉你是对的；你的思想言行是错的，它就会告诉你是错的。是非对错，你只要听从它的评判就可以了，这样你就会少犯错或不犯错了。从这个意义上讲，良知也是你人生中最高明的导师。"

事实上，在我们的日常生活工作中，在我们经常性的思想、言语和行动中，很多的时候，你只要静下心来听一听良知的提醒、评判和指点，你就知道该怎么说了，知道该怎么做了。比如，当你长期在外工作时，你的良知就会提醒你，儿行千里母担忧，你应该经常打电话问候一下父母及长辈。又比如，当有人看中你手中的权力而刻意讨好拉拢甚至贿赂你时，你的良知也会提醒你，应该与这些人保持距离，应该与他们保持清白交往。再比如，当领导交给你一个又急又难的任务时，你可能第一时间会产生畏难情绪，但同时你的良知也会立即指点你，你应该克服困难，又快又好地

完成领导交给的任务。

这一点，纵观阳明先生的一生，他都是这样坚持的、实践的，不管遇到了多少不公平的评价和处理。比如，阳明先生在扫荡完福建的土匪后，正德皇帝给他的奖励是"二十两银子"。这二十两银子有多大分量呢？据明史记载，正德皇帝有一次微服私出，在一个酒店里睡了一个美丽的乡村寡妇，一高兴，不仅赏给她五百两银子，还提拔她的哥哥做了官。阳明先生如果稍有计较之心，便很有可能出现两种结果：一是，被气得吐血；一是，被气得撂挑子不干。

但阳明先生在良知的指引下，未产生丝毫消极之心。每清除一个地区的土匪，他首先想到的不是为自己邀功请赏，而是抓紧启动三件事：一是奏请朝廷设县治，加强治安管理，安定百姓；二是建学校书院，教化百姓；三是发布乡规民约，规范、约束百姓言行，正化、净化社会风俗。这三件事做下来，基本上还给了百姓一个太平世界。

而百姓太平了，阳明先生的心也就安平和乐了！

28. 良知愈思愈精明，若不精思，漫然随事应去，良知便粗了

——《王阳明全集·语录三·钱德洪录》

今译：一个人要修行致良知的功夫，关键在于能否作自我反思。反思越是深切，则良知越发精显明白。如果不能将自己的言行与良知标准精确地对照反思，只是随便地应付，那致良知的功夫便会显得越发粗浅了。

一个人，要修致良知的最高境界，有两大障碍必须克服：

一是，如何坚持中庸之道。对任何事任何人，都能做到"叩其两端取其中"，不偏不倚，客观公正地评价看待。

二是，如何做到知行合一。不是说归说，行归行；决心下个不停，而行动却越离越远。

如何才能克服这两个障碍？如何才能推开这两扇沉重的大门？

阳明先生告诉你：一定要养成反躬自省的习惯！一定要达到苛刻的程度！即对自己的一言一行，随时地对照自己的良知进行反思，随时地反问自己，我刚才的言语妥当吗？我刚才的行为符合规范吗？我做的事情符合良知标准吗？我刚才的举止是不是被私欲左右呢……一旦通过反思，发现了自己的缺点和毛病，哪怕是极细微的，也立即检讨、立即整改，如此日积月累，自然而然，反思便成了习惯，检讨便成了家常便话，良知功夫便愈来愈精深，圣贤大门便越来越开敞。

这方面，最能给我们以启发的，是阳明先生对平定宁王之乱的反思。平定宁王之乱，不仅是阳明先生一生用兵打仗的得意之笔，也是被历代兵家推崇的战争史上的神来之笔。带着一班从未打过仗的地方文职官员，凭着临时拼凑起来的三万多乌合之众，仅仅用了不到半个月的时间，便将宁王近十万如虎狼一般的叛军，打得七零八落，真个是"横扫千军如卷席"。这一点，同与阳明先生在历史上齐名的曾国藩比起来，简直就是天壤之别了。前者是谈笑间，令强虏灰飞烟灭；后者是扎硬寨、打死仗，前后历时十几年，自己也几次被逼得自杀，最后还是靠了太平天国的内讧内乱才得以成功。两相比较，阳明先生打胜仗的成本是何等之低啊！

即便如此，阳明先生仍嫌自己指挥得不够好。多少年后，一位友人问他："您如何评价自己平定宁王之乱？"阳明先生淡然回答："假使是今天，我不会有过去那么挥霍。"友人奇怪，又问："何为挥霍呢？"阳明先生微笑着答道："就是作战成本还可以更低些，无论是人力物力财力均可以降得更低啊！"

由此可见，阳明先生对自己过去做过的事，立过的功，一直都在不停地反思、检讨，以使自己未来将做的事更加完善、更加简捷、更加高效。

29. 良知只是个是非之心，只是非就尽了万事万变

——《王阳明全集·语录三·钱德洪录》

今译：人的良知，就是人心中天然的是非标尺，只要能够把握好是非标准，就能够正确认识并妥善应对万千事物的变化。

这世上，最大的规矩是什么？

阳明先生告诉你："是非二字，是个大规矩。"

一个人，只要掌握了这个大规矩，就能够做到"从心所欲、不逾矩"。说白了，这世上很多的事情，你在处理时，不需要问法律，不需要问纪律，不需要问规定，不需要问上级，你只要问问你自己的良知，它就会告诉你，这件事是对是错，这件事该怎么办。

这方面的典型例子，就是阳明先生剿灭断藤峡、八寨匪乱的决策。

当时断藤峡和八寨的匪患究竟严重到什么程度呢？可以用三句话概括：

一是为害甚烈。这些土匪，倚仗着断藤峡弯多曲折、水流湍急、滩险峰峭的地利优势，倚仗着他们善于打造毒箭毒器的优势，烧杀抢掠奸淫，无恶不作。不仅老百姓恨之入骨，当地的官僚和士绅也咬牙切齿。

二是为害甚广。涉及到了当时广西境内的浔州府、思恩府、庆远府、柳州府，周边为祸五六百里，四处绵延一千多里。

三是为害甚久。从明朝初年开始，便有山贼啸聚于此，专以劫掠为生。朝廷几次派重兵围剿，都是大炮打蚊子，收效甚微。尤其是天顺年间，朝廷

派都御史韩雍率领二十万大军进剿。没想到军马刚退，土匪便从大小山洞里钻了出来，攻进了浔州府城，大杀大抢。可以说，这两处的匪乱，已成了广西境内的一大毒瘤，成了老百姓太平生活的一大障碍，成了压在老百姓心头的两块巨石。

怎么办？当时的朝廷并没有明确的旨意要阳明先生去掉这一毒瘤，阳明先生也完全可以把老百姓的呼声当作耳边风，不去管它。

但阳明先生没有这样做。因为良知告诉他：尽管没有朝廷的旨意，尽管没有权臣的暗示，但广大老百姓有急迫的需求，这个理由就足够了，足够了！

就这样，忍受着肺疾的发作，忍受着炎毒的摧残，忍受着潮气的熏蒸，忍受着瘴气的侵蚀，阳明先生指挥着一万一千多拼凑起来的兵将，用了两个多月的时间，彻底根除了百年之匪患。

以如此小的成本，取得如此辉煌的战果，这在古今战争史上，都是极为罕见的。如果对这场战役进行全面总结，经验肯定有很多。但最重要的，还是阳明先生在作出决策时所循的良知标准和是非规矩。

在阳明先生看来：是，就是要以广大百姓之是为是；非，就是要以广大百姓之非为非。如此是非，才是大规矩；如此大规矩，才能与天地齐寿，与日月同辉！

30. 圣人之知如青天之日，贤人如浮云天日，愚人如阴霾天日

——《王阳明全集·语录三·钱德洪录》

今译：圣人的良知就像那青天的太阳，贤人的良知就像那浮云天的太阳，愚人的良知就像那阴霾天的太阳。

阳明先生讲学，喜欢打比喻，打得既生动又通俗，深入浅出，真是简易明白。

现代许多研究阳明心学的人，则喜欢玩概念，玩得既复杂又晦涩，浅入深出，真是繁难模糊。

良知是什么？

阳明先生告诉你："知譬日。"良知就是人心中的太阳，有了它，才会感到温暖，才会感到明媚，才会感到春光无限，生机盎然。

人欲是什么？

阳明先生告诉你："欲譬云。"人欲即私欲，就是人心中的阴霾。有了太多的它，人心就会感到荒寒，就会感到阴冷，就会感到一片肃杀和萧条。

一阴一阳谓之道。

这良知和私欲的博弈便构成了人类永恒的良知之道！

朱子讲："存天理，灭人欲"，其实是一个理想化的目标，不可能达到。原因很简单，天上的太阳可以光芒永照，但天上的云雾你能永远扫荡一尽吗？即便阳明先生讲的青天之日，也不可能没有一丝云彩。因而，恰当的表

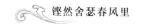

述应是"存天理，控人欲"，能够把私欲控制在一个合理的程度，能够让良知之光尽可能地照耀四方，那就很好、很好了！

因为云会时聚时散，所以天会时阴时晴；因为私欲会忽生忽灭，所以良知会时显时隐。

那如何才能使自己良知的太阳，永远悬挂在碧蓝纯净的心空之上呢？

阳明先生为你指明了上、中、下三策：

下策，透过云缝看太阳，即所谓的"拨云见日"。这种方略，很费力，很难收效，往往存在于愚人的心境中。

中策，吹开云团看太阳，即所谓的"开云见日"。这种方略，费力不少，但反复太多，往往存在于贤人的心境中。

上策，跳出云层看太阳，即所谓的"破云见日"。这种方略，很轻松，很有效，就像是坐上飞机，不管地面如何阴雨绵绵，一旦冲破云层，便见晴空万里。如此，才算是具备了圣人之心境！

31. 学者信得良知过，不为气所乱，便常做个羲皇已上人

——《王阳明全集·语录三·钱德洪录》

今译：学者如果能充分相信良知的功用，不为各种气象干扰而乱了心神，便能经常享受到羲皇时代人的那一种平淡天真之幸福。

佛家有个很好的比喻：一花一世界，一叶一菩提。

阳明先生也有个很好的比喻：一天一轮回，一轮五世界。

一天，又怎么会有五个世界呢？

阳明先生是这样对钱德洪等学生解释的：

人在一天时间内，实际上是把古今世界都经历了一遍，只是人自己没有感觉罢了。

当夜气清明的时候，也就是凌晨 1 点至 5 点的时候，人的心处于一种无视无听、无思无作、淡泊平静的状态，这就好比上古时期的"羲皇"世界。

慢慢地，太阳出来了，人变得神清气爽，准备以庄重、严肃的态度去开启一天的劳作，这就好比是进入了"尧舜"的世界。

又慢慢地，太阳升到了中天，温度越来越高，人的工作热情也越来越高，迎来送往，相互交流，一片忙碌，一片井然，这就好比是进入了夏商周"三代"的世界。

再慢慢地，太阳开始西斜，人的精气神渐渐昏疲，各种干扰渐渐增多，心境也开始杂乱，这就好比进入了"春秋、战国"世界。

最后，太阳落山了，夜幕也慢慢降临了，万物都进入了安眠静休的状态，一切景象都陷入了无边的寂寥之中，这就好比进入了"人消物尽"的世界。

世界就是这样轮回，人生就是这样轮回。

通过这样一个比喻，阳明先生实际上是在点化学生：圣人进入的是第一"羲皇"世界，贤人进入的是第二"尧舜"世界，常人进入的是第三"三代"世界，庸人进入的是第四"春秋、战国"世界，愚人进入的是第五"人消物尽"的世界。

最后，阳明先生鼓励学生："只要你们对自己心中的良知能够做到真信真行，排除来自第四、第五世界的干扰，你们便能够常驻第一世界，做世间第一等事，为世间第一等人！"

32. "良知"二字真吾圣门正法眼藏

——《王阳明全集·文录二·与邹谦之·二》

今译：良知这两个字，真的就是我圣贤之学的核心要义。

什么是正法眼藏？

这是一个佛教成语，最早出自《景德传灯录·摩诃迦叶》。正法，就是全部佛法；眼藏，按照佛祖的解释，朗照宇宙谓眼，包含万有谓藏。

所谓正法眼藏，就是全部佛法的核心精要。

如何全面的理解这一精要之义？

不妨先看看佛经中记载的这个故事：

有一天，大梵天王在灵鹫山上请佛祖释迦牟尼说法。大梵天王率领众人把一朵美丽的金婆罗花献给了佛祖。佛祖轻轻地拈起那朵花，意态安神，却不说一句话。大家都不明白他的意思，你看着我，我看着你，不知如何是好。在一片寂寂的静默之中，唯有摩诃迦叶微微地笑了一声。佛祖见后，眼睛里闪烁了一丝灵光，当即宣布："我有普照宇宙、包含万有的精深佛法，熄灭生死、超脱轮回的奥妙心法，但其中的妙处难以用言语表达。我不立文字，以心传心，现在就传给迦叶了"。接着，佛祖便脱下身上穿着的金缕袈裟，连同自己的钵盂，都给了迦叶。这便是禅宗"拈花一笑"和"衣钵真传"的故事。

佛祖相传的，难道真的只是一件衣服、一个饭钵吗？

非也！佛祖传给迦叶的，其实是一种心境，一种祥和、宁静、美妙的心境。有了这种心境，才能做到无欲无贪、无拘无束；有了这种心境，才能做到超脱一切，无烦无恼，无嗔无怒；有了这种心境，才能做到纯净而不被污染，淡泊而不被诱惑。

阳明先生在这里，把良知抬到了佛"正法眼藏"的高度，究竟喻示了什么呢？

摩诃迦叶从佛祖的拈花一笑中领悟了正法眼藏的奥妙之义，从佛祖手里接过了衣钵、创立了禅宗。从此，让禅宗的智慧之光，沐浴了世人之身心……

那自己呢？为什么不可以从儒家的田地里捡起良知的种子，创立良知之教呢？当良知的种子在一人、十人、百人、千人、万人、万万人的心中生根、发芽、开花、结果时，这个世界将会变得何等的美好啊！

33. 所幸良知在我，操得其要，譬犹舟之得舵，虽惊风巨浪颠沛不无，尚犹得免于倾覆者也

——《王阳明全集·文录三·寄邹谦之·四》

今译：人生最大的幸运，就在于能将自我的良知涵养好，并把它作为自己行动的纲要，这就像你在一艘船上，正确地把住了船舵，虽然有惊风巨浪颠沛不停，但还是能够避免倾覆之灾的。

1526 年，也是阳明先生生命的最后两年。他在给邹谦之的第四封书信中总结的这一句话，实质上是对良知功用的最精致的概括！

人生是什么？人生就是风雨兼程，人生就是坎坷颠沛，人生就是酸甜苦辣，人生就是悲欢离合……

良知是什么？良知就是人生的导师，良知就是人生的标尺，良知就是人生的指南针，良知就是人生的安全阀……

余姚有一个读书人，带有挑衅性地向阳明先生请教学问，所问的第一个问题就是："除了良知，您还有什么可讲的？"

阳明先生听后，微微一笑道："除了良知，我还有什么可讲的？"

这一问一答，机锋税利！看起来文字一模一样，意思却完全不同。

前者所问的是："阳明先生啊，你一天到晚，像念经一样，句句不离良知。除了良知，您难道就没有别的东西可讲吗？"

后者所答的是："亲爱的同志啊，这世上只有良知才是真学问，才是千古圣贤相传的一点真骨血，一个人只要真正掌握了良知之学，就可以成贤成圣，这个时候，还有必要讲别的东西吗？"

话讲到这一步，我们已不难看出，阳明先生此时的圣学功夫已经达到了"惟精惟一"的境界，达到了以一敌十、以一敌百、以一敌千、以一敌万的境界。

用现代物理学的概念来形容，良知就是人心中的原子核！其蕴含的能量是无比巨大的。至于能大到何种程度，阳明先生在《答南元善》的信中，作了精彩的描述：

"盖吾良知之体，本自聪明睿知，本自宽裕温柔，本自发强刚毅，本自齐庄中正、文理密察，本自溥博渊泉而时出之，本无富贵之可慕，本无贫贱之可忧，本无得丧之可欣戚，爱憎之可取舍。"

以上这"八本"，就是阳明先生对良知功能的全景式描绘。其中，前"五本"是对"良知"的天性特征的描述，后"三本"则是对"致良知"后的心灵状态和精神境界的描述。

当年颜回向孔子请教什么是仁，如何才能致仁。孔子告诉他：克己复礼为仁。至于如何才能克己复礼，那就要做到，非礼勿视，非礼勿听，非礼勿言，非礼勿动。

而今南元善向阳明先生请教如何才能致良知，阳明先生则告诉他：对于我们的耳朵，非良知则不能听；对于我们的眼睛，非良知则不能看；对于我们的心，非良知则不能想。在致良知的道路上，一定要战胜"四贼"之挑战，这"四贼"就是：慕虚荣、忧贫贱、欣戚得丧、爱憎取舍。一旦遭遇"四贼"的侵入，就像明亮的眼睛里飞进了沙子，就像聪灵的耳朵里加进了木塞，必须及时地洗掉、拔掉，这样才能确保良知之光永远照亮自己的心室，良知之音永远引导自己的心魂！

34. 夫名利物欲之好，私吾之好也，天下之所恶也；良知之好，真吾之好也，天下之所同好也

——《王阳明全集·文录四·从吾道人记》

> 今译：对名利物欲的喜好追求，是私我的喜好追求，这是天下人所厌恶的；对良知的喜好追求，是真我的喜好追求，这是天下人所赞成拥护的。

这句话，出处阳明先生 1525 年写的《从吾道人记》。

从吾道人是个什么人呢？从吾道人名叫董云，号萝石，是阳明先生所有学生中较有特点的一个。他的特点在于：年龄比阳明先生大了 14 岁，67

岁才正式拜阳明先生修习圣人之学。因为厌恶富贵名利场上的钩心斗角，你争我夺，董萝石便在家乡海盐县组织了一个诗社，整天与一班人吟诗填词，游山玩水，好不逍遥自在。

嘉靖三年，也就是 1524 年，董萝石到会稽游玩，听说阳明先生在山中讲学，便带着自己的诗卷登门拜访，受到了阳明先生的热情欢迎。起先，董萝石还颇为自负，毫不客气地坐了上位。但随着聆听阳明先生对圣学的生动阐释，他的态度越来越谦虚，座位也越来越往边上挪。最终，他不顾阳明先生的一再推辞，毅然投入了心学的阵营。许多人嘲笑他："你都一把年纪了，何必还要屈自降尊、自讨苦吃呢？"没想到董萝石大笑着说："自从听了先生的良知学说，我才猛然觉醒。我如果不能拜到先生门下，这一生就算是虚度了。我非常庆幸自己刚刚逃离了苦海，怎么会是自讨苦吃呢？自今以后，我将顺从自己的喜好去不懈追求！"从此，董萝石便给自己取了一个名号，叫"从吾道人"。阳明先生知道后，大为赞叹："卓哉萝石！"

榜样的力量是无穷的！为了给自己的学生树起一个好的榜样，阳明先生特意为董萝石写了一篇记。在这篇记里，阳明先生提出了心学上的两个重要的概念，即"私吾"和"真吾"。

何谓"私吾"？就是"私我"的意思。阳明先生指出，凡是对名利物欲的追求，都属于私我之喜好，也是天下人所厌恶的。这种私我之好，将使自己心劳神疲，忧苦终身，最终沦为物欲的仆役。

何谓"真吾"？就是"真我"的意思。阳明先生指出，凡是对良知的追求，就是真我之喜好，也是天下人都赞同的。一个人，能够顺从真我之喜好，实质上也就顺从了天下人之喜好。达到了此种境界，无论是齐家、治国，还是平天下，其所用方略没有不恰当的；无论是处于富贵、贫贱，还是患难、夷狄之境地，都能坦然面对，恬然自得。

由此可见，阳明先生在这里提出的私我，实质上是一个物质之我、物欲之我，是一个被名利权位牢牢困住了的我，也就是佛家所讲的"实相"之我。《金刚经》云："凡有所相，皆为虚妄。"这种私我，看起来实在具体，如名、如钱、如色、如位等，实质上却是短暂的、虚无的，最终都如飘风之过耳。

反之，阳明先生提出的真我，则是一个良知之我，灵魂之我，一个超越于现实的神圣之我。这种真我，看起来虚空，如认识、如思想、如精神等，实质上却是永恒的，最终与日月同辉。

写到这里，我们也就明白了，阳明先生之所以写这篇记，一方面是庆贺董萝石舍弃了私我，找到了真我；一方面则是给学生们树一个榜样，希望他们也能找到那一个永恒的"真我"！

35. 良知即天道

——《王阳明全集·年谱卷三》

今译：人心中本真的良知，体现的就是天道运行的基本规律。

这一鲜明的论断，堪称阳明心学的理论根基。

天地玄黄，宇宙洪荒。

天地宇宙运行的基本规律是什么呢？特征又是什么呢？

第一大特征，是天道为公。太阳每天从东方升起，普照大地。既不是仅为张三而出，也不是仅为李四而出；既不是仅为人类而出，也不是仅为草木而出；既不是仅为山川河流而出，也不是仅为走兽飞禽而出……事实上，它是为万物而出，万物生长靠太阳；它是为万民而出，万民生活靠太阳。天道为公的这一基本规律，体现在良知中，就是《大学》开篇提出的三纲之一的

"亲民"，把天下之民众都当作自己的亲人一样看待，去亲近他们，去关心他们，去帮助他们。这是每一个良知光明的人所必须具有的根本情怀。一个具有这种情怀的人，究竟是一个什么样子呢？阳明先生在答复聂豹的书信中形容道："仆诚赖天之灵，偶有见于良知之学，以为必由此而后天下可得而治。是以每念斯民之陷溺，则为戚然痛心，忘其身之不肖，而思以此救之，亦不自知其量者。天下之人见其若是，遂相与非笑而诋斥，以为是病狂丧心之人耳。呜呼，吾方疾痛之切体，而暇计人之非笑乎？"反复品读这段话，我们就能体味到，一个良知光明之人首先显烁出的一种道德光彩，即：把百姓的苦难作为自己的苦痛，努力地凭着自己的良知去拯救之；即便天下人都认为这是不自量力，并为此而嘲笑、诋毁，自己也毫不计较，像孔子那样"知其不可为而为之"！

第二大特征，是天道为虚。关于天地，关于宇宙，老祖宗还创造了一个称呼，叫"太虚"。何谓"太虚"？就是看起来渺渺茫茫，一无所有；实际上则无物不有，无物不包。诚如阳明先生所言："夫惟有道之士，真有以见其良知之昭明灵觉，廓然与太虚而同体。太虚之中，日月星辰，风雨露雷，阴霾瘴气，何物不有，而又何一物得为太虚之障。"人心如太虚！天道的这一特点，体现在良知之中，便是"谦虚"的本性。怎样才能算是真正的谦虚呢？阳明先生在答聂豹的书信中列举七种"不谦虚"的毛病：

1. 打着仁义的旗号，干着谋取私利的勾当；

2. 用花言巧语讨好世俗，用虚伪的行为获取名声；

3. 掩盖别人的善行，偷偷地据为己有；

4. 攻击别人的隐私，还自我标榜为正直；

5. 出于泄私愤与人争执，还自我标榜为坚持原则；

6. 用阴谋诡计陷害别人，还自我标榜为嫉恶如仇；

7. 忌妒贤能，还自以为是明辨是非、区别对待。

这七个方面，都是狂傲的表现，除掉这七种病症，就是光复良知的谦虚本质了！

第三大特征，天道为勤。天上的月亮，年复一年、月复一月、日复一日，绕着地球转；地球呢，也是年复一年、月复一月、日复一日绕着太阳转，既不加快，也不放慢，既不停止，更不后退。天道如是之勤，人难道不值得效仿吗？阳明先生在1526年十二月写的《惜阴说》中，如此告诫世人："天道之运，无一息之或停；吾心良知之运，亦无一息之或停！"他告诉他的学生们，圣人之所以能成为圣人，就是因为他们明白了天道唯勤、良知唯勤的本质特征，不舍昼夜地修行自己。比如尧舜，终生兢兢业业为人民服务；比如成汤，每天加强学习，更新自己；比如文王，每天谨言慎行，修养自己；比如周公，坚持静坐反思，检讨自己，等等。他们珍惜生命的每一寸光阴，以求得良知的最大光复。

第四大特征，是天道为师。中华民族之所以能够历经劫难，绵延几千年而不绝，一个重要原因就是文化基因和文化种子好！这种文化基因种子为什么好呢？老子用简短的话语作了回答："人法地，地法天，天法道，道法自然。"老子的话告诉我们，中华文化的基因种子是在天地间孕育出来的，属于"天种"，自然能与天地同老，与天地同寿。阳明先生也反复讲，"良知是天植灵根"。这个灵根，其实就是上天赋予人的现成导师，你的一言一行，是对是错，孰是孰非，是善是恶，孰好孰坏，只要你能去掉自我之私、物欲之蔽，它都能给你明白准确地指出来，以至于阳明先生在1527年九月经过常山时，写诗叹息道："千圣皆过影，良知乃吾师。"

以良知为师，谁做得最好呢？

绍兴知府南大吉可算是典范！1526年四月，南大吉入朝面见皇上，因为话语太直，惹得皇上不高兴，加之任内为官刚正，触犯豪强利益，被人借此报复，遭罢官回家。就是如此严重的挫折和屈辱之下，南大吉给阳明先生写了一封长信，诚恳地向其汇报了自己一段时间以来修习圣学的体会，介绍自己的所思所得，表达了自己因为修习不够而最终难为圣人的忧虑。但千言万语中，没有一个字涉及自己在官场的得失荣辱。阳明先生读了这封信后，非常感慨地说："此非真有朝闻夕死之志者，未易以涉斯境也！"

就这样，39 岁的南大吉以圣人之志超越了罢官之痛，回到老家陕西省渭南县田市里秦家堡，自筹资金建造了洡（qiú）西书院，以教四方来学之士，以育大批圣贤之苗！

36. 夫良知，一也，以其妙用而言谓之神，以其流行而言谓之气，以其凝聚而言谓之精

——《王阳明全集·传习录·答陆原静书》

今译：良知是唯一的。就其妙用来说，可称之为"神"；就其运行来说，可称之为"气"；就其凝聚来说，可称之为"精"。

这句话，听起来有些玄。

要理解好这句话的意思，必须先将三个概念搞清楚：

什么是精？

精是生命的本原，是构成人体的最基本的物质。按照《黄帝内经》的说法，它可以化为气，可以化为神，是人体中最基本的能量。

什么是气？

这个气，不是今天常讲的空气，而是中国古代医学、哲学中的"元气"，它是人体各器官发挥机能的基本动力。

什么是神？

这个神，不是我们常讲的神仙，而是指人心中能主宰人的意识行动的

"神明"，它相当于一个指南针，起的是基本的导向作用。

综上，我们可以作如此比喻：如果把一个人比作一台车，那么，"精"就是车的"油"，"气"就是电气，"神"就是车的方向盘。

在理解了这三个概念之后，我们不妨再通过三个故事来理解这三句话的内涵。

第一个故事，阳明先生妙用"木牌兵"的故事。阳明先生于1519年七月二十日凌晨，以突然袭击攻占了朱宸濠的老巢南昌城后，朱宸濠顿时慌了神，于七月二十一日不顾身边谋士的反对，回师试图夺取南昌。阳明先生算准将在赣江上打一场遭遇战，可当时双方的力量实在悬殊，宁王的兵力至少在十万，阳明先生拼凑起来的"乌合之众"大约三万。如何用三万人打败十万人呢？阳明先生思索良久，用良知造出了三万"奇兵"。这三万奇兵就是三万块木牌，每块木牌上写着"免死"两个字。阳明先生的分析是：宁王的叛军尽管数量上处于绝对优势，但在道义上却处于绝对劣势。毕竟是反叛朝廷，每个叛军都觉得理不直、气不壮，于良知上有亏欠。而这种亏欠之心一旦被外物刺激，便会引发心理防线的崩溃。果然，在七月二十三日的黄家渡战斗中，当阳明先生命人将"免死"牌遍撒在江面上时，宁王的许多叛军在慌乱中捞起一块木牌后，便赶紧开溜了。不到两个时辰的光景，宁王便眼睁睁地损失了几万人马……

其时，宁王痛恨的是阳明先生用阴谋诡计夺走了他的兵马；殊不知，夺走他兵马的是人的"良知"。阳明先生只不过巧妙地利用了一下良知而已。

第二个故事，阳明先生"斗气"的故事。一个地方，一支队伍，如果是正气充溢其间，那一定会团结进步的；反之，如果被邪气、戾气笼罩住了，那一定会相互猜忌、相互使绊子，分崩离析。阳明先生用兵，往往斗的不是拳头，不是刀剑，而是"气"。怎么个斗法？他的基本思路是，让正气充溢于自己的队伍之间，让邪气、戾气悄悄流进敌人的队伍之中。比如，1519年六月十五日，阳明先生在丰城得知宁王叛乱的消息后，第一时间着手做的两件事情就是:(一)借助吉安知府伍文定的力量和支援,迅速地联络、团结一批正好在老家休假或退休的忠义官员,举起了平叛的大旗。(二)除了伪造一大批军用文书迷惑宁王外,还伪造了一大批写给宁王身边的谋士、将官的书信,故意"欢迎他们弃暗投明",故意让宁王看到,从而使宁王集团内部相互猜忌、相互提防、相互攻击的邪风戾气迅速弥漫,尚未出师,战斗力便降了一大半。

第三个故事,阳明先生三箭震住京军的故事。1519 年秋,尽管阳明先生千方百计,万般阻挠,江彬、许泰、张忠三个坏得流脓的家伙,还是率领几万京军浩浩荡荡开进了满目疮痍的南昌城,试图大捞一把。在采取公开挑衅、公开辱骂等手段一概无效以后,江彬心生一计,约阳明先生练兵场比箭。在他看来,面色发青、弱不禁风的阳明先生一定会当众出丑,羞得无地自容。没想到,在练兵场上,阳明先生听了他的挑战后,既没有丝毫的惊慌,更没有丝毫的失措,而是淡淡地一笑,取了一张弓,搭上箭,将全部的精气都凝于心、聚于箭,最后三箭都中了靶心。不仅让江彬等三人胆颤心惊,而且让满场京军禁不住喝彩。其实,依阳明先生当时的身体状况,的确是不太好;但由于先生长期炼心静气,一旦到了关键时刻,便能迅速地凝结精气,从而收到"并敌一向,千里杀将"的神奇效用。

37. 心之良知，是谓圣。圣人之学，唯是致此良知而已

——《王阳明全集·文录五·书魏师孟卷》

今译：人心中的良知，就是所谓的圣人。修习圣人之学，唯一的目的，就是要扩充和光大心中的良知。

若以"致良知"为标准，人可以分为几等？

阳明先生在 1525 年的《书魏师孟卷》中回答：可以分为三等，即"自然而致之者，圣人也；勉而致之者，贤人也；自蔽自昧而不肯致之者，愚不肖者也"。

以此为参考，人其实可以分为五等：

第一等，为圣人，也就是阳明先生讲的，能够完全依靠"自觉"，自然而然地达到良知境界的人。这种人，如尧、如舜、如周文王、如周公等。

第二等，为贤人，也就是阳明先生所讲的能够"勉然而致"的人。这个勉然，是七分靠"自觉"，三分靠"他觉"，以自觉为主，需要适当辅以鞭策激励的人。这种人，如陶澍、曾国藩、胡林翼等。

第三等，是好人，即五分靠自觉、五分靠他觉而致良知的人，这种人，所占比例较大，在日常生活、工作中，大多数时候能坚守住自己的良知，但到了利害攸关的时刻，则难免动摇，需要及时提醒、警觉。

第四等，是常人，即三分靠自觉、七分靠他觉而致良知的人。这种人，所占比例颇大，其日常表现，往往是时好时坏、好坏参半，如不能勤加教育、严加约束，则很容易背逆良知行事。

第五等，是愚而不肖之人，即阳明先生所谓"自蔽自昧"之人。这类人，良知已完全被私欲蒙蔽，自觉已不可能，他觉又不起作用，堪称病入膏肓，无论你如何教育、如何鞭策、如何警示都已不起作用。这种人，如刘瑾、魏忠贤、鱼朝恩等。

若以"致良知"为标准，社会又该分为几等呢？

综合阳明先生平素之观点，可分为三等：

第一等，是大同社会。何谓大同，据《礼记·礼运篇》的描述，有三个突出特征：一是人人有公心。"大道之行，天下为公"。二是人人有仁爱之心。"不独亲其亲，不独子其子"。三是人人有安全感。"老有所终，壮有所用，幼有所长，矜寡孤独废疾者，皆有所养"。由此三大特征，可以看出，所谓大同社会，是一个"互爱互助"的社会，其五个等次人群的比例，圣人当占 10% 以上，贤人当占 20% 以上，好人当占 50% 以上，三者之和占 80 % 以上，如此，整个社会之正能量方能占绝对优势。

第二等，是小康社会。何谓小康，据《礼记》的描述分析，也有三个突出特征：一是人的公心明显减少，私心明显增加。"大道既隐，天下为家"。二是集体精神明显弱化，个人主义明显抬头。人"各亲其亲，各子其子"。三是家国情怀中，国的元素在减少，家的元素在增加。"以正君臣，以笃父子，以睦兄弟，以和夫妇，以设制度，以立田里，以贤勇知，以功为己"。由此三大特征，可以看出，从大同社会致小康社会，其五个等次人群的比例，当大大调整，圣人仅占 5% 左右，贤人仅占 15% 左右，好人仅占 40% 左右，三者之和仅占 60%。如此，整个社会正能量仅能占一点相对优势了。

第三等，是衰薄社会。这种社会的突出特点是，是非颠倒、美丑颠倒、善恶颠倒、真假颠倒，荣其所荣，耻其所不耻。这种社会，圣人、贤人、好人占比之和已低于常人和愚而不肖之人之和，整个社会的正能量已难以抗衡负能量。其具体的表现就是：好人怕坏人，君子怕小人，人间正道，已不再是沧桑！

教化篇

38. 学校之中，唯以成德为事

——《王阳明全集·语录二·答顾东桥书》

今译： 学校的中心任务，就是以培养学生的品德为第一要务。

学校的主要使命是什么？

阳明先生在《答顾东桥书》中一言以蔽之："要以培养学生的品德为第一要务！"

这句话，看起来平实简单，实质上站位很高，堪称阳明教育思想的纲领。

为什么是"一"个要务，而不是两个、三个、四个乃至更多的要务呢？

阳明先生从两个方面作了阐述：

其一，古之时，也就是三皇五帝的时代，尤其是舜的时代，教育的主要特点是三个字，即"一、精、好"。所谓"一"，就是教学内容单一，主要是教育学生要懂得"父子有亲、君臣有义、夫妇有别、长幼有序、朋友有信"的道理，那个时候，"教者唯以此为教"。所谓"精"，就是学生集中精力修习五伦纲常之道，"学者唯以此为学"。所谓"好"，就是这种精一化的学习，社会效果很好，用阳明先生的话讲，就是"人无异见，家无异习"，上至王公大臣，下至在田间市井从事农工商贸的普通人，也都能够学好，从而使自己心中的良知不断光明。

其二，今之时，这里包括了阳明先生所处的时代以及在他之前相当长的一个时代。这个时代，教育的特征也可以用三个字概括，即"杂、伪、躁"。所谓"杂"，就是学习的内容繁杂，有"闻见之杂、记诵之烦，辞章之靡滥，功利之驰逐"。这些，既冲淡了主题，又分散了精力。所谓"伪"，就是孔子、孟子以后，圣学晦暗，邪说横行，教育的方向偏了。特别是那些追求霸道的人，打着"富国强兵"的幌子，四处宣扬各种阴谋诡计，人们为了功利，互相争斗抢夺，祸害无穷。所谓"躁"，就是无论教师还是学生，都处于一种功利性的浮躁之中。这种浮躁，究竟到了什么程度？阳明先生为此作了生动的描绘："世之学者，如入百戏之场，欢谑跳踉（liáng），骋奇斗巧，献笑争妍者，四面而竞出，前瞻后盼，应接不遑，而耳目眩瞀（mào），精神恍惑，日夜遨游淹息其间，如病狂丧心之人，莫自知其家业之所归。"通过阳明先生的这段描述，我们不难想象到，这种情状下的学校，第一像一个戏台，学者是就像戏子；第二像一个精神病院，学者就像疯子。

教育沦落到了这种地步，又怎能不令阳明先生痛心疾首呢？

39. 今教童子，必使其趋向鼓舞，中心喜悦，则其进自不能已

——《王阳明全集·语录二·训蒙大意示教读刘伯颂等》

今译：现在，我们教育小孩子，一定要顺着他们的天性，以鼓励为主，引导他们真正地把学习当成一种乐趣，这样，他们就会不断地进步。

这句话，出自阳明先生的《训蒙大意示教读刘伯颂等》。

这篇训，是阳明先生教育思想精华的集中体现。

应当充分肯定，作为一个伟大的教育家，阳明先生的教育理念不仅在那

个时代是先进的，在今天也仍然是先进的！

其主要内容体现在四个方面：

其一，关于教育的宗旨。阳明先生明确地指出，应当把孝、悌、忠、信、礼、义、廉、耻作为重中之重，作为主干。育人如同种树，一棵小树，如果在它小的时候不注意修枝剪叶，任其枝繁叶茂，那就一定长不高、长不直、长不壮。同样，一个人，如果在他小的时候不突出德的教育，让各种杂学分散其心神和精力，那就很难长成参天栋梁，甚至会长成歪材。

其二，关于教育的方法。阳明先生推荐了三种方式：一是诱之以歌诗。先生以为，通过唱歌和吟诗，不仅可以开发孩子的志向和兴趣，还可以消耗他们好动好叫、调皮捣蛋的过剩精力，释放掉他们心中的抑郁和不快。二是导之以习礼。先生以为，通过引导孩子学习礼仪，不仅可以塑造他们的仪表气质，还可以使他们的身体得到锻炼，如经常作揖能够活动血脉，经常叩拜能够强健筋骨。三是讽之以读书。先生认为，通过教导孩子读书，不仅可以开发他们的智力，还可以使他们在反复研讨中存养心性，在抑扬顿挫和朗读中宣发志向。

其三，关于教育的陷阱。阳明先生在这篇训蒙中作了生动而深刻的描述：现在人教育小孩，每天只知道督促他们读书上课，严格要求，却不知道用礼仪引导；求其聪明，却不知道用善良来培养；经常绳捆鞭打，像对待囚犯一样对待他们，以至于孩子们"视学舍如囹狱而不肯入，视师长如寇仇而不欲见"。这样的教育方式，阳明先生形容是"驱之于恶而求其为善"，是与教育的目标背道而驰的。

其四，关于教育的原则。为了实现教育的宗旨，阳明先生要求做到"有恒"。即老师每天要坚持问学生四个问题：在家里敬爱亲人的本心，是否真实而没有懈怠疏忽？温清定省的礼仪，是否实践而没有亏缺？与人交往的礼节，是否谨慎而没有放纵？一切言行念头，是否忠信笃敬而没有欺骗妄为？如此日积月累，便将孝悌忠信礼义廉耻之根深深地植入了孩子的心中。

为了使唱歌吟诗收到实效，阳明先生要求做到"有定"。即老师要引导学生在吟唱前平定心气，吟唱时不急不躁，不嚣不乱，不畏不馁。久而久之，就能达到精神宣畅，心气平和。

为了使练习礼仪收到实效，阳明先生要求做到"有敬"。即每次练习，都要求澄清心神，肃清杂念，既不拘谨，也不随意，要显得大度从容而又不迂腐缓迟，恭敬严肃，而又不局促拘束。久而久之，就能将各种礼仪内化于心，外化于行。

为了使上课读书收到实效，阳明先生要求做到"有余"。即要求老师上课内容不要贪多，贵在精到熟练，特别是要根据孩子的资质禀赋，因材施教。能够学习二百个字的，只教给一百个字，一定让孩子的精神力量处于有余的状态。这样，只有当他们没有厌倦辛苦之感时，才会有收获的快乐之感！

40. 人胸中各有个圣人，只自信不及，都自埋倒了

——《王阳明全集·语录三·陈九川录》

今译： 每个人的心中都有一个圣人，只是因为自信心不够，都自己把圣人埋没了。

阳明先生短暂的一生，一共经历了 4 个皇帝，即明宪宗成化皇帝、明孝宗弘治皇帝、明武宗正德皇帝、明世宗嘉靖皇帝。

最令阳明先生爱恨交加的，莫过于明武宗正德皇帝。恨的是，因为他的

昏庸，阳明先生因一道奏书获罪，不仅被打了四十大板，死去活来，还被贬到龙场三年；因为他的顽劣，阳明先生在立下平定宁王之乱的盖世功劳后，不仅没有得到奖赏，反而招致了无穷的诽谤、打击和苦痛。爱的是，阳明先生的几次重要提拔，都是正德皇帝恩准的结果，几次重要的立功机会，也是正德皇帝赐予的……

而从正德当皇帝的十六年时间看，他的任性是出了名的，他的顽劣是出了名的，他的荒唐是出了名的，他的贪玩好色也是出了名的，他的胡作非为更是出了名的……但就是这样的一个人，他的心中难道就没有良知了吗？他的心中难道就没有圣人的基因了吗？

回答是否定的。就是这样一个冥顽不堪的皇帝，他的心中依然存有圣人的良知。只不过，他的良知被私欲的灰尘蒙蔽得太厚、太深！

这一点，从他临终的遗言可以体现出来。

那是1521年六月十三日，正德皇帝弥留之际，对几个太监交待道："朕的病怕是治不好了，你们去告知皇太后，天下事重，应多与内阁重臣商议；朕在位十六年，多有过失，所犯的错都是朕一人自为，非你等可以干预……"

就从这简单的几句话中，我们可以看出，正德皇帝心中的良知之光仍在闪烁：第一，他知道国家的事情很重要，还是要靠集体的力量；第二，他有自知之明，知道自己当皇帝十六年犯的错误太多；第三，他有担当之魄，认为十六年所犯错失责任全在自己，不怪臣民。

如此一个皇帝，尽管荒唐地犯了许多错误，但你能说他没有圣人的良知吗？只不过，由于他的意志太薄弱，践行不了罢了！

41. 乐之元声只在你心上求

——《王阳明全集·语录三·钱德洪录》

今译：音乐的基准元声只能从你的心上去找。

音乐的最高境界是什么？

阳明先生告诉你：尽善尽美。

何以为美？

就是词写得好，曲调谱得好，能悦人之耳。

何以为善？

就是内容好，"只取忠臣、孝子故事"；形式好，"使愚俗百姓人人易晓"；效果好，能在不知不觉中激发人的良知，"于风化有益"。

那如何才能达到尽善尽美的境界标准呢？

面对学生钱德洪的一再追问，阳明先生作了一番比较详实的分析。他说："要想达到尽善的境界，那就必须先理解圣人作乐的初衷！这个初衷，就是要'化民善俗'。可是现代人作乐，'只是作此词调'，与民俗风化一点关系都没有，慢慢地流于淫词滥调了，不仅起不到净化人心、激化良知的效用，反而起了很坏的作用。这方面，你务必要记住一点，'圣人一生实事，俱播在乐中'。比如舜帝，比如周武王，其治国平天下，都很重视音乐的教化作用，如舜帝命人制作了韶乐九章，周武王命人制作了武乐九章，归根到底，都是希望通过音乐悦民之心，引民向善。"

"至于如何达到尽美的境界，这就需要你注意两点：一是要以'心'为美。所谓乐为心声，一首好的乐曲，其基准元音一定先是从心上发出来的。

没有一个好的心境，便不可能创作出让人动心的乐曲。二是要以'和'为美。所谓'声依永，律和声'，声音和谐是制定音律之根本。古人在这方面是非常讲究的。那些优秀的古乐曲，都是在古人具备中和的心体后才创作出来的。从这个意义上说，尽善尽美之乐曲，都是从尽善尽美之心境生发出来的！"

42. 学问也要点化，但不如自家解化者，自一了百当

——《王阳明全集·语录三·钱德洪录》

今译：做学问当然需要别人开导点化，但终归不如自己开悟消化，这样才能理解得透彻、明白。

敲骨打髓。

这句话，可以算是阳明先生一生做学问的真谛和真髓。

对龙场悟道，九百年来的一种泛泛之评就是，阳明先生在那里明白了"心即理""圣人之道，吾性自足"的道理，至于他为什么会悟到这一点，为什么会在令人绝望的环境中悟到这一点，乃至于他是不是只悟到了这一点，都没有能够作出更真切、更深切的解释。说白了，就是人云亦云，让人至今仍陷在一山云雾之中……

龙场悟道，阳明先生究竟悟到了什么呢？

他悟到的第一点，是心志必须转变。同古往今来的大多数读书士子和青年官员一样，阳明先生最初的最高理想，就是杜甫讲的"致君尧舜上，再使

风俗淳",其最佳的途径就是"借君行道"。在那个时候,在阳明先生的心中,皇帝是多么英明、多么仁慈、多么伟岸、多么宽宏的完美形象!然而,自从1506年十一月上了那一道为戴铣等言官求情的奏疏,自从被当众扒光衣服痛打了四十大板,自从被关进了地狱一般的大牢,自从历经万千磨难到达贵州龙场,自从在流放途中耳闻目睹了民生疾苦,皇帝的完美形象、理想化形象彻底地破灭了,代之而起的是一个真实的正德皇帝形象,这个形象满是荒唐与荒淫、残暴与残忍、放浪与放纵、昏庸与昏聩。在这个时候,阳明先生首先想到了孔子的教诲:"君使臣以礼,臣事君以忠。"想到了孟子的名言:"君之视臣如手足,则臣视君如腹心;君之视臣如犬马,则臣视君如国人;君之视臣如草芥,则臣视君如寇仇。"当正德皇帝下令把自己往死里杖责的时候,当寒冬腊月把奄奄一息的自己投向冰冷阴暗的牢房的时候,皇帝难道不是已经把自己视为草芥了吗?对于如此一个残暴、昏庸的皇帝,自己还能够将全部的赤心忠诚奉献上吗?再说,从这一次的生死遭遇看,即便你奉献了,人家会受领吗?恐怕也只能是"我本将心向明月,奈何明月照沟渠"。既然如此,自己就应该果决地"放小求大",即放弃对一个昏君的小忠诚,转而求对国家、对民族、对亿万人民之大忠诚。如此大忠,必能与天地同久,与日月同辉。就这样,龙场一悟,使阳明先生的心志走出了一人一帝一姓之桎梏,从此与国家、民族、人民的命运紧密地连在了一起!从此,不再幻想借君行道,而是勇敢地走上了以我弘道之路,义无反顾地担起了"为天地立心、为生民立命、为往圣继绝学、为万世开太平"的伟大任务。

他悟到的第二点,是心态必须转化。自1481年王华高中状元后,阳明先生便多了一个雅号"状元公子"。从那以后,阳明先生虽然过的不是锦衣玉食的日子,但生活还是很富足的,也可以说,他已经是一个名副其实的富家子弟,至少算得上"贵族阶级"了。但到了龙场以后,他首先面临的困难就是,三个仆人因为生活条件太苦已有逃离之意,当地的土著苗民因为不了解他,已有敌视之意。当此之时,如果他不能主动改变自己的生态环境,那就真是孤身临绝境，只能等死了。怎么办？阳明先生只好彻底放下公子哥的架子，在三个仆人生病时，主动为他们采药，主动为他们熬粥，主动为他们唱家乡的小曲，想方设法逗他们开心……就这样，他的心渐渐地与仆人之心融洽了，他的情渐渐地与仆人之情融合了。三个仆人在他的精心照料之下，很快恢复了健康，也很快地心甘情愿地为他服务了。从三个仆人的转化受到启发，阳明先生又主动地走进了基层，走进了群众，走进了当地苗民的生活，与他们聊天，给他们看病，教他们识字和算数，很快地，苗民们都把自己的孩子送到阳明先生处学习知识了。同时也送上了一个雅号"阳明先生"。既然当了人民的先生，人民又怎么会亏待他、让他住在透风漏雨的地方呢？于是，几十个农户一商量，当即组织一班青壮劳力，砍树锯材，搬砖做瓦，很快地给阳明先生盖起几间木楼。就这样，中国历史上著名的"龙冈书院"诞生了。

从这个意义上讲，龙场悟道，除了是阳明先生心志的转变，更重要的是他的阶级感情发生了变化，即从贵族公子向平民阶级的融合。阳明先生在龙场获得新生，其实质就是在人民群众中获得新生。从那时起，他对群众、对百姓的真挚感情就没有变过了。

他悟到的第三点，是心体必须转换。每个人的心中都有一个上帝，在龙场以前，阳明先生心中的上帝就是"皇帝"。他把自己的功业、把天下人的幸福都寄托在这位"救世主"上了。但经历了挨打、坐牢、流放等一番惨痛的教训后，阳明先生彻底明白：自己心中原来的上帝，根本不是自己想象的那么高尚、那么伟大、那么万能。他既救不了自己，也救不了百姓，更拯救不了天下人的良知和灵魂。说得再直白一点，他不祸害国家、不误害天下苍生就是万幸了。怎么办？谁来救我？谁来救我的心？终于，在一个寂静的暗夜里，阳明先生心头电光一闪，"圣人之道，吾性自足"。在这个时刻，唯一能够拯救自己的，不是正德皇帝，不是刘瑾，也不是自己的父亲，更不是自己的同事，而是自己的强大的内心！他终于明白了，原来上帝就是我自己！

从这个意义上讲，龙场悟道，还是一个救赎主体的转换，即是将救赎主体从"神仙皇帝"转向自我的一种大彻大悟。

他悟到的第四点，是心力必须转换。人生的觉悟，往往起于苦难。小苦小觉，大苦大觉。从 1506 年十一月至 1509 年，阳明先生究竟经历了多少苦难呢？皮肉之苦、冤枉之苦、病痛之苦、屈辱之苦、离别之苦、刺客之苦、风餐露宿之苦、险滩急浪之苦、翻山越岭之苦、毒虫瘴疠之苦、语言不通之苦、孤独寂寞之苦、死亡威胁之苦……可以说，人世间的诸多苦难，阳明先生在这几年时间里都尝过了，尝够了。《黄帝内经》讲述：五味补五脏。酸入肝，甜入脾，苦入心，辛入肺，咸入肾。吃了如此多的苦药，阳明先生的心力便一天天地强大起来了，直至强大到足以蔑视一切屈辱、一切苦痛、一切磨难……足以超越一切名利、一切诽谤、一切诱惑、一切生死考验……

从此以后，阳明先生的修行达到了儒、佛、道共同推崇的一种至高境界——"不动心"的境界。

1506 年十一月，阳明先生在接受朝廷任命前往赣州时，有两个朋友打赌。其中一个说："阳明此去，书生带兵，恐难成功。"另一个则反驳说："错，阳明此行，必定成功！""为什么？""我多次给他讲此行的困难，想触动他，没想到他的心丝毫不为所动。由此可见，他心中的定力非同小可。心定则生静，静则生明，明则生慧。以大明之智慧，对愚顽之山贼，怎能不轻而易举呢？"

由此可见，三年龙场的苦难，实为阳明先生铺就了后来三十年的辉煌……

龙场悟道，是阳明先生成为伟大教育家的起点；

龙场悟道，是阳明先生成为伟大思想家的起点；

龙场悟道，是阳明先生成为伟大军事家的起点；

龙场悟道，是阳明先生成为伟大政治家的起点；

龙场悟道，是阳明先生成为儒家文化新源头的起点；

龙场悟道，更是阳明先生成为中国历史上"立德、立功、立言"真三不朽者的起点；

龙场悟道，最终成为了中华文明由理学转向心学的觉悟起点……

43. 你看满街人是圣人，满街人到看你是圣人在

——《王阳明全集·语录三·钱德洪录》

今译：你看满大街的人都是圣人，那他们看你更是圣人。

阳明心学最大的特点和亮色是什么？

平等观！

这种平等观源于何处？

孟子！他在回答曹交的提问时，非常肯定地回答："人皆可以为尧舜。"

那是一个盛夏的黄昏，阳明先生正坐在自家花园里，一边乘凉，一边与钱德洪等人探究学问。

这时，王汝止从外面回来了。阳明先生笑着问道："你今日在外面看到了什么？"

王汝止随口答道："我看到满大街都是圣人！"

阳明先生听后一怔，继续问道："你真是这么看的？"

王汝止连连点头。

先生犀利的目光再一次盯向王的眼睛，非常专注。好一会儿，才说到："恭喜你呀，你的眼神告诉我，你是真正地理解了孟子的人皆可以为尧舜的

平等观念。你记住，平等源于尊重！当你看到满大街的人都具备圣贤的良知时，满大街人更会把你当作圣人！"

钱德洪等人在旁，听了这一番对话，若有所思，更有所迷……

1526 年春天，钱德洪、黄正之、张叔谦、王汝中等人进京参加完会试后，回乡途中也模仿阳明先生讲授心学，效果不太理想。回到绍兴后，便请教先生："为什么我讲的没有多少人信？"阳明先生笑着说："你们端着一个圣人的架子去给别人讲学，首先在心理上就拉开距离。人家看见圣人来了，恐怕就被吓跑了，你们这样讲，哪里能行呢？你们必须先放下架子，把自己放到普通百姓的位置，这样才能与人平等地交流探讨，这样才能取信于民。"

44. 无有为善而不蒙福，无有为恶而不受殃

——《王阳明全集·别录八·告谕新民》

今译: 这世上，还没有人因为行善积德而不享受福报的，也没有人因为作恶多端而不遭受祸害的。

这世道，最大的天理是什么？

恶有恶报，善有善报！

一个社会，最大的公平正义是什么？

行善有福，作恶遭殃！

1517 年正月，阳明先生在就任南赣巡抚不久，在《告谕新民》中写出的这句话，既是对百姓的教导，也是对百姓的警示。

同古往今来多数有良知、有情怀、有责任心的士大夫一样，阳明先生为

官一方，也是"怀爱民之心、行爱民之政"，其最大的目标就是让百姓"安居乐业、共享太平"。

这个太平世界从哪里来呢？主要应该靠谁来创造和建设呢？

阳明先生的思路和办法，仍是一以贯之，即万法由心。没有人心的太平，便没有天下的太平！

至于太平世界的标志，阳明先生在同月颁布的《十家牌法告谕各府父老子弟》中作了描述："父慈子孝，兄爱弟敬，夫和妇随，长惠幼顺，小心以奉官法，勤谨以办国课，恭俭以守家业，谦和以处乡里，心要平恕，毋得轻意忿争，事要含忍，毋得辄兴词讼，见善互相劝勉，有恶互相惩戒，务兴礼让之风，以成敦厚之俗。"透过上述文字，我们可以看出，阳明先生心中的太平之世，就是一个无违法、无懒惰、无争讼、无奢靡的和美社会。

如何才能打造出这样一个太平社会？阳明先生开出的药方，就是依靠民众自治。具体的办法，就是"教、训"二字。所谓教，就是通过教育教化手段，让百姓"各安生理，永为良善之民"，要求他们安分守己，"勤尔农业，守尔门户，爱尔身命，保尔室家，孝顺尔父母，抚养尔子孙……毋以众暴寡，毋以强凌弱"。

所谓训，就是要求各乡村头目，切实担负起责任，凡发现"子弟群小中或有不遵教诲，出外生事为非者"，各头目"即与执送官府，明正典刑，一则彰明尔等为善去恶之诚，一则剪除莨莠（làng yǒu），免致延蔓，贻累尔等良善"。

45. 风俗不美，乱所由兴

——《王阳明全集·别录八·告谕》

今译： 一个地方，如果风尚、礼节、习性不好，祸乱就会由此发生。

中国自古以来，就有重视风俗的传统。所谓"为政先究风俗""观风俗、知得失"，等等。

什么是风俗？就是一个特定区域、特定人群世代传承沿袭下来的风气、礼节、习惯等。在古代，"风"与"俗"是有差别的。人们往往将由自然环境条件的差异而造成的行为规范差异，称为"风"；将由社会文化差异而形成的行为习性差异，称为"俗"。

阳明先生每到一地为官，都很重视风俗治理，因为，在他看来，风俗连通心性。观风俗，实质上就是察看一个地方的民心习性；治理风俗，实质上就是净化一个地方的民心习性。

阳明先生如何治理风俗？

从他在巡抚南赣期间发布的一个《告谕》中，可以清晰地分析出来。

其一，许多坏的风俗，都是由虚荣心引发的。比如当时的南赣地区，"民穷苦已甚，而又竞为淫侈，岂不重自困乏"。为什么穷得叮当响，还要打肿脸充胖子呢？主要原因就是阳明先生在《告谕》中指出的，"不知违弃礼法之可耻，而唯虑市井小人之非笑"。

其二，治理风俗，很难毕其功于一役，必须先易后难，步步推进。阳明先生治理南赣地区的不良风俗，就是从老百姓的日常生活礼节开始的。第一条，是要求办丧事"不得用鼓乐、为佛事"，把大把的钱财花在死人身上，而让活人更加遭罪受苦。第二条，是要求办婚事要节俭，"不得计论聘财妆奁，不得大会宾客，酒食连朝"。第三条，是要求亲戚朋友往来，"不得徒师虚文"，更不得"奢靡相尚"，贵在诚心诚意。第四条，是要求各村各街市，不得搞大规模的迎神赛会等庆祝活动。

其三，治理风俗，必须两手抓，两手都要硬！一手是，勤教化。尤其是各级官员，要尽教导之责。一手是，严惩处。《告谕》明确规定："有不率教者，十家牌邻互相纠察；容隐不举正者，十家均罪。"把用于防范匪民勾结的严厉举措用来防范不良风俗，足可见阳明先生对治理风俗，是何等的重视！

46. 务洗贪鄙之俗，共敦廉让之风

——《王阳明全集·别录八·优奖致仕县丞龙韬牌》

今译：为官一任，务必使一个地方洗去贪婪低劣之习俗，共同督促形成廉洁礼让之风尚。

阳明心学究竟是一门什么样的学问？它的最大功能应是什么？

我以为，对阳明心学之功能定位，首要应是：王者治心之学。

如何治理人心？

阳明先生告诉你："有司之政，风俗为首！"

从民风察看民心，从习俗察看习性，从治理一地之风俗入手，由难入易地治理一地官民之心性。

这方面，最典型的一个例子，就是阳明先生任南赣巡抚不久，得知一个叫龙韬的退休干部，在赣县当县丞（县令的助手，相当于现今的县委副书记）时，为官清正，作风勤谨，没有贪积什么不义之财，以至于退休后生活非常清贫，几乎难以为继，不但得不到官府的关心，得不到乡邻的接济，反而成了乡民讥讽的对象。反之，那些在位掌权时贪污受贿，积累了巨额财产的官员，不仅自己得意扬扬，乡民也投之以羡慕的眼光，甚至还成了学习的"榜样"。

面对这种以"廉"为耻、以"贪"为荣的"薄恶风俗"，阳明先生深感自己责任重大。为此，他特意下发了《优奖致仕县丞龙韬牌》，并委托自己的掌印官（相当于今天的秘书长）将"官银十两、米二石、羊酒一付"，亲自送到龙韬的家中，以体现巡抚衙门对退休好干部的优恤奖励。同时，要求南赣各府、县官吏，向自己看齐，对那些退下来的清官、好官，要经常给予物质上的资助、精神上的关心和激励，从而真正地在社会上形成一种"好有福报、坏有恶报"的风向标，从而逐渐地达到"敦礼让之风，成淳厚之俗"的大目标。

47. 种树者必培其根，种德者必养其心
——《王阳明全集·传习录·薛侃录》

今译：要把树种好，一定要从根上培养起；要把德育好，一定要从心上培养起。

中华文明的大厦，实赖儒、释、道三根梁栋，鼎立而起，而这三家的核心价值观，简要地说，就是两个字："利他"！

佛家追求行善利他，普度众生。

道家则提醒人们，要在利他中利己，"是以圣人后其身而身先，外其身而身存。非以其无私也，故能成其私"。

儒家则指点人们，要"己欲立而立人，己欲达而达人"，修养完善自我的最终目标，就是更好地服务大众。

综上，可以看出，这三家的核心价值理念，都不离"利他"二字，用今天的话讲，就是全心全意为人民服务！

阳明先生在这句话中所讲的必培之"根"，实质上就是"利他"；所讲的必养之心，实质上就是"良心"。

中医讲心为神舍，每个人的心中之神，就是"良知"。在经历了平定宁王之乱的一系列风雨、风波、风险之后，阳明先生为什么会独信良知？为什么会反复强调"良知之外更无知"？为什么认定它是千圣相传的点滴真骨血呢？

主要是因为，良知之神，确实能够致广大而尽精微，其不仅能通百家，也能通万物。

对修佛之人而言，良知就是他（她）心中的"佛"！

对修道之人而言，良知就是他（她）心中的"仙神"！

对修儒之人而言，良知就是他（她）心中的"圣人"！

对基督教徒而言，良知就是他（她）心中的"上帝"！

在搞明白种什么"根"的问题以后，接下来就需要弄明白用什么方法培根的问题，也就是中华文明的根本方法论问题。

中华文明最高明的方法论，归结起来就是一个字："中"。

就儒家来说，重视的是"中庸"。孔子感叹说："中庸之为德也，其至矣乎！"《论语·子罕》引用孔夫子的话："吾有知乎哉，无知也，有鄙夫问于我，空空如也，我叩其两端而竭焉。"意思是，我能够做到无所不知吗？不可能呀！有时候乡邻们问我一些事，请求我给予指点，我唯一的办法，就是让我自己的心处于虚空状态，把事情可能出现的最好结果和最坏结果都估算清楚，然后从中间入手，为他们提供恰当的解决思路。《中庸》在评价舜的领导艺术时，则明确地将其归纳为一句话："执其两端，用其中于民。"

就佛家来说，重视的是"中观"。释迦牟尼在律藏中讲：生活不能堕两边！就拿出家人的修行来说，既不能太艰苦，也不要太奢华，一切以随缘、任其自然为好。就道家来说，重视的是"守中"。《道德经》第五章讲"多言数穷，不如守中"。这个中，就是中道。为政不在多言，为政也不可不言，最好的办法，就是言其大要，去其烦琐。

《中庸》开篇就讲："中也者，天下之大本也；和也者，天下之达道也。"阳明心学的最大特点，就是中和了各派的特点，中和了各派的精华，最后形成了一剂能够救人救心的"良药"！

48. 致中和，则大本立而达道行，知天地之化育矣

——《王阳明全集·文录四·修道说》

> **今译：** 当天下达到"致中和"的境界时，则大根本一定立起来了，大规则一定建起来了，天地各得其位，万物各得其所，一派欣欣向荣。

在人类历史的长河中，有多少国家、多少民族，一度灿烂过，一度辉煌过，但最终都烟消云散了……为何独有中华民族能够绵延至今，且依旧生机无限？这其中，尽管也经历无数的苦痛、无数的灾难、无数的险境，但终究挺过来了。

中华民族长寿的基因又是什么？

答案就在我们的国家名字上："中"！

何谓"中"？《中庸》认为："中也者，天下之大本也。"不偏不倚，谓之中也，不前不后，谓之中也；不快不慢，谓之中也；不浓不淡，谓之中也……《中庸》又认为："和也者，天下之达道也。"左右逢源，谓之和也；上下相交，谓之和也；内外相通，谓之和也……

对于一个人来说，其身体的最佳状态是"中和"；

对于一个国家来说，其社会的最佳状态是"中和"。

那究竟什么才算是"中和"之态呢？

我们不妨先品味一番中医治病的三大定律：

（一）阴阳平衡。在中医看来，人体就是一个平衡器。上下要平衡，内外要平衡，左右要平衡。以上下平衡为例，人的手上有六条经脉，如肺经、心包经、心经、小肠经、三焦经、大肠经等；同样，脚上也有六条经脉，如胃经、脾经、肝经、胆经、肾经、膀胱经等。以左右平衡为例，人的心脏有左心房，则有右心房；人的肾脏有左肾，则有右肾，左肾产阴精，右肾生阳精；肾阴不够，则人易虚火上扬，肾阳不够，则人易萎靡不振。

（二）五行相生相克。我们的祖先，把宇宙万物形成的元素归结为金、木、水、火、土，并发现了其中的"生克"规律，即：木生火、火生土、土生金、金生水、水生木；木克土、土克水、水克火、火克金、金克木。同样，中医将五行对应人体五脏，即：肝为木，心为火，肺为金，脾为土，肾为水。相应地，五脏又对应六腑如肝连着胆，心连着小肠和三焦，脾连着胃，肾连着膀胱。一个高明的中医，其治病的基本原理和原则，就是依着五行相生相克的规律，灵活运用汤丸膏散、针砭药石等方式，促进五脏六腑相生、相补、相润，形成良性循环。

（三）气血和合。人体之气，是人的生命运动的根本和动力。中医将人体之气，归纳为五种，即元气、真气、卫气、营气、宗气。其中，元气是由先天精气所化生，是人体生命活动的原动力；真气是由先天元气、后天谷气和清气结合而成；卫气出于下焦，根源于肾，为肾中阳气所化生之气，起温养肌肉、润泽皮肤的作用；营气生于水谷，源于脾胃，出于中焦，起化生血液和营养全身的作用；宗气是由肺吸入的清气与脾胃运化的水谷之气结合而成，聚焦于胸中，在上焦，起到推动肺的呼吸和心血运行的作用。

人体之血，是构成和维持人体生命活动的基本物质之一，由营气和津液组成，具有营养和滋润全身各组织器官和化神的功能。气和血的关系，就像是汽车的电气和油的关系，没有电，油转化不动，没有油，电又生发不起来；就像是船行江河湖海中风与水的关系，没有风，帆扬不起来，没有水，船又载不动。

能够悟到上述三大定律并适当运用者，堪称中医；能够悟透并精熟运用上述三大定律者，堪称上医。一个人，达到上医之境，也就达到了"中和"之境！

纵观阳明先生一生，在立德、立功、立言方面，在带兵打仗、治民理政方面，都算是达到了"中和"之境；而在身体调养方面，则远未达到"中和"之境，以至于一生都在饱受病痛和折磨。

阳明先生的病况究竟如何呢？

在1502年写的《乞养病疏》中，他是这样描述的："去岁三月，忽患虚弱咳嗽之疾，剂灸交攻，入秋稍愈"；"冲冒风寒，恬无顾忌，内耗外侵，旧患仍作"；"行至扬州，转增烦热，迁延三月，尪（wāng）羸日甚"。

在1515年写的《自劾乞休疏》中，他是这样描述的："气体素弱，近年以来，疾病交攻。"在同年八月写的《乞养病疏》中，他是这样描述的："臣病侵气弱，力不能从其心。臣自往岁投窜荒夷，往来道路，前后五载，蒙犯障雾；魑魅（chī mèi）之兴游，蛊毒之与处。其时虽未即死，而病势因仍，渐肌入骨，日以深积。"

在1516年写的《辞新任乞以旧职致仕疏》中，他是这样描述的："疾病多端，气体羸弱"；"精力益衰，平居无事，尚尔奄奄。"

在 1518 年写的《乞休致疏》中，他是这样描述的："臣病月深日亟，百疗罔效，潮热咳嗽，疮疽痛肿，手足麻痹，已成废人。"

在 1519 年写的《乞放归田里疏》中，他是这样描述的："且臣比年以来，百病交攻，近因驱驰贼垒，瘴毒侵陵，呕吐潮热，肌骨羸削；或时昏眩，偃几仆地，竟日不惺，手足麻痹，已成废人。"

在 1520 年写的《四乞省葬疏》中，他是这样描述的："旧病弥笃，方寸既乱，神气益昏，目眩耳聩，一切世事皆如梦寐。"

在 1527 年写的《辞免重任乞恩养病疏》中，他是这样描述的："连年病卧，喘息奄奄"；"臣病患久积，潮热痰嗽，日甚月深，每一发咳，必至顿绝，久始渐苏"。

在 1528 年十月写的《乞恩养暂容回籍就医养病疏》中，他是这样描述的："臣自往年，承乏南赣，为炎毒所乍，遂患咳嗽之疾，岁益滋甚。其后退伏林野，虽得稍就清凉，亲近医药，而病亦终不能止，但遇暑热，辄复大作"；"今又加以遍身肿毒，喘嗽昼夜不息，心恶饮食，每日强吞稀粥数匙，稍多辄又呕吐"。

由此上述，我们可以看出，阳明先生的病根在于三个：一是天生体弱，二是遭受伤痛，如杖刑；三是中了瘴毒、热毒。

其病症则主要表现在：咳嗽不止；全身肿痛；手足麻痹；身体消瘦；经常昏倒；遇暑热则发作。

由此病症分析，则可以知晓，阳明先生的真正病源，在于"肺弱"。因为肺弱，导致纳气不够，故常咳嗽喘息；因为肺属金，金克木，肝受到克制后，导致肝气沉脾，五谷运化不开，以至于吃不下东西，多吃则呕吐；因为脾胃运化不开，肝肾得不到营养，以至于眼睛昏花，耳朵听力日衰；同样，因为脾胃这块土地越来越贫瘠，土不生金，肺的功能越发下降，而肺主皮肤，肺的毛病又引发其全身长疮、长毒，等等。

由此可见，阳明先生一生病痛，其元凶就在于"肺"！

假如阳明先生一生中遇到了一个能达到"中和"之境的医生，一定会按照"宣肺——舒肝——补肾——去脾湿"的思路，给他治好病。遗憾的是，阳明先生没有这种幸运，历史也没有这种幸运，中华文明也没有这种幸运，以至于一代心学大师只活了 57 岁，便驾鹤西去了。

49. 日趋于和平而大会于中正，斯乃圣贤之德之归矣

——《王阳明全集·外集七·祭文相文》

今译：当一个人把自己修炼得心气越来越平和，思辨越来越中正，也就越来越具备圣贤之大德了。

一花一世界！

一叶一菩提！

一生一境界！

生命的质量如何，最终取决于其所能达到的境界的高低！

圣贤之境的特点究竟是什么呢？

阳明先生告诉你四个字的答案，即"和平中正"。

怎样才算是"和平中正"之境呢？

我们不妨重温孔子的一段话："吾十五而有志于学，三十而立，四十而不惑，五十而知天命，六十而耳顺，七十而从心所欲不逾矩。"

当一个人将自己的心境修炼到了"和平中正"的大境界时，实质上也就具备了孔子所讲的五十岁以后的三大特征。

一是能够做到"知天命"。何谓知天命？阳明先生一言道破："君子穷达，一听于天。"每个人都长着两条腿，每个人的一生都需要走两条路。一条是孟子所讲的"求在内"的路，也就是内圣之路，独善其身；一条是孟子所讲的"求在外"的路，也就是外王之路，兼济天下之路。前者往往依靠自身之不懈努力便可达到，后者则必须依靠各种外在因素、外在机遇、外在力量的天缘凑合才能达到。基于此，阳明先生一再提醒自己的学生和亲朋，对内圣之路，应该听命于自己，要有一种执念；对外王之路，则应该听命于天道，不能有任何执念。再说得明白些，就是在求功名、走仕途的道路上，应该尽量顺其自然，否则，执念越多越痛苦；而在明学术、进德业的道路上，则应当多一些执着，多一些精一功夫，这样会越走路子越宽广，越走人生越精彩。

二是能够做到"耳顺"。何谓耳顺？就是随着人生经历的沧桑，随着人生阅历的丰富，对世间所发生的一切事情，都能够做到洞明于心，也就是是非自分、善恶自明、诚伪自辨。对一切突发事变，都能够做到不张皇、不失措、不茫然、不混沌，而能够做到"随感而应，无物不然"。能够达到阳明先生这八个字的要求，也就是达到了"耳顺"之境。

三是能够做到"从心所欲而不逾矩"。当一个人修炼到如此境界时，其内在的心灵世界已极度自由自在，其外在的言语行动则越发平淡中正，具体的表现特征，就是阳明先生在《祭文相文》中描述的"反气、充仁、敛才、昭智、收辩、全德"功夫，即："反其迈往直前之气，以内充其宽裕温厚之仁；敛其通敏果决之才，以自昭其文理密察之智；收其奋迅激昂之辩，以自全其发强刚毅之德"。这里，"反气、敛才、收辩"属于收心之功夫，"充仁、昭智、全德"属于放心之功夫。人生到了从心所欲而不逾矩之境，实质上也就是其心之明觉已到了收放自如之境！

用兵篇

50. 出其所不趋，趋其所不意

——《王阳明全集·别录一·陈言边务疏》

今译：打仗时，进攻的地点应选在敌人没有防备的地方；进攻的时间应选在敌人意想不到的时间。

这句话，是阳明先生用兵制胜、屡试不爽的一个法宝！

这句话，出自阳明先生写给弘治皇帝的《陈言边务疏》。那一年，先生28岁，刚刚中进士进入官场不久，颇有些"恰同学少年，风华正茂；指点江山，激扬文字"的味道。

在这道疏中，阳明先生结合自己研读兵法的体会，特别是针对明朝官兵老打败仗的现状，向皇帝提了八条建议：一是蓄材以备急。既抓紧挑选文武兼济之才，广泛储备，以备急用。二是舍短以用长。即善待、善用那些骁勇强悍能打仗但又多有过失的边关将士，去其所短，用其所长。三是简师以省费。即精简军队，节省费用。四是屯田以给食。即军队屯田，自食其力，减轻老百姓负担。五是行法以振威。即严明军纪、振肃军威。六是敷恩以激怒。即抚恤阵亡将士，照顾好他们的家人，宣以国恩、激以大义，感奋士气。七是捐小以成大。即允许将帅便宜行事，不计较小的挫败损失，但求大胜大成。八是严守以乘弊。即发挥明军长处，严防固守，等到敌人疲惫疏忽之时，再以逸击劳，以坚破虚。

应当说，当时的阳明先生尽管年轻，尽管还没有打过仗，但他对明朝军事战略的弊端还是看得清清楚楚的，其所提的上述建议也是合乎情势的。这道疏，尽管皇帝并未重视，但它却具有了阳明兵法的雏形。而总观阳明先生在这道疏中论及的用兵心法，可以高度概括为：以我为主，以奇用兵，出其所不趋，趋其所不意。

阳明先生的这一用兵心法，与《孙子兵法》的三条精髓算是一脉相承：以我为主，即孙子讲的"制人而不制于人"；以奇用兵，即孙子讲的"凡战者，以正合，以奇胜。善出奇者，不竭如江河，无穷似天地"；出其所不趋，趋其所不意，即孙子讲的"攻其无备，出其不意"。

就是这简单的三句话，让阳明先生在战场上发挥得淋漓尽致，真是"横扫千军如卷席"。就拿平定南赣地区的土匪来说吧，阳明先生是 1517 年正月十六日正式上任南赣巡抚的，到 1518 年正月初二，南赣境内的主要匪患，如福建漳州的詹师富、温火烧，江西南安的谢志珊、蓝天凤，广东浰头的池仲容等，全部被彻底消灭。而仔细分析阳明先生的剿匪之术，有三个特点：

一是攻击的突破口，都是选在土匪想不到的地方，或疏于防范的地方。

二是攻击的方法，或前后夹攻，或四面围攻，甚至十面强攻。

三是发动袭击的时间，多是选在"寅时"，即凌晨三四点，那是人睡眠最深的时候。也有选在极端天气时进行的，如 1517 年十一月初一进攻桶冈之贼时，天降倾盆大雨，加之地势奇险，土匪都以为官兵不可能冒险进攻，便放松了警惕，结果被阳明先生发动的突袭一举而破。

51. 兵无定势，谋贵从时

——《王阳明全集·别录二·议夹剿方略疏》

今译：用兵作战没有固定不变的方式方法，战略战术的谋划贵在
因时变化。

阳明先生于 1517 年九月十五日在《议夹剿方略疏》中写的这句话，实
质上是对《孙子兵法·虚实篇》中的一段话的深刻体悟。

孙子的原话是："夫兵形象水，水之形，避高而趋下，兵之形，避实而
击虚。水因地而制流，兵因敌而制胜。故兵无常势，水无常形，能因敌变化
而取胜者，谓之神。"

这种"神"奇的境界，古往今来，又有几人能达到呢？但阳明先生达
到了，而且是在初出茅庐，征剿南、赣、汀、漳等地的土匪中运用得出神
入化。

比如，在 1517 年正月至三月发动的围剿福建以詹师富、温火烧、张大
背、雷振、江嵩、范克起等人为首的土匪时，阳明先生采用的就是分进合
击、强力突袭的办法，一举歼灭了土匪 4500 多人。

而对广东三浰以池仲容、池仲安为首的土匪，阳明先生则采取了更为高
明的办法。一是，在 1517 年十一月派学生雷济、黄表等劝降池仲容，以松
懈其心；二是，在平定江西的贼患之后，故意大张旗鼓地开庆功大会，并宣
布在会后立即遣散兵士，让他们回去种田，以麻痹其心；三是，于 1518 年
正月初三日设宴诱捕了池仲容，以散其心；四是，于正月初七组织十路大军
同时向池仲安的各处巢穴发起突然袭击，至三月初八日，共捣毁土匪巢穴

38 处，擒斩土匪 2000 多名。

对此，阳明先生作了高度的自我评价："臣等驱不练之兵，资缺乏之费，不逾两月，而破奸雄不制之虏，除三省数十年之患。"

52. 胜败由人，兵贵善用

——《王阳明全集·别录一·闽广捷音疏》

> 今译：决定战争胜败的关键在人，决定军队战斗力强弱的关键则在于赏罚手段的运用是否及时得当。

这八个字，是阳明先生在 1517 年五月八日写给朝廷的《闽广捷音疏》中发出的一声感叹！

百战归来再读书。

阳明先生是个善于反思的人。他在平定福建的匪患之后，首先反思的是什么呢？

阳明先生想到了古代的那些名将。无论是孙武、吴起，还是韩信，他们都属于顶级的"善用兵者"。即便是把一群市井百姓、逃亡之徒交给他们，他们也能够很快将之组织起来，以抗击强敌。尤其是孙武，在吴王等人的亲眼见证之下，把一群自由涣散、从不知打仗为何物的宫女，用几个时辰便变成了一支纪律严明、步调一致的军队，真是让人叹服不已。

阳明先生想到了南、赣之兵的现状。尽管数量上还有好几千，可又能有多大的作用呢？鸣金不知道后退，击鼓不知道冲锋；还没有见到敌人就开始逃跑，还没有等到与敌人交锋便开始败退……

这究竟是什么原因呢？

"人人自有定盘针，万化根源总在心。"

阳明先生总是习惯于从心上寻找原因。这些兵士的散，是散在心上；这些兵士的败，也是败在心上。

而他们心散、心败的根源又在哪里呢？

阳明先生从吴起的话中找到了答案："法令不明，赏罚不信，虽有百万，何益于用？"

如何才能用好赏罚手段去激励起兵士的心呢？

阳明先生总结的第一条经验是：赏不逾时，罚不后事，即赏罚一定要"及时"！过了那个时间再去行奖赏，等于没有奖赏；事情拖了很久再去搞处罚，等于没有处罚。统领军队者，该赏的时候不赏，该罚的时候不罚，那又如何能够把万千兵士之心凝聚起来，把万千兵士的士气激发起来呢？

阳明先生总结的第二条经验是：赏罚一定要"分明"！他在1517年十月初写给朝廷的《升赏谢恩疏》中进一步强调："赏及微劳，则有功者益劝；罚行亲昵，则有罪者益警。"什么意思呢？朝廷的奖赏，如果能够到达那些只有微薄小功的人，那么，有大功劳的人一定会更加奋进；朝廷的处罚，如果敢于触及到权贵的亲信亲属，那么犯了错误过失的人一定会更加警醒。

53. 夫盗贼之患，譬如病人，兴师征剿者，针药攻治之方；建县抚辑者，饮食调养之道

——《王阳明全集·别录三·添设和平县治疏》

今译：解决盗贼之害，就像给人去病。出动军队进行征剿，就像是采用针灸、吃药的治疗方法；建立县城，安抚辑和百姓，就像是饮食调理的方法。

"不为良相，便为良医。"

把良相与良医联系得如此紧密，是中国古代士大夫的一个传统的追求习惯。

宋代的吴曾在《能改斋漫录》中记载了北宋名臣范仲淹的一件佚事：一天，范仲淹到一座庙里问卦。他先祷告："希望自己能成为一代良相"！结果卦相显示不能；接着他又祷告："希望自己能成为一代良医"！结果卦相显示又不能。旁边有人看了很奇怪，便问他："男子汉大丈夫，立志当宰相，这好理解；可是，你怎么又想当个医生呢，这就让人费解了。"范仲淹叹了一口气，说："我在乎的哪里是这个！我立志求学，是希望能辅佐明主，造福天下百姓。这方面，最大的服务平台莫过于做宰相了；但既然做不了宰相，我认为，最好的服务平台便是做医生，为百姓解除疾苦。"

如果说，范仲淹先生还只是从理论上把"良医"与"良相"连接起来，那么，阳明先生则是从工作实践中把"剿匪安民"和"中医治病"连接起来了。

在他看来，朝廷和地方官员过去剿匪之所以成效甚少，或者说一时收到了成效而不久又彻底恢复了原样，主要原因还是方略发生了错误，也就是阳明先生在1518年五月初一日向朝廷奏报的《添设和平县治疏》中分析的，"徒恃针药之攻治，而无饮食以调养之"。结果呢？"岂徒病不旋踵，将元气遏绝，症患愈深，后虽扁鹊、仓公，无所绝其术矣"。用今天的话说，就是光靠军队征剿，光靠针药攻治，实际上都是在治标，而光治标不治本，光治症不扶本，就会导致人的元气越来越衰竭，最后连扁鹊、仓公这样的神医也没有办法了。

基于此，阳明先生在这篇奏疏的末尾大声向皇上、向朝廷呼吁："鉴往事之明验，为将来之永图。"这个往事之明验，就是前不久阳明先生剿灭福建和江西的土匪后，经朝廷允许增设平和县、崇义县的好经验；这个将来之永图，就是阳明先生在奏疏结尾处讲的要"化盗为良"，让"百姓永享太平之乐"！

54. 责任之不专，无以连属人心；赏罚之不重，无以作兴士气；号令之不肃，无以督调远近

——《王阳明全集·别录三·辞免升荫乞以原职致仕疏》

今译：责任不专明，就无法联合团结人心；赏罚不分明，就无法提振奋发士气；号令不严明，就无法督促调动远近的各方力量和资源。

兵凶战危。

这世上，最危险的游戏莫过于打仗。如何才能做到多打胜仗、少打败仗呢？

阳明先生在 1518 年六月十八日给朝廷上的《辞免升荫乞以原职致仕疏》中，总结了三条致胜的经验：一靠责任之专，二靠赏罚之重，三靠号令之肃。

阳明先生之所以要写这道疏，是因为朝廷为表彰他平定南赣匪乱的功劳，给了他一个大大的奖赏，即"升右副都御史，荫子一人做锦衣卫，世袭百户"。面对这种奖赏，阳明先生一直谨守老子的教诲，"功成而不居"。因而，在这道奏疏里，他以极为谦卑的语气，分析了朝廷的功劳之伟、自己的贡献之小。

这朝廷的功劳，究竟伟大在何处呢？

阳明先生通过一个比喻，作了恰当的解说：自己就好像是一匹马，朝廷则好比是一个优秀的驾御手。外人不明就里，只看到这匹马跑得快、跑得

好，就称赞其能，将全部功劳归功于马。这其实是大错大误了，这匹马之所以跑得快跑得好，关键还是御手指挥得当。

为此，阳明先生从三个方面举例说明：

当他需要有赏罚大权的时候，朝廷毫不犹豫地赋予了他赏罚之柄，使之能够"激励三军之气"；

当他需要有调动军队大权的时候，朝廷立即赋予了他旗牌之重，使之能够"号召远近之兵"；

当他需要指挥作战的职位名分的时候，朝廷立即赋予了他提督之权，使之能够"纪纲八府一州之官吏"。

更重要的，朝廷给予了他极大的信任，"授之方略而不拘以制，责其成功而不限以时"，从而使他在指挥剿匪战斗时能够"伸缩如志，举动自由"。最终取得了"一鼓而破横水，再鼓而灭桶冈"；"又一鼓而破三浰，再鼓而下九连"的辉煌战果。

55. 举动由己，呼吸从心

——《王阳明全集·别录八·选拣民兵》

今译：一举一动，都由自己掌握；一呼一吸，均由自心操控。

决定战争胜负的关键是什么？

答案是：主动权。谁掌握了主动权，谁就能赢得胜利；谁丧失了主动权，谁就会遭遇失败。

如何才能掌握战争、战场的主动权呢？

阳明先生在正德十二年（1517）正月发布的《选拣民兵》的通告中，给我们提供了答案。原话是："声东击西，举动由己；运机设伏，呼吸从心。"从古往今来的战例看，能够做到"举动由己，呼吸从心"这八个字的，就算是掌握了战争的主动权，也算是达到了指挥作战的最高境界。这与孙子讲的"制人而不制于人"，有异曲同工之妙。

那，阳明先生在指挥南赣地区的剿匪工作中，又是如何赢得这一主动权的呢？仔细分析一下这篇通告，我们就可以欣赏到阳明先生高超的战场掌控艺术。

首先，他对自己的职责有清醒的认识。当时的南赣地区，"山谷险隘，林木茂深"，三分之一的地盘，已经被盗贼占据。作为巡抚，他的主要职责就是"弭盗安民"。

其二，他对自己面临的困难有清醒的认识。主要的困难有三个：一是没钱。各州、各县，已是"财用耗竭"。二是没兵。"兵力脆寡，卫所军丁，止存故籍；府县机快，半应虚文"。三是没时间。土匪天天在抢掠，百姓天天在遭难，时不我待。

其三，他对如何破局有清醒的思路。在他看来，过去十几年乃至更长时期沿用的那种每遇盗贼猖獗，便从外省调土兵或狼达兵的做法，完全是苟且之谋，既消耗了大量钱粮，又增添了百姓负担，还劳而无功，搞得匪患越来越严重。针对这种状况，阳明先生打破陈规，别出心裁，以最快的时间、最小的成本，建成了一支最强的奇兵。

阳明先生的具体办法是：要求各县各自挑选出十个左右"骁勇绝群，胆力出众"的勇士，迅速地组建起一支两千多人的"特种"部队，其中江西、福建两地每队五六百名，广东、湖广两地每队四五百名。各队的将领则由"力能扛鼎，勇敌千人"的超群勇士担任，并许以重奖。后来的事实证明，这支特种部队，确实将阳明先生"分进突袭、各个击破"的剿匪战术发挥得淋漓尽致。如此做法，既省了练兵的时间，又省了养兵的费用，使之在不到

一个月的时间里，便解决了过去几十年中，他的许多前任一直无法解决的"三无"困难，迅速地掌握了战场的主动权，而后如秋风扫落叶一般，扫平了四省边界的几百个土匪巢穴。

56. 用兵何术？但学问纯笃，养得此心不动，乃术尔

——《王阳明全集·世德纪附录·征宸濠反间遗事》

今译：用兵制胜有什么秘术呢？只要学问精纯笃实，养得此心不动，就是秘术。

自人类产生战争这个"怪物"以来，不知有多少人，费了多少心血，在寻求克敌制胜的法宝和秘诀。而关于用兵之术的书籍、文章，又何止车载斗量；关于用兵制胜的方法和计谋，又何止万千百数。

但是，能把最复杂、最多变的战场法则，简要地归结到"不动心"三个字上的，却仅仅只有阳明先生一人，即便是中国历史上最杰出的军事家孙子也望尘莫及！

如何才能把这三个字理解透彻，我们不妨从四个方面入手：

其一，是从原文入手。钱德洪所写的《征宸濠反间遗事》是这样记载的：

德洪昔在师门，或问"用兵有术否？"

夫子曰："用兵何术？但学问纯笃，养得此心不动，乃术尔。凡人智能，相去不甚远；胜负之诀，不待卜诸临阵，只在此心动与不动之间。昔与宁王逆战于湖上时，南风转急，面命某某为火攻之具；是时前军正挫却，某某对

立矍视，三申四告，耳如弗闻。此辈皆有大名于时者，平时智术岂有不足，临事忙失若此，智术将安所施？"

这段话，用今天的口语表述就是：

德洪从前在阳明先生门下学习的时候，看到有人问先生："用兵有秘诀吗？"

阳明先生说："用兵有什么秘诀呢？只要学问精纯笃实，养得此心不动，就是最大的秘诀！凡是人的智能，相差都不是太远，决定胜负的关键，不在于临阵对敌的筹划，只在于为主将者内心的动摇与不动摇。当年和宁王在湖上决战时，南风越刮越急，我当即命令某将官发射火器。这时，我方的军队正受到挫折，情况确实危急，某将官吓得他两眼发直，尽管我在旁边一再呼喝，他还是像没有听到一样。这个将官在当时还算是有名气的，他平时的智谋，想必也差不到哪儿去，可一旦面临大变就慌乱得失了神，他的智谋又如何施展呢？"

其二，是从战争的实践中分析入手。据钱德洪记载：1519年六月十五日，阳明先生在江西丰城听到朱宸濠叛乱的消息时，身边只有雷济和萧禹等几人。这几个人如何能够阻止和延缓朱宸濠突袭南京继而进犯北京之举呢？静气默想之下，阳明先生制造和发出了十路疑兵，终于动摇了朱宸濠的心，使之犹豫不决，从而既解决了让朝廷知道朱宸濠叛乱的消息，有所准备；又为自己在江西筹措兵马、高举义旗赢得了时间。

这十路疑兵是：

第一路，连夜派人仿造了两广都御史火牌，声称朝廷早已觉察了朱宸濠的叛乱阴谋，已秘调官兵四十八万向江西进发；并让雷济派人暗中将火牌传到南昌，让朱宸濠看到。

第二路，六月十八日回到吉安后，又让人伪造了南雄、南安、赣州等府的报帖，同样想办法送进了南昌，一方面动摇朱宸濠的心，一方面动摇省城的人心。

第三路，让雷济等人仿造了一批"迎接京军"的文书，声称朝廷已派遣五路大军，共计二十三万，从凤阳、徐州、淮安等处，水陆并进，五路夹击南昌。

第四路，是阳明先生亲自草拟了一个手本，翔实地列举了自己的作战计划。声称只要宁王率军离开南昌，自己便要乘机夹攻。朱宸濠看到这个手本后，更加疑惧！

第五路，阳明先生和龙光计议，有意给朱宸濠的首席谋士李士实、刘养正写了两封"回信"，表示热烈欢迎二人弃暗投明，同时要求他们注意保密，一旦时机成熟，便里应外合剿灭宁王。同时，在这两封信中，还故意把宁王的大将凌十一、闵廿四等牵扯进来，从而使得宁王那边上下人心，互生疑惧。

第六路，派人私下给宁王的身边工作人员陈贤、刘吉、喻木等人写信，继续实施反间计。

第七路，派人大量抄写招降告示，采用多种形式，散发到宁王的兵寨营垒。

第八路，派人大量制作招降的木牌，插到南昌周边各个交通要道旁，进一步加剧威慑之气氛。

第九路，派遣雷济、龙光等人将住在吉安城里的刘养正的家属，厚加看养，并让其家人秘密地向刘养正处传递消息。当然，这些消息都让宁王知道了。

第十路，在丰城大张旗鼓地布设疑兵，装做要攻打南昌的样子。

就这样，宁王朱宸濠那一颗培育了十几年、无比狂傲的"造反"之心，硬是被阳明先生捏造的子虚乌有的十路大军迷惑了、动摇了；他那号称十八万的精兵强将硬是被拖住了，以至于丧失了最佳战机。

其三，是从良知入手。据薛尚谦回忆：曾经有个人对阳明先生说："我可以带兵打仗了。"阳明先生问原因。那人回答说："我能够做到您讲的不动心了呀!"先生又问道:"你如何做到不动心的呢?"那人昂首挺胸地答道:"我能够做到在面临危险的时候不惧怕,不就是做到不动心了吗?"先生听后,笑着说:"一个性气刚直、胆气壮的人,也能够做到临危不惧。这种不动心,是凭你的顽强心、固执心达到的,实际上是对你心体的一种遮蔽,但并不能精妙灵活地处理复杂事务。这,也就是孟施舍讲的善于'守气'。真正的不动心,是要在良知上用功,让自己的心体纯净光明,不受私欲蒙蔽,自然能够在纷繁复杂之中看清一切,做到临事不动摇。一个人,内心的真体不动摇,自然能够冷静从容地应对一切变化。这,就是曾子讲的'守约'。只有达到这种境界,才能够做到'虽千万人吾往矣'!"

其四,从军事常识入手。据刘邦采回忆:曾经有个人问阳明先生:"人只要把自己的内心涵养得不动摇,就可以带兵打仗了吗?"阳明先生回答说:"还得学点军事常识,打仗是对刀杀人的事,哪能通过臆想就真懂的呢?必须通过战争的实践去学习打仗,渐渐明白其中的奥妙,把自己的思维练得周密了,才能够去临难担当。"说完这番话,先生仍觉得意犹未尽,又强调说:"天下未有不履其事,而能造其理者,此后世格物之学,所以为谬也!"

修行篇

57. 人须在事上磨，方立得住，方能静亦定，动亦定

——《王阳明全集·语录一·陆澄录》

今译：一个人要修行就必须通过具体事情去磨炼，这样才能站立得住，才能做到无事安静时能定得住心，有事动乱时也能定得住心。

观音菩萨教人修行，咒语是什么？六字真言：唵嘛呢叭咪吽。

阳明先生教人修行，诀窍是什么？四字真言：事上磨炼。

毛泽东主席教人修行，法宝是什么？实践、认识、再实践、再认识，循环往复以至无穷。

那是一个春天的早晨，阳光明媚，春风和煦，绿树婆娑，百花争艳。阳明先生带着几个学生到姚江边散步。一个叫陆澄的学生问道："老师，最近一段时间，我按照您的要求，每天坚持静坐修心，没有什么事情的时候，我觉得效果还行；可一有风吹草动，心就立刻乱了，根本就静不了、定不住了，这是什么原因呢？"

阳明先生没有直接回答，而是看着前边的一棵大枫树，淡淡一笑地问道："小陆啊，你看看前边那棵树，风一吹过来，树枝和树叶就摇摆不停，可树杆和树根呢，纹丝不动。人的心就像一棵树一样。你说你的心遇事便忙、便乱，那是因为你把静坐这一形式与修心的实际内容脱节了。静坐只是形式，只是方式、方法，只是渠道、途径，把心修得像树根一样壮实才是目的呀！而要想把心力修得强大，就必须下决心培植'心根'，只有心根壮实

了，才能历经风雨而不动摇。"

"那么怎样才能从根本上培植自己的心力呢？"陆澄问。

"很简单，就是要把静坐与'克己'结合起来，尤其要在'克己'二字上痛下苦功夫。克什么呢？克制自己的欲望，克制自己的情绪，克制自己的痴好，克制自己的脾气，等等。能克得住这些，心才能真正地算静得下，才能真正地算定得住。"

"那么怎样才能修炼自己的'克己'功夫呢？"陆澄忍不住打破砂锅问到底。

阳明先生望了望远处袅袅升起的晨烟，慢慢说道："一把刀要锋利，就必须在石头上磨；一颗心要强大，就必须在事上磨，在日常生活中磨，在应对和处理每一件具体的矛盾上磨。比如，前几年，我有一个喜爱的学生，不知是被何人唆使，向朝廷告了我一个刁状，无中生有、捕风捉影地列举了我的一堆罪状。当朝廷把这封弹劾我的折子转给我作自我陈述说明时，刚看了一个开头，我心中便有一股无名之火蹿了起来，恨不得把那封折子撕碎、撕碎，再扔进茅坑里去。但就在那一瞬间，一道心电闪过，我的心头突然一亮，'这不就是最难得的磨炼机会吗'，我一定要通过这件事把自己的心力锻炼得更强大一些。于是，我通过调匀呼吸，很快让自己的心境平静下来……可当我看到下一段文字时，一股火气又禁不住蹿了上来，于是，我又通过调息制气，恢复了平静恬淡之境……如此，至少反复了七八次，我才把自己的心力真正地生发起来，把自己的心境真正地澄静了。当我最后一次平静地看完那一段段诛心的文字时，不但没有丝毫气恼，反而，那些攻击我、诽谤我，曾经触目惊心的文字，成了提醒我、警示我的治心良药！"

力尽神疲无处觅，但闻枫树晚蝉吟……

阳明先生讲述的这一段生动的亲身经历，有如静夜里的一声蝉鸣，让陆澄等人幡然大悟，豁然开朗。几个学生禁不住一揖，齐声说道："老师，我等明白了，在平常安静时能保持定力不是真功夫，在纷乱动荡时能保持定力

才是真本领！"

"可既然如此，为什么古人还要强调'静以修身'呢？"一个学生忍不住再问。

阳明先生略一沉思，缓缓分析说："一阴一阳谓之道。静属阴，动属阳，孤阴不生，独阳不长。我们修行，如果只是一味地喜欢宁静安逸之境，不经历复杂环境的磨炼，那遇事一定会忙乱，是不会有长进的。"

指点江山，激扬文字。

四百年后，伟大的思想家毛泽东在延安的一个小窑洞里对阳明先生的这一心学论点作了更高的、更进一步的提炼、改造、完善和升华。

他在《实践论》中写道："实践、认识、再实践、再认识，这种形式循环往复以至无穷，而实践和认识之每一次的循环的内容，都比较地进到了高一级的程度。这就是辩证唯物论的全部认识论，这就是辩证唯物论的知行统一观。"而这种知行统一观，就是"主观和客观、理论和实践、知和行的历史的统一"。他预言，"世界到了全人类都自觉地改造自己和改造世界的时候，那就是世界的共产主义时代。"

这里的所谓"改造自己"，主要的还是改造自己的心灵、思想和灵魂。改者，改过也，改错也，改丑也，改旧也；造者，造新也，造美也，造大也，造强也。

而那个所谓的共产主义时代，实质上就是每一个人都能够主动地改造自己的思想，改造自己的心灵，把自己的灵魂改造得更加高尚的时代，把这个世界改造得更加美好的时代！

58. 知是行的主意，行是知的功夫；知是行之始，行是知之成

——《王阳明全集·语录一·徐爱录》

今译：良知是行动的主导意向，行动是良知的落实功夫；良知是行动的开始，行动是良知的成果。

如果说，阳明心学是中国古代哲学、古代思想史上的一个大鼎，那么，它的三条鼎足分别是什么呢？

心即理，知行合一，致良知。

如果问，这三者是什么关系，横向关系，纵向关系，还是纵横交错关系？

答案是，纵向关系。如果把阳明心学体系比作一座高高的宝塔，"心即理"是塔基，"知行合一"是登塔的梯子，"致良知"则是塔顶的明珠！

需要澄清的是，"知行合一"这句话，并不是阳明先生首创的，而是明代理学开山大师吴与弼的一个学生谢西山最早提炼的，原话是"知行合一，学之要也"。

吴与弼何许人也？他是江西崇仁人，活了79岁。其一生之轨迹，可以用四句话概括，即一生贫病交加，一生孤独寂寥，一生苦修苦行，一生追逐圣贤。他是中国历史上第一个提出"劳动与读书相结合""教育不能脱离生活"的人。他的一句名言是："人须于贫贱患难上立得脚住，克治粗暴，使心性纯然，上不怨天，下不尤人，物我两忘。"作为其徒孙的王阳明，能在

贵州龙场那种艰苦卓绝的环境中生存下来，不仅没有绝望，反而为自己、为中华文明的觉醒创造了希望，无疑是得益于吴的一些思想和精神的滋养。

大道即人心，万古未尝改。

"龙场悟道"后，阳明先生之所以要高高地举起"知行合一"的思想大旗，主要是针对当时社会的三种弊端而言的。

一种是"先知后行"。关于知与行的哲学关系，历代名典名家多有论述。《尚书》云："非知之难，行之惟难。"《左传》云："非知之实难，将在行之。"荀子云："知之而不行，虽敦必困。"这些论述，实际上都是在知行的"轻重"上着力。而到了宋朝，程颐和朱熹则别出心裁，搞出了一个"先后"论，即"知先行后"，朱熹认为："论先后，知为先；论轻重，行为重"；"知与行，工夫须著并列。知之愈明，则行之愈笃；行之愈笃，则知之愈明"。这种观点，有一定道理，但弊病也明显，用阳明先生的话讲，就是"将知行分作两件事去做，以为必先知了，然后能行。我如今且去讲习讨论做知的工夫，待知得真了，方去做行的工夫。故遂终身不行，亦遂终身不知。此不是小病痛"。实际生活中，朱熹这种"先知后行"的思路，容易培养出赵括、马谡等纸上谈兵式的"书呆子"。

另一种是"知行脱节"。这方面，据阳明先生对徐爱的分析，又分为两种情形：一种是"盲干型"。"懵懵懂懂地任意去做，全不解思维省察，也只是个冥行妄作。"一种是"空想型"。"茫茫荡荡悬空去思索，全不肯着实躬行，也只是个揣摸影响。"

还有一种是"知行背离"。这是最令阳明先生忧虑的。当时整个官场，上至君王、王公大臣，下至蝇头小吏，均出现了严重的人格分裂，"外衣冠而内禽兽"。说的一套、做的一套，当面一套、背后一套，心里一套、行为一套，白天一套、晚上一套，整个社会已沦落到了"不诚无物"的境地。正是在这种情况下，阳明先生以一种前无古人的气魄，揭"知行合一"之教。

阳明先生的"知行合一"，主要包含了两层意思：

第一层意思是，理论与实践的统一。这里的"知"，主要是指知识、理论；行，主要是指实践锻炼。这一点，阳明先生在回答顾东桥的疑问时，作了精当的解释："知之真切笃实处，即是行；行之明觉精察处，即是知；知行功夫本不可离。只因为后世学者把知行分作先后两个阶段用功，把知行的本体丢掉了，我才提出了'知行并进'的看法。"

第二层意思，良知与行为的统一。这里的"知"主要是指良知。知行合一，实质上就是要求良知与行为的统一。这一点，阳明先生在指点他的学生黄直时，阐述得很明白，也很到位。他说："今天，有许多求学之人，只因为把知与行分开来看待，故当心里产生一个念头时，虽然不是善的，但由于还没有行动，也就不去禁止，以至于产生恶果而难以补救。我现在强调'知行合一'，正是要让人晓得，一旦心里有念头产生，便是行动的开始。而一旦发现自己的念头是不善的，就要立即将这个坏念头克倒，而且要根除彻底，决不能让它潜伏在胸中。这，就是我倡导知行合一的宗旨！"

59. 人须有为己之心，方能克己。能克己，方能成己

—— 《王阳明全集·语录一·薛侃录》

今译：一个人必须有完善自我的心态，这样才能在关键时刻克制自己。而能够在关键时刻克制自己，才能最终成全自己。

儒家学说的精义是什么？

"内圣"与"外圣"。

内圣的关键功夫靠什么？

克己！

那是一个秋天的早晨。秋风吹起，片片黄叶漫天飞舞。阳明先生与几个学生在自家花园里品茶论学。

一个叫萧惠的学生愁眉苦脸地对阳明先生说："老师，您教我们修炼'克己'功夫，可是我克来克去，还是去不掉私心私欲，怎么办呢？"阳明先生看了这个老实厚道的学生一眼，淡淡一笑地说："小萧呀，你能够清醒地认识到自己的私心私欲未去，就说明你已经看到了一个真实的自我，也就是你自己讲的'真己'，这是很大的进步呀！我告诉你，一个人要有'克己'功夫，首先是要有'为己'之心。"

"那什么是为己之心呢？"萧惠接着问。

阳明先生微微一笑，说："'为己'这个词，最早见于《论语·宪问》。孔子的原话是，'古之学者为己，今之学者为人'。什么意思呢？就是说，古代人学习，主要是为了完善自己的人格，提高自己的修养，提升自己的道德境界；而现代人学习，主要是为了你讲的那个躯壳的己，那个形式上的我，那个所谓的'臭皮囊'上的我，主要是为了装门面，炫耀给别人看。由此可见，'为己之心'就是锻炼自我、完善自我、提高自我的心。一个人，只有具备了这种心，才会树立起'格物成圣'的远大目标；而只有具备了这种远大的目标，才会具有'克己'的强大动力和坚韧的毅力。到那个时候，只要有一丝贪欲升起，有一丝邪念生发，有一丝恶意冒出，你的心便会像刀割一样、针刺一样，根本就忍耐不过，必须立即去了刀、拔了刺。只有具备了这种真正的'克己'功夫，你们才会真正成就自己。"

呷了一口茶，阳明先生又接着分析说："反之，你们如果不用'克己'功夫，整天只是说空话，那就会陷入一个心盲的境地，既看不见天理为何物，又看不见私欲为何物。你们修炼'克己'功夫，就如人走路一般，走得一段，方认得一段；走到叉路口，有疑便问，问了又走。只有这样，才能渐渐走到自己想到的地方。"

阳明先生的这一精辟分析，让萧惠等学生们顿开茅塞。萧惠深深一揖，说："老师，我明白了！这'为己'之心就好比是出发点，是此岸；'克己'之功夫就好比是桥、是船、是路；'成己'之目标就好比是落脚点，是彼岸。这三者是相互联系的，缺一不可的！"

这个"克己"，用现在通俗的话讲，就是"自我批评"。如何搞好自我批评，毛泽东主席在1945年《论联合政府》一文中作了生动的论述。他说："有无认真的自我批评，也是我们和其他政党互相区别的显著的标志之一。我们曾经说过，房子是应该经常打扫的，不打扫就会积满了灰尘；脸是应该经常洗的，不洗也就会灰尘满面。我们同志的思想，我们党的工作，也会沾染灰尘的，也应该打扫和洗涤。"认真咀嚼毛主席的这段语录，我们就能透彻地明白，所谓"克己"，就是要经常打扫自己心灵、思想上的垃圾与灰尘！

学贵自觉，行贵自觉！

一个人如何才能具备自我批评、认真"克己"的自觉性呢？这就需要有一颗"为己"之心。这个"为己"之心，并不能简单地理解成为自己谋利益之心，而是在为最广大人民谋利益之中，同时成就自己之心！这一点，毛泽东主席论述得更加真切、真诚！他说："以最广大人民的最大利益为出发点的中国共产党人，相信自己的事业是完全合乎正义的，不惜牺牲自己个人的一切，随时准备拿出自己的生命去殉我们的事业，难道还有什么不适合人民需要的思想、观点、意见、办法，舍不得丢掉的吗？难道我们还欢迎任何政治的灰尘、微生物来玷污我们的清洁的面貌和侵蚀我们的健全的肌体吗？无数革命先烈为了人民的利益牺牲了他们的生命，使我们每个活着的人想起他们就心里难过，难道我们还有什么个人利益不能牺牲，还有什么错误不能抛弃吗？"毛主席的这三个"难道"，可谓是语重心长，尽管是针对共产党员讲的，但确实把"克己"必须先树立"为己"之心的道理讲清楚了。

60. 破山中贼易，破心中贼难

——《王阳明全集·文录一·与杨仕德薛尚谦》

今译：要破灭盘踞在山中的贼寇很容易，要破除盘踞在心中的贼寇却很难。

这是阳明先生最广为人知的一句名言。

公元 1517 年正月，阳明先生就任南赣巡抚后，第一位的任务就是剿匪。这句话是他在给一个叫薛侃的学生的信中说的，原话是："破山中贼易，破心中贼难。区区剪除鼠窃，何足为异？若诸贤扫荡心腹之寇，以收廓清平定之功，此诚大丈夫不世之伟绩。"

阳明先生破山中贼，究竟容易到什么程度呢？

阳明先生的一生，总共组织了四次大的战役：

第一次是 1517 年正月至 1518 年三月，阳明先生带领一帮低级文官，指挥一万多民兵，通过三次合围突袭之战，将盘踞在当时江西南安、赣州，福建汀州、漳州，广东南雄、韶州、惠州、潮州及湖南郴州等地一百多个山头的近十万土匪扫荡一清。张廷玉在《明史王守仁传》中作出的高度评价是"守仁所将皆文吏及偏裨小校，平数十年巨寇，远近惊为神"。

第二次是 1519 年七月十三日至二十六日，阳明先生在吉安知府伍文定等人的协助下，用临时拼凑起来的三万多地方保安队，用了 14 天时间，将宁王朱宸濠十万叛军打得落花流水，创造了战争史上的一大奇迹。

第三次是 1527 年十二月，阳明先生用了一封信，兵不血刃，就招抚了卢苏、王受带领的一万七千多叛军，平定了困扰朝廷两年多时间的思、田二州之乱。

第四次是 1528 年七月，阳明先生指挥一万多兵士，用了一个星期的时间，就基本荡平了盘踞在云南、贵州交接处的八寨、断藤峡等地，为害了百余年的数万蛮贼。

由此可见，对阳明先生来说，破除各种山贼、叛贼，实在是易如反掌！难怪清代名相张廷玉发自内心地感叹："终明之世，文臣用兵制胜，未有如守仁者！"

接下来，我们就来分析第二句话，破心中贼为什么难呢？

这第一难，就是搞清楚什么是心中贼。用阳明先生的话讲，就是"好色、好货、好名"等私心杂念；用《黄帝内经》中的话讲，是"怒、恨、怨、恼、烦"等虚邪之气；用佛家的话讲，就是"贪、嗔、痴"三毒；用道家的话讲，就是"令人目盲的'五色'、令人耳聋的'五音'、令人口爽的'五味'、令人心发狂的'驰骋畋猎'、令人行妨的'难得之货'"等。

这第二难，就是破除自己的心中的贼。怎么个破法？阳明先生开出了四个字的药方，即"省察克治"。这个省，就是自省；这个察，就是自查；这个克，就是自制；这个治，就是自治。阳明先生教导，"省察克治之功，则无时而可间，如去盗贼，须有个扫除廓清之意。"怎样才算是扫除廓清呢？阳明先生点拨学生说："平时没有事的时候，不妨将自己内心深处的'好色、好货、好名'等毛病一一搜检出来，一条一条地作自我批判，一定要批判彻底，把病根拔掉，让它不再起来。对自己心中的贼鼠，要像猫一样盯紧，眼睛要时时看着，耳朵要时时听着，发现有一只老鼠蹿出来，就是迅猛地扑上去，死死地抓住它，斩钉截铁地干掉，决不能有丝毫的放纵，决不能有一点姑息。等到抓得没有老鼠可抓时，你的心就达到圣人之心的状态了。"

阳明先生是如何抓自己心中之鼠的呢？

有一个典型的例子可以说明。那是一个春阳暖人、春花醉人的日子，阳明先生与几个学生一边游山玩水，一边探讨学问。当他站在一个山顶上远眺好风景时，突然发现不远处的山坳里有一块田地，面山背水，远看就像观音菩萨的莲花宝座，便情不自禁地发出一声感叹："好一块风水宝地！"一个学生听后，试探性地问了一句："老师，您也喜欢这块地。"阳明先生爽朗地一笑说："好东西谁不喜欢！人有良知，既能知善恶，也能辩美丑，又能明好坏。等我老了，如果能在这个地方搭个棚子，与你们一起讲学修心，那真是人间一大美事啊！只可惜，这块地不是我的！"那个学生笑着说："老师，这块地本来已经是您的了，可惜您没要。您还记得吗？前几天有个老农，因为缺钱用，特意来找您，说要把一块田地卖给您，您没有同意，对他说，'田是你的命根子，你若卖了地，解决了近忧，但将来的日子怎么过呢？'于是，您借给他一笔钱，且没有利息，没有还款期限。那个老农的田地，就是您喜欢的这一块呀。"

阳明先生听后，心中着实有些懊悔……但突然之间，如同一声春雷响彻天地，阳明先生浑身颤抖了一下，心灵深处传来一声严厉的质问："王守仁，难道你的这种懊悔不是由贪欲引起的吗？"阳明先生赶紧找了块石头坐下来，闭上眼睛，调匀呼吸，进入了静思状态。大约过了半炷香的功夫，才缓缓睁开眼睛对惊疑不解的学生说："我刚才的懊悔，就是贪欲泛起的表现啊！不过，已经被我克掉了。社会是个万花筒，各种诱惑实在太多，我们修心成圣的过程，就是与各种私心杂念作斗争的过程啊！切记要随时警惕，随时下克己功夫。"

这第三难，就是破除那些朝廷重臣的心中之贼。对于这个贼的厉害，阳明先生一生深有体会，而且体会得很痛苦、很无奈。可以说，他的一生，是饱受这个贼侵害、打击的一生。他的一生，可以轻而易举地破除山中之贼，也可以历经磨炼破除自己的心中之贼，但唯独对这个贼，只能是无可奈何。这一点，他在《与黄绾书》中写得很深刻："且东南小丑，特疮疥之疾；在朝百辟谗嫉朋比，此则腹心之祸，大为可忧者。"阳明先生一生的两次大劫难，却是被这个贼害的。一次是在平定宁王之乱后，被许泰、江彬等人的"心贼"陷害，几乎是九死一生；还有一次，是平定广西思、田二州之乱后，被桂萼、杨一清等人的"心贼"所中伤，落得个死后遭清算，家破人散。

对这种穷凶极恶的外来之贼，该怎么防范呢？

我们不妨通过阳明先生与学生的一段对话来理解和把握。有一次，一个学生问道："老师，像孔子那样的大圣人，怎么还免除不了各种毁谤呢？"阳明先生淡淡地说："毁谤是外来的，既便是圣人，又如何能免得掉呢？一个人，只要自己坚持克己修身，做个真正的圣贤，纵然有人毁他，又怎么毁得了呢？就像天上的浮云，它可以一时遮住太阳的光芒，但能够永远遮住太阳的光芒吗？因而，面对这种外来之贼的毁谤，最好的办法就是，淡然处之，超然越之！"

61. 人要随才成就，才是其所能为

——《王阳明全集·语录一·陆澄录》

今译：一个人只有依随自己的特长和优势确立奋斗目标，才能有所成就和作为。

天地万物运行的最大诀窍是什么？

一个字："顺"。

这一点，司马迁在《史记·太史公自序》中说得很明白："夫阴阳四时、八位、十二度、二十四节各有教令，顺之者昌，逆之者不死则亡。"古往今来，多少圣贤豪杰，都是谙熟"顺"字诀的人，能够顺应时势、顺应潮流、顺应民心而成就大功大业。

作为万物之灵的人，最宝贵的资源是什么？

一个字："才"。

这个才，是指天生之才，即上天赋予每一个人的天资、天分、天禀等。如有的人天生嗓子好，可当歌唱家；有的人天生听力好，可以干保密通讯工作；有的人天生弹性好、腿长，可以跳高等。

作为大教育家的阳明先生，之所以一再强调要"随才成就"，就是想告诉我们：天道大公，天道均衡，每一个人都是上天生出的人才，每一个人都有一种乃至几种与众不同的特异才质。只要你能够发现并顺从这种优势与特长去发展，你就一定能够有所作为。比如夔这个人，天生具有音乐的天赋，尧舜发挥他的特长，让他做了"乐官"，他才成了古中国的"乐神"。又比如后稷，天生善于种植粮谷作物，尧舜便授予他"农师"的职位，让他成了古中国的"农神"。再比如舜帝爷的弟弟象，早年游手好闲、不务正业，但天生具有游戏的天赋，在被舜发配到有庳后，痛改前非，不仅把有庳一个蛮荒之地搞得富裕兴旺，还利用休息时间发明了"象棋"，为千秋万代之人提供了一种永恒的高雅的智力游戏。象，因此也就"名垂青史"了。

如果有人要问，阳明先生的"随才成就"与孔子的"因材施教"有什么不同呢？

答案很简单，这二者是一枚硬币的两个面。区别在于，阳明先生的随才成就，主要是针对受教育者来说的，属于"自觉"，而孔子的因材施教主要是针对教育者来说的，属于"他觉"。

62. 人到纯乎天理方是圣，金到足色方是精

—— 《王阳明全集·语录一·薛侃录》

今译：一个人修行到了心中纯是天理的境界，才算是圣人；一锭金子锻炼到了百分之百的成色的程度，才算是精金。

什么是圣人？

这个问题，历来是仁者见仁，智者见智。

《传习录》中薛侃记录的这段阳明先生与学生讨论圣人问题的话，堪称经典中的经典。这段不长的话，之所以精彩绝伦，是因为它解决了千百年中国圣学史上的几大疑难问题。

第一个问题，是圣人的标准问题。尽管"圣人"这个词在中国耳熟能详，但要论及具体的标准，却不是太多。

《黄帝内经》提出的圣人标准是："有圣人者，处天地之和，从八风之理，适嗜欲于世俗之间，无恚嗔之心，行不欲离于世，被服章，举不欲观于俗，外不劳形于事，内无思想之患，以自得为功，形体不敝，精神不散，亦可以百数。"这个圣人的标准主要是从身心健康的角度来提的，颇有点逍遥神仙的味道。

老子提出的圣人标准是："圣人后其身而身先，外其身而身存"；"圣人不积，既以为人己愈有，既以与人己愈多"；"圣人为而不恃，成功而弗居也"；"圣人去甚、去奢、去泰"。这个圣人的标准主要是从处世智慧的角度来提的，颇有点山居隐士的味道。

孔子提出的圣人标准是："所谓圣人者，知通乎大道，应变而不穷，能

是真正的英雄，而我们自己则往往是幼稚可笑的，不了解这一点，就不能得到起码的知识。"

第六个问题，怎样才能修炼成圣人？阳明先生开出的"灵丹妙方"是一个字："减"！他告诉学生说："吾辈用功只求日减，不求日增。减得一分人欲，便是复得一分天理。何等轻快脱洒！何等简易！"阳明先生的这一修行之法，直接脱胎于老子"为学日益，为道日损"的观点。在老子看来，"为学"求的是外在的经验知识，但这种经验知识越多，私欲妄见也就层出不穷；"为道"求的是内心的澄澈纯净，功夫修养越深，私欲妄见便越少。而当一个人的心中，私欲被减得干干净净时，天理之光、良知之光也就灿然夺目了！圣人气象也就巍然挺立了！

63. 桀、纣心地如何做得尧、舜事业

——《王阳明全集·语录一·薛侃录》

今译：夏桀和商纣这样的残暴之君的心态，如何能做得出唐尧、虞舜这样的贤德之君的事业。

谁是桀？

桀，史称夏桀，是夏朝最后一个君主。他的本名叫履癸，"桀"是他死后的谥号。夏桀这个人颇有些本事，堪称文武全才。但他性情暴躁，太好色了。在位几十年，整日与妹喜等一帮美女花天酒地。为了满足自己淫乐的欲望，不惜大兴土木，榨尽民脂民膏，导致民心尽失。政治上，他亲小人、远贤人，不惜将关龙逢等一班忠臣无情地打杀，导致官心尽失。最后，他被商

汤和伊尹率兵打败，被流放到南巢，最终死于亭山。

谁是纣？

纣，史称商纣，是商朝最后一个君主。他的本名叫帝辛，"纣"是他死后的谥号。毛泽东主席对他的评价是："其实纣王是个很有本事、能文能武的人。他经营东南，把东夷和中原的统一巩固起来，在历史上是有功的。"但遗憾的是，这个人骄傲自满，听不进不同意见；好酒如命，宠幸一个叫妲己的美女，沉醉于声色犬马，全然忘了百姓的疾苦。尤其是，他杀比干、囚箕子、罢商容等一系列残害忠良的行为，令贤能寒心、奸佞欢心、百姓离心。最后，被周武王和姜子牙抓住机会，乘虚攻取了朝歌，他被迫自焚而亡。

谁是尧？

一谈中国历史，就离不开"三皇五帝"。但究竟什么是"三皇五帝"，各种说法和记载不一。《尚书大传》所认定的"三皇"是：燧人氏、伏羲氏、神农氏。《大戴礼记》所认定的"五帝"是黄帝、颛顼、帝喾、尧、舜。作为"五帝"之一的尧，最突出的功绩和嘉德是：他倡导仁义，虽然当了部落联盟的首领，却不领工资报酬；他促进华夏部落和东夷部落联盟，使长江以北的广大地区得以统一；他命羲和测定推求历法，促进了农耕发展；他设置了敢谏鼓，立起了诽谤木，广开言路，让百姓有了提意见的渠道，算是开启了民主监督的先河；他不传子而传贤，禅位于舜，充分体现了"天下为公"的美德和理念……孔子对他的赞美是："大哉尧之为君也！巍巍乎！唯天为大，唯尧则之。"

谁是舜？

舜，姓姚名重华，字都君。因国名"虞"，又称"虞舜"。尧在考察舜二十八年后，将帝位交给舜。舜接位后，励精图治，取得了丰硕的成果：他是亲民的典范，建立了巡守制度，规定帝王要定期到各地巡视，考核官员、考察民情；他是至孝的典范，尽管他的父亲瞽叟及继母、异母的弟弟象，多次谋害他，但他仍然对父恭顺、对弟慈爱；他是知人善任的典范，任命禹担任司空，用十几年时间，基本治服了天下之水患；任命后稷掌管农业，促进了农业大发展；任命契担任司徒，发展了教育事业；任命皋陶担任法官，开启了以法治国的先河……在舜的努力下，华夏民族由部落联盟逐步迈向了国家制度！孔子对他的赞美是："舜其大知也与！舜好问而好察迩言，隐恶而扬善，执其两端，用其中于民！"

由此可见，以上四个人物中，桀、纣是"恶"的代表性人物，而尧、舜则是"善"的代表性人物，是儒家一贯推崇的"圣贤"的典范，是儒家精神的寄托所在。

阳明先生告诉我们，桀、纣心地做不了尧、舜事业，实质上就是"种瓜得瓜、种豆得豆"这句俗语的反说。你播下瓜的种子，如何能得到豆的产品？你种下豆的苗子，又如何能结出瓜的果实？你心地里满是恶的杂草，又如何能开出善的花朵？你肚子里满是坏水，又如何能浇灌出甜的果实？

64. 大凡看人言语，若先有个意见，便有过当处

——《王阳明全集·语录一·薛侃录》

今译：大凡评价别人的言语观点，如果先入为主，心中先有了成见，便一定会有过分或者失当的地方。

这句话看起来普通，其实极不普通，尤其是要做到极难！

与人谈话，听取意见，探讨问题，最忌讳什么呢？

阳明先生告诉你：最忌搞先入为主！他对管志道等学生说："听别人说

话，听别人发表意见看法，只要你自己心中先有了一个成见或定论，就一定会有过分失当的地方。"

那怎样才能避免或改正这一毛病呢？

阳明先生开出的药方是：正心。在先生看来，人的看视、听觉、言语、行动都是受内心支配的，只要把心放置在一个正常、恰当的位置，这个毛病是可以改过来的。说得再具伩一点，就是要防止三点：

第一，不要起偏心。不偏不倚，谓之中庸。不起偏心，关键是不以自己的好恶看人。不能因为自己喜欢某个人，即便他说得不对，也不作纠正；反之因为讨厌某个人，即便他说得全是对的，也不理不睬，甚至还横加挑剔。

第二，不要起烦心。这方面最关键的，是要修"听德"，让人把话说完。日常生活中，常常因为对某人有成见，或对某种观点有不满，在听人发言时，常常打断别人的话，或随意插话，这都是心无定力的结果。

第三，不要起固执之心。孔子要求自己和学生要力求做到"勿意、勿必、勿固、勿我"。这个"勿意"，就是要求做事不能凭空猜测、主观臆断，一切以事实为依据；这个"勿必"，就是要求看问题、做事情不能绝对肯定或绝对否定，要一分为二；这个"勿固"，就是要求不拘泥固执，尽可能兼听则明；这个"勿我"，就是要求不自以为是，目空一切，尽可能地换位思考，乃至推己及人。

65. 精神、道德、言动，大率收敛为主，发散是不得已。天地人物皆然

——《王阳明全集·语录一·陆澄录》

今译：人的精神、道德、言行，大多以收敛含蓄为主，发散张扬是不得已。天地人物都是这样。

天地人物的基本状态特征是什么呢？

阳明先生告诉你：收敛为主！

天的收敛度是多少呢？据科学分析是90%。因为，宇宙中能看得见的明物质仅占10%；而看不见的暗物质则占了90%。

地的收敛度是多少呢？据科学计算是70%。因为，地球上露出水面的陆地面积仅为29%；而海洋面积则占了71%。

人的一生的收敛度是多少呢？人生百年，除去幼年和老年，真正能用于劳作、创作的黄金时期，也超不过30%；余者，70%属于收敛期。

物的收敛度又是多少呢？以桃、李、梨树等为例，其开花期限短则为一周，多则难超一月。

阳明先生一生的收敛度是多少呢？从他28岁中进士进入官场起，到他58岁逝世，他在官场总共干了30年。而在这30年的时间里，他真正处于重要位置，能够掌实权、干实事的时间，加起来也不过是6年半多一点。这期间包括：在庐陵当县令的8个月，在江西当巡抚、剿匪5年，在广西平叛1年。这一经历的特色，属于典型的收敛多、张显少。

既然天地人物发展的规律如此，阳明先生也就随才点拨说："我儒家修养，最讲究内圣外王。这方面下功夫，要懂得顺应天地规律，即七分内圣，三分外王。用行、藏比例来分析，即应将自家的精神、道德、言行"藏七分"，而关键时刻显露的，则只须"三分"就够了。正所谓，"江上有奇峰，锁在云雾中，寻常看不见，偶尔露峥嵘"。

阳明先生的一生，尽管二十多年时间里是处在闲官、闲职、闲暇的状态，但由于他闲而不丧志，闲而不气馁，因而做到了闲中有学、闲中有悟、闲中有进，一有机会，便展露头角，显露峥嵘！更令人惊奇的是，由于积累得厚，收敛得多，中年以后，先生之心力已修至圆满之境，至此，对先生而言，天下已无难事。再艰巨、再困难的问题，如平定数十年之匪患等，到先生那里，也会变成轻而易举的事；再重大的事件，如议大礼等，到先生那里，也变成了区区小事，轻轻地挥一挥手，便摘下了一片云彩……

66. 攻吾之短者是吾师

——《王阳明全集·语录二·启问道通书》

今译：批评、攻击我的缺点和短处的人是我的老师。

老子说的好："知人者智，自知者明。"什么意思呢？就是能够了解别人的人是智慧的，而能够全面深刻地了解自己，尤其是了解自己缺点的人，才是真正的高明！

一个人如何才能做到"自知者明"呢？阳明先生告诉你：最好的办法是理智宽容地对待别人对你的批评、攻击乃至诽谤，等等。把这个"别人"当作你人生的老师！

阳明先生为什么会有如此一种感悟呢？这一点，与他的人生经历，尤其是宦海风云紧密相关。阳明先生的一生，可以说是饱受攻击、诽谤和非议的一生。当他立下平定宁王叛乱的盖世奇功后，饱受的是江彬、许泰、张忠等奸佞的攻击；当他以菩萨心肠安抚了广西思恩、田州的叛乱后，饱受的是辅臣杨一清、桂萼等人的诽谤；当他为朝臣呕心沥血、最后病死在工作岗位之后，得到的不是朝廷的抚慰和嘉奖，而是被剥夺了一切荣誉，包括世袭的伯爵等。

面对这种外来的馋言谤语，讥风谣雨，阳明先生采取的是两种态度：一种是，你说你的，我坚持我的，我追求我的，"人生达命自洒脱"。一种是，有则改之，无则加勉，把别人的流言蜚语当做警示自己的镜子，反求诸身，深刻自省，使自己的德行更加完美。

而后一种态度，完全可以从他与周道通的书信检讨中体现出来。周道通在信中写道："当今世界，为朱熹的理学和陆九渊的心学谁高谁下、谁是谁非的问题，争辩得面红耳赤的，还大有人在，这实际上是枉费心力。我认为，我们都应该向程明道先生学习。当年，他在同吴涉礼谈论王安石的学问时，就说：'请把我的观点全部告知介甫先生，即使对他没有益处，也一定对我有益处。'这种气度，是何等的从容。可是我做不到，每当我听到有人非议先生的言论、学说时，就会非常生气。怎么办呢？"

阳明先生的回答很真诚："凡是现在攻击非议我的人，如果他能从这种攻击非议中得到好处，那也是对我的一种磨砺切磋，无非是督促我警惕反省，增进品德。随着岁月的流逝，我越来越感觉到，从前那些攻击我的缺点、短处和弱点的人，都是我的老师，既然是我的老师，难道我还会厌恶他吗？"

67. 吾儒养心，未尝离却事物，只顺其天则自然，就是功夫

——《王阳明全集·语录三·钱德洪录》

今译：我们儒家养心，从来不搞空对空，从来不离开具体的生活工作实践，但在基本的理念和方式上，主张顺应天理法则，自然而为，讲究功到自然成。

道家、佛家、儒家，都很看重养心。

但在养心的方式方法上，三家又有很大差别：

道家养心，强调以"静"为主，容易流于寂灭。为了养生，反而易入歧途。

佛家养心，强调以"空"为主，容易流于虚无。用阳明先生的话讲，是"从出离生死苦海上来"，"却要尽绝事物，把心看做幻相，渐入虚寂去了"。这实际上是一种逃避，逃避现实生活，逃避现实责任。

独有儒家养心，强调以"实"为主。强调要在日常生活中养心，在日常工作中养心，在处理具体矛盾中养心，在克服具体困难中养心，在经历非议、诽谤和挫折中养心，在经受屈辱和打击中养心。

这一点，从阳明先生一生的遭遇、遭际可以显现出来。

阳明先生一生，究竟受到了多少挫折和打击呢？

第一次，是到 5 岁时仍不能开口说话，后在一个高僧的点拨下，才解决了这一毛病。

第二次，是 1493 年，22 岁时，参加会试落榜。

第三次，是 1496 年，25 岁时，参加会试又落榜。

第四次，是 1499 年，28 岁时，奉命到浚县负责督造威宁伯王越墓，因坐骑受惊，被摔成重伤，从此落下了吐血的病根。

第五次，是 1506 年，35 岁时，因上《乞宥言官去权奸以章圣德疏》得罪刘瑾，被杖责四十，打入大牢。

第六次，是 1507 年，36 岁时，遭到刘瑾所派刺客的追杀，幸使出奇计脱险。

第七次，是 1508 年，37 岁时，被贬到贵州龙场驿，差点冻死、饿死，和被瘴气毒死。

第八次，是 1509 年，38 岁时，身为庐陵县令，未经上面允许，擅自下令蠲免捐税，差一点被革职问罪。

第九次，是 1517 年二月，46 岁时，由于轻敌冒进，中了土匪的埋伏，中枪受伤，险些被土匪活捉。

第十次，是 1519 年六月，48 岁时，宁王朱宸濠发动叛乱，阳明先生急从丰城赶往吉安，途中险被宁王的叛军擒住。

第十一次，是 1519 年秋天，48 岁时，阳明先生在平定宁王叛乱后，被江彬、许泰、张忠等人诬告有谋反之志，险遭大劫。

第十二次，是 1521 年八月，50 岁时，嘉靖皇帝本想召阳明先生进京，入内阁为相，结果被杨廷和阻挡，又被闲置起来，到南京任兵部尚书。

第十三次，是 1527 年五月，56 岁时，原本在故乡过着以讲学为乐、以游山玩水为主的安逸生活的阳明先生，又成了朝廷几个阁臣斗争的牺牲品，被派往广西平叛。

第十四次，是 1528 年七月，57 岁时，已经疾病缠身且中了热毒的阳明先生向朝廷上疏请求回乡养病，被皇帝和权臣置之不理，以至于在归乡途中成了孤魂一缕。

第十五次，是 1529 年二月，阳明先生已死，在桂萼等人的谗害下，轻率的嘉靖皇帝便停止了阳明先生爵位的世袭，同时将他的心学定为伪学严加禁止。

三十功名尘与土，八千里路云和月。

阳明先生的一生，能经历如此多的坎坷、挫折、打击和屈辱，而依然做到坦易而乐，不怨天、不尤人、不颓废、不沉沦，实在是太难得了！

当然，更难得的，还是他的超人的养心功夫！

68. 圣人不贵前知。祸福之来，虽圣人有所不免。圣人只是知几，遇变而通耳

—— 《王阳明全集·语录三·钱德洪录》

今译：圣人最可贵的本领，并不是预知未来。因为当灾祸和幸运降临时，即便是圣人也难以避免。然圣人最可贵的本事，就是能够审时度势，遭遇变故却能够冷静、理智地随机应变、通达处置。

天有不测风云，人有旦夕祸福。

面对不测风云或旦夕祸福，古往今来，大体有两种处理方式：一是圣人的方式，即物来顺应，冷静对之，通达处之；二是愚人的方式，即张皇失措、气急败坏，率性为之。

阳明先生的一生，可以说是经常面对不测风云和旦夕祸福的一生。尤其是贵州龙场的那三年，用他自己的话形容，是"百难备尝，横逆之加，无月无有"。这其中，最典型的一件事，就是阳明先生一封书信令无理太守"惭

服"的故事。

这个太守，就是当时贵阳的最高长官。他无聊之极，便想通过侮辱王阳明这个贬官以增加自己心中的快感。于是，他派了几个差人去龙场找阳明先生进行无理取闹、无端羞辱。没想到，激起了当地老百姓的公愤，一顿扁担便被打得屁滚尿流。看到被打得鼻青脸肿的差人，太守大怒起来，扬言要以"不服管教、聚众闹事"为由，整死阳明先生。

幸亏当时的贵州按察副使毛应奎是阳明先生的同乡加好友，立即出面为之斡旋。一方面，通过给好处的方式疏通太守，平息其怒气；一方面，则写了一封信劝导阳明先生"服软"。

阳明先生接信后，反复阅读思量，运用自己刚刚领悟的心学艺术，给毛应奎回了一封信。主要内容是：

"昨天，您派人给我送来了一封信，告诉我祸福利害的道理，并要我主动向太守道歉。这一点，如果不是有深厚的情谊，是绝不会关心到这种程度的，真让我感激得不知说什么好啊！太守府的差人到龙场来欺凌侮辱我，这是差人擅自仗势欺人，一定不是太守的本意。龙场的老百姓与差人争斗，这是老百姓愤怒不平，也不是我的本意。既然太守没有丝毫羞辱我的意思，我也没有丝毫对太守傲慢的意思，那又哪有去道歉谢罪的理由呢？像跪拜这种礼节，对我们这种卑微小官来讲，每天行得多了，再多行几次也无所谓，但也不能无缘无故地去找人跪拜啊！"

反复品读阳明先生这段话，你不能不佩服其"高明"的处变智慧。他先是用一个假设，把太守从整个事件中摘了出来，接着又把自己摘了出来。既然不是你我之间的事了，那你太守如非要再做文章，便明摆着是你无事生非了。接着，阳明先生又写了一段柔中寓刚的话：

"我现在住在这个地方，天天都在与瘴疠、虫毒为伍，夜夜都在与妖魔鬼怪游玩，每天都面临死亡的威胁。我还有什么可怕的呢？"

言下之意，对于我这样一个时时都面临死亡威胁的人，再多一点威胁，又算得了什么呢？对于我这样一个已经饱受凌辱的人，再多一点凌辱，又算得了什么呢？

面对阳明先生从信中散发出的强大"心力"，太守惭愧了，退缩了。就这样，阳明先生的生存环境也不知不觉地改善了……

69. 谦者众善之基，傲者众恶之魁

——《王阳明全集·语录三·黄以方录》

今译：谦虚是一切善的基础，骄傲是一切恶的祸首。

人生最容易出现的、最可怕的毛病是什么？

阳明先生告诉你：人生大病，只是一个"傲"字。

他分析道："为人之子，如果骄傲，必定不孝顺；为人之臣，如果骄傲，必定不忠诚；为人之父，如果骄傲，必定不慈爱；为人之友，如果骄傲，必定不守信用。舜的弟弟象和尧的儿子丹朱，之所以不成器，也是因为一个傲字误了一生。"

"先生，那一个人怎样去掉骄傲的大病呢？"一个学生问道。

阳明先生略一沉思，说道："要除去骄傲的毛病，最好的药方便是'无我'。佛家讲，破我成佛，固我成魔。一个人只有冲破了自己的利益小格局，才能进入'无我'状态；而只要达到'无我'的境界，自然也就养就一颗谦虚之心了！"

这方面最经典的故事，就是阳明先生在南昌用"谦让"智退四万京兵。

那是1519年的深秋，尽管阳明先生千方百计予以阻拦，但还是没有拦

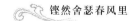
住由江彬、许泰、张忠率领的四万京军开进了南昌城。面对气势汹汹、来者不善的京军，阳明先生没有以硬碰硬，而是采取了以柔克刚的策略：京军占领了巡抚衙门，阳明先生就到江西提刑按察使府住下；京军因水土不服，得痢疾的人逐渐增多，阳明先生便组织医生赶紧配方煎药；天寒地冻，京军没有地方住，阳明先生便动员百姓空出房子以供住宿；京军因为既没有捞到钱，又受了很多苦，借牢骚愤怒抢劫闹事，阳明先生就连夜写了一张告示，告谕军民人等，要将心比心，相互体谅。"念自己不得安宁之苦，即须念诸官军久离乡土、抛弃家室之苦，务敦主客之情，勿怀怨恨之意"；"一应争斗等项词讼，俱宜含忍止息，勿辄告扰，各安受尔命，宁奈尔心"。

就是这份告示中激发出的良知的力量，先是让京军愧疚了，主动地撤出了民宅，不再扰犯百姓了；接着是让百姓宽容了，主动地把军士们请进了房里，喝口热水，吃点野菜稀粥。如此情来礼往，军民倒是慢慢地团结起来了。

一场弥天大灾就这样被阳明先生以谦字诀化解了……

70. 圣人之道坦如大路

——《王阳明全集·语录三·朱子晚年定论》

今译：圣人之道平坦如大路一般。

阳明先生1515年十一月在《朱子晚年定论》中写出的这句话，算是其一生修学实践的精华体悟。

看似寻常最奇崛，成如容易却艰辛。这一精华的取得，是阳明先生从万千曲折中来，从万千磨难中来，从万千斗争中来。

何谓从万千曲折中来？阳明先生在《定论》中作了如下回顾：自己早年曾经迷恋于词章之学；稍后也曾根据父老的要求研习儒家正学，但苦于当时各种学说纷纷纭纭，既让人疲惫不堪，又让人茫然不知；再后来又迷恋于道家、佛家学说，并沾沾自喜，以为圣人之学就在其中了。那个时候，对于孔孟正学，反倒且信且疑了！

何谓从万千磨难中来？阳明先生继续回顾道：后来被贬到龙场后，居住在少数民族地区，每天都处于毒虫、瘴气，以及饥饿、冷冻的考验和威胁之中，对儒家正学才有了更深刻的理解和领悟。这个时候，再把《五经》《四书》的思想观点拿来印证，才感到无比真切、无比亲切、无比贴切，才感到自己有如一朵浪花，真正地融入了江河、流入了大海！

何谓从万千斗争中来？阳明先生叹息：圣人之学原本是非常好学、好懂、好实践的，走上圣人之道，就像是走在平坦的大路一般。但可惜的是，后世的儒生妄自打开了旁门邪道，反而把人引向了荆棘丛中，把人带到坑沟里去了。尤其朱熹在其中年时写的《四书集注》《四书或问》，把很多简单的问题复杂化了，以致"误己误人"。这一点，朱熹在他的晚年也醒悟到了。但遗憾的是，很多的后世儒家却没有看到这一点，"徒守朱子中年未定之说，而不复知求其晚岁既悟之论，竞相哓哓，以乱正学，不自知其已入于异端"。这种情况下，阳明先生欲登高一呼，唤醒世人，没想到还是招到了各种非议和责难。

对此，阳明先生只能以孟子的一句话来鼓励自己了：虽千万人吾往矣！

71. 修己治人，本无二道。政事虽剧，亦皆学问之地

——《王阳明全集·文录一·答徐成之》

今译：修养自己，管理别人，原本就是一个道理。身在官场，行政事务虽然繁剧，也是研习圣学的好地方。

佛家修心，是在寺庙之中；

道家修心，是在道观之中；

而阳明先生修心，则主张不必择地，不必择时。在深山古庙里可以修心，在繁华大街上亦可以修心；在清静幽雅的学院可以修心，在公务繁杂的官场亦可以修心；在川流不息的商旅可以修心，在金戈铁马的战场亦可以修心……

阳明先生在 1511 年写的《答徐成之》的书信中阐述的这一观点，实质上是对当时流行的那种把"举业和圣人之学"对立论调的鲜明反驳。这个徐成之是谁呢？阳明先生为什么会跟他探讨这一观点呢？

从阳明先生的书信分析，徐成之应当是先生的同乡，同时也是先生非常欣赏的一个学生！这一点，从信的开头的三个反问，就可以看出来。"吾乡学者几人，求其笃信好学如吾成之者谁欤？求其喜闻过，忠告善道如吾成之者谁欤？过而莫吾告也，学而莫吾与者，非吾成之之思而谁欤？"从这三个"谁欤"，我们可以看出，在阳明先生的心目中，徐成之是一个踏实诚信、好学深思的人；是一个谦虚忠厚、闻过则喜的人；是一个真诚坦荡、能如实指出别人缺点、能毫无保留地传授别人学问的人。

阳明先生之所以会如此认真地回复这封信，主要是为了帮助徐成之解决思想上的两个毛病：一个是急性病，即徐成之为了尽快增加自己的"进学之功"，把自己搞得"过苦"。对此，阳明先生点拨道，"志道恳切，固是诚意，然急迫求之，则反为私己，不可不察也"。第二个是偏执病，即徐成之也把举业与圣人之学对立起来了，认为参加科举考试、为官从政会影响自己修习圣人之学。对此，阳明先生希望他不为流俗的识见所困，大胆地从书院之门走出来，勇敢地把衙门之地作为自己的学问之地，在日常的政务中提高自己的学问，磨炼自己的良知。

72. 患难忧苦，莫非实学。横逆之加，最是动心忍性砥砺切磋之地

——《王阳明全集·文录一·寄希渊·三/四》

今译：患难忧苦的遭遇，莫不是夯实圣学功夫的大好时机；横流逆行的困境，莫不是磨炼心性、锻炼意志、研讨学问的最好地方。

这一句话，出自阳明先生《寄希渊》的书信中。只不过，前半句是1513年写的，后半句是1519年写的。

写前半句时，阳明先生大约是想起了孔子，想起了他的那一句话，"德之不修，学之不讲，是吾忧也"。阳明当时的"吾忧"又是什么呢？其一，是有志于弘扬圣人之学的人太少，茫茫人海中，找不到几个志同道合的人。其二，是即便有那么几个想弘扬圣人之学的人，但因为得不到明师指点，找

不到良友交流，只是一味地盲目用功、霸蛮用力，结果呢，是一辈子辛勤劳苦却毫无所获，真是让人悲哀啊！

写后半句时，阳明先生大约是想起了孟子，想起了他的那一段名言，"天将降大任于斯人也，必先苦其心志、劳其筋骨、饿其体肤，空乏其身"，想起了贵州龙场那一段谪贬岁月，当时的那个苦呀，真是苦不堪言。但十几年后再次回首这段岁月，回味这一段的经历，却又是何等的令人自豪和自胜啊！

那孤独、那寂寞，不正是提增了自己的静心之力吗？

那饥饿、那寒暑，不正是提增了自己的耐心之力吗？

那毒虫、那瘴气，不正是提增了自己的信心之力吗？

那冷眼、那欺凌，不正是提增了自己的忍心之力吗？

那思考、那彻悟，不正是提增了自己的炼心之力吗？

那劳动、那改造，不正是提增了自己的强心之力吗？

那教书、那育人，不正是提增了自己的乐心之力吗？

唉！没有当初的非常磨炼，又何来今天的非凡心力！

每当阳明先生将自己的心绪从龙场的悠悠岁月中漫步走出，他就有一种莫名的冲动，他就想告诉世上一切有志之人：不要怕苦，不要怕辱，不要怕累，不要怕痛，这天道永恒是一种平衡！你从前吃了多少的苦，就为你今后铺了多长的路！

73. 本心之明，皎如白日，无有有过而不自知者，但患不能改耳。人孰无过？改之为贵

——《王阳明全集·文录一·寄诸弟》

今译：人的本心是非常光明的，就像那大晴天的太阳一样，能够照亮一切；一个人有了过错，没有自己的心不知道的，但就怕不能悔改。人，谁能够保证没有过错呢？能够勇于改正就是最可贵的了。

1518 年，对阳明先生来说，应当是其官场生涯中比较幸福和乐的一年。

这一年的三月，他指挥精锐"民兵"，彻底扫荡了广东三浰的土匪。至此，历时一年零三个月的剿匪工作全面结束，算是给朝廷交上了一份圆满的答卷。之后，他便把工作重心转移到了教育和民生工作。他把书院看成了中华文脉传承的重要载体，看成了心学传播的主要阵地，通过多渠道筹措资金，一鼓作气修复和新建了好几座书院，如赣州的义泉书院、正蒙书院、富安书院、镇宁书院、龙池书院，等等。

这一年，他不厌其烦地给来自各方的向其请教心学的同志、同事、同乡和学生以及晚辈回信，向他们阐释心学、传授心学。上述的这几句话，就是他在给几个弟弟的回信中写的。这封《寄诸弟》的信，其核心内容就是教导弟弟们如何勇于改过、善于改过，堪称一篇经典的"改过论"！

这封信，不仅说理透彻明白，而且引经据典，文采洋溢，我们不妨反复地品味和咀嚼，以吸取其中的精华，掌握其中的精要，践行其中的精知。

天地生人，都有一个本心。人的本心的光明，就像那大晴天的太阳，光

芒四射，照亮一切。因而，一个人如果犯了过错或过失，他（她）自己的本心没有不知道的，但可怕的是，明知有过错而不能主动改正。

改过很难吗？人只要一端正自己的心念，就能改正过错；改正了过错，当即就得到本心。人，谁能没有过错呢？能够改正就是最可宝贵的了。

春秋时期卫国的蘧（qú）伯玉，那是一个真正的大贤人啊，他还说，"欲寡其过而未能"！

成汤、孔子，那是真正的大圣人啊，他们也感叹，"改过不吝，可以无大过"！

人非尧舜，安能无过。这是自古以来一贯的说法，根本就没有理解尧舜的本真之意。假如尧舜自以为是，认为自己永远不会犯错误，那他们就成不了万世圣人了。尧舜亲授的心法口诀"人心惟危，道心惟微，惟精惟一，允执厥中"，不就是意识到了人心的危险倾向吗，而且这种危险是具有普遍性的。

危即是过的意思，只有自己兢兢业业，不断提升"精一"功夫，才能达到"允执厥中"的境界而避免过错。由此可见，古代的圣贤，都是时时能够发现自己的缺点过错而及时加以改之，这样才能避免大的过错，并不是他们的心与常人有什么不同也。《中庸》讲的"戒慎不睹，恐惧不闻"，就是时时能发现自己过错的功夫。

近年来，我已经切实感到需要在这方面用力下功夫，但是，因为过去的积习太重，痼疾太深，克制改正起来困难还真是很大！有鉴于此，我预先向你们提出警示，一定要注意防患于未然。千万不要像我一样，等到习惯养成了，再去改正、再去克制就太难了！

透过阳明先生这段情真意切的话语，我们不难归纳以下几点：

（一）每个人的心中都有过错的基因；

（二）这种基因只要一遇合适的时机和境况，便会诱发出来；

（三）每个人的心中都有一面"心镜"，能随时映照出自己的过错；

（四）有志者，对于"心镜"反映出的过错，能勇猛及时地改正；无志者，对于"心镜"反映出的过错，或视而不见，或听之任之，最终是小过变成大错，悔之晚矣！

74. 道之不明，皆由吾辈明之于口而不明之于身，是以徒腾颊舌，未能不言而信

——《王阳明全集·文录二·与朱守忠》

今译: 圣人之道，之所以难以彰明，都是因为我辈等人口是心非，嘴上说得好听，却不去身体力行。这样下去的结果，只能是徒费口舌，不可能达到不言而信的效果。

践行知行合一，历来有三种情形：

第一种，是既不明之于口，也不明之于身；

第二种，是虽然明之于口，但不明之于身；

第三种，是既明之于口，也明之于身。

三种情形中，危害最大、最令人深恶痛绝的是第二种情形。因为在这种情形之下，圣人之学的"诚"字会荡然无存，代之而起的，是口是心非，是阳奉阴违，是伪装伪善，是道貌岸然……这一点，他在同年写给席元山的信中，也谈到了："大抵此学之不明，皆由吾人入耳出口，未尝诚诸其心身。譬之谈饮说食，何由见得醉饱之实乎？"

世上没有无缘无故的爱，也没有无缘无故的恨，更没有无缘无故的叹！阳明先生在写给朱守忠的信中，为什么会发出如此一声长叹呢？我们不妨分

析一下他写信时的背景。

阳明先生写这封信的时间，应当是 1521 年七月；

阳明先生写这封信的地点，应当是在江西省玉山县境内；

阳明先生写这封信时的境况，应当是他已卸任江西巡抚，戴着南京兵部尚书的虚衔回乡休假。

阳明先生写这封信时的心情，应当是非常复杂、百感交集的……

其一，是他的心情很失落。新登基的嘉靖皇帝为平衡朝局，打破首辅杨廷和独揽朝政大权的局面，于六月十六日下了一道圣旨，告诉阳明先生，"尔昔能剿平乱贼，安静地方，朝廷新政之初，特兹召用"。说真的，接到这道圣旨，阳明先生确实兴奋了，自己终于有机会进入最高决策层，终于有机会"借君行道"，一展自己兼济天下之志了！历史不能假设，假设阳明先生此行真的成功了，大明王朝这个烂摊子或许会很快地收拾好，恐怕也就轮不到后来的张居正费心费力了。但遗恨的是，由于杨廷和、费宏等人搞拉帮结派，武大郎开店，找了一堆莫须有的理由，硬生生地将阳明先生阻拦住了。面对这种戏剧性的变化，阳明先生难免有些失落，既为自己遗憾，又为大明王朝的百姓遗憾！

其二，是他的心情很洒脱。幸亏自龙场悟道之后，阳明先生就一直为自己准备了两条路：一条是做朝廷的官，拿朝廷的俸禄，借助朝廷提供的平台，为老百姓造现实之福；一条是通过自己创建"讲学"平台，将良知之学传播于天下，为民族、为百姓造长久的心灵之福。既然第一条路的机会稍纵即逝，那自己就一心一意走第二条路好了。再说，自己早已认识到，仕途是个烂泥坑，朝廷更是烂泥坑中的臭泥坑，又何必去自讨苦吃呢？这种心情，在他的诗中都体现出来了："世故渐改涉，遇坎稍无馁"；"丈夫落落掀天地，岂顾束缚如穷囚"；"百战归来白发新，青山从此作闲人"。

其三，是他的心情很阔落。他并未因这种戏剧性的变化而气恼，但他对这种戏剧性变化发生的原因却作了深入解剖。就嘉靖皇帝而言，他想到启用自己，并不是"良知"的闪耀，而是"私欲"的闪烁；他并不是想要自己为国家、为百姓谋实实在在的福祉，而是想要自己去帮助他与杨廷和等争权夺利。从"公"出发，必然光明正大，理直气壮，迎难而进；从"私"出发，必然苟且蝇营，遇难而退。

就杨廷和而言，尽管他在明朝各代的首辅中算是优秀的，尤其是在正德皇帝长期不理朝政、荒唐游乐的岁月里，杨廷和小心翼翼地把持好朝政，确实赢得了朝廷上下的一致认同。但杨廷和的圣贤功夫毕竟没有修到家，"宰相肚里能撑船"，杨廷和的肚子里还是容不下阳明先生这艘"巨舰"。对此阳明先生看得非常明白，非常透彻，自然也就非常淡定了。正如他在《啾啾吟》中所言："用之则行舍即休，此身浩荡浮虚舟。"

75. 眼前路径须放开阔，才好容人来往，若太拘窄，恐自己亦无展足之地矣

——《王阳明全集·文录二·答刘内重》

今译：一个人，选择人生道路，确立办事思路，都必须尽量放得开阔一些，这样才好容得别人来往进出；如果太过于拘束狭窄了，恐怕连自己最后也没有立足和发展之地了。

1525 年，也就是阳明先生归隐后的第四个年头，他在《答刘内重》的书信中总结出的这句话，真可谓是老成之言！

一个人，如何才能将自己前方的道路拓展得宽阔些、再宽阔些，既容得了别人自由来往，也容得下自己左右回旋呢？

阳明先生在这封信中开出了药方，即"谦虚其心，宏大其量，去人我之见，绝意必之私"。

这一感悟，与孔子的"四勿"是相通的。孔子的"勿意"，就是告诫人们，做事不要凭主观臆断，妄自猜测；孔子的"勿必"，就是告诫人们，看问题、办事情，不能绝对，要一分为二；孔子的"勿固"，就是告诫人们，做人做事不能一味地拘泥固执；孔子的"勿我"，就是告诫人们，在日常生活和工作中不要自以为是。

能坚持做到"四勿"，自然可以谦虚其心，宏大其量；自然可以保证自己眼前路径的开阔！

阳明先生的这一悟，用一句话概括，就是"给别人以出路，即给自己以进路"；用一件具体的事情来印证，就是平定广西思恩、田州之乱。这一点，我们只要品读一下阳明先生于 1527 年十二月一日给朝廷上的《赴任谢恩遂陈肤见疏》就可以了然于胸了。

从这道疏中，我们可以看到，阳明先生在解决复杂难题上的极高明之处：

（一）凡事先作周密调查。自九月八日带病从家乡起程后，阳明先生一路上就没有闲着，"沿途涉历，访诸士夫之论，询诸行旅之口"，通过各种途径搜集资料信息，进行深入调查。在十一月二十日到达梧州时，已将思恩、田州之乱的原因、现状搞得清清楚楚，并渐渐形成了一套与朝廷力主"剿杀"的完全不同的解决方略。

（二）凡事先分清首恶和胁从。通过调查，阳明先生明确告诉朝廷，思、田之乱的首恶是岑猛父子及其少数党恶，卢受、王苏及其他们带领的"万余之众"，"固皆无罪之人也"。既然岑猛父子及其党恶已经被诛杀了，绝大多数的胁从者则可以宽恕。

（三）凡事先分清矛盾性质。阳明先生认为，卢受、王苏二人不同于土匪贼寇，他们既不"攻城堡、掠乡村"，也不"虏财物、杀良民"，他们既无害民之实，也无叛朝廷之心。他们现在之所以抗拒官兵，不过是"畏罪逃死，苟为自全之计"。因而，对他们的行动性质，不能简单地定为"反革命"，而应当归属于人民内部矛盾。

（四）凡事先要预计后果。阳明先生指出，如果按照朝廷某些大员的既定方针，那就一定要"多调军兵、多伤士卒、多杀无罪、多费粮饷"，最终的结果只能是"兵连祸结，征发益多，财馈益殚，民困益深，无罪之民，死者十已六七"。如此，"非国家之福，生民之庇"也！

（五）凡事必须给人出路。阳明先生分析：现在朝廷的数万官兵与卢苏、王受率领的一万多民兵已经相持了三个多月，结果如何呢？我官兵人数虽多，斗志却日益懈怠；卢、王一方人数虽少，斗志却日益锋锐。造成这种情况的主要原因就是，我们没有给人以活路，"四面防守太密，是乃投之无所往，而示之以必不活"。这样，反倒逼得卢王等人"并心协力，坚其必死之志，以抗我师"。针对这种状况，阳明先生明确向朝廷提出，要"释此二酋者之罪，开其自新之路"。

（六）凡事必须站在人民大众的立场。阳明先生一生行事，从来不虎头蛇尾，也从来不治标不治本。在这道奏疏中，除了坚持自己以"抚"为主的方略外，阳明先生还强烈要求朝廷废除广西的"流官"制度。从元朝开始，在少数民族地区实行土司制度，即通过任用少数民族首领管理少数民族。从明朝永乐时期开始，在贵州实行"改土归流"，即废除土司世袭制度，由朝廷派流官直接管理地方。阳明先生通过调查认为，朝廷在思、田二州实行"改土归流"，是"徒有虚名而反受实祸"。他举例说："思恩自设流官以来，十八九年之间，反者五六起，前后征剿，曾无休息，不知调集军兵若干，杀伤良民若干。"针对那种认为"既设流官而复去之，则有更改之嫌"、影响朝廷威信的议论，阳明先生更是痛加反驳："宁使一方之民久罹涂炭，而不敢明为朝廷一言"，这种"宁负朝廷而不敢犯众议"的顾忌，实质上就是"人臣之不忠也"！为此，他真诚地坦露自己的心志和决心："苟利于国而庇于民，死且为之矣，而何人言物议之足计乎！"

76. 凡人言语正到快意时，便截然能忍默得；意气正到发扬时，便翕然能收敛得；愤怒嗜欲正到腾沸时，便廓然能消化得。此非天下之大勇者不能也

——《王阳明全集·文录三·与黄宗贤》

今译：一个真正有大勇大智的人，应当是这个样子的：当言语正好到了快意无阻、口无遮拦的时刻，便能够果断地忍住沉默下来；当意气正好到了勃发飞扬的时刻，便能够突然地收敛起来；当愤怒和嗜欲正好到了沸腾翻滚的时刻，便能够悄然地消化掉了。这一点，非具有天下之大勇之人不能够做到。

何谓天下之大勇者？

苏东坡先生在《留侯论》中回答说："天下有大勇者，卒然临之而不惊，无故加之而不怒"，"匹夫见辱，拔剑而起，挺身而斗，此不足为勇也"。

阳明先生在 1527 年写给黄绾的一封信中给出了答案，能够约束自己的嘴巴和情绪，达到"三然"（截然、翕然、廓然）境界的人，就是天下大勇之人。

那如何才能成为这样一个大勇者呢？

阳明先生点拨说：主要靠两条。一条是用良知来约束和规范自己的言行。他告诫，"今人多以言语不能屈服得人为耻，意气不能陵轧得人为耻，愤怒嗜欲不能直意任情人得为耻，殊不知此数病者，皆是蔽塞自己良知之事，正君子之所宜深耻者。"对此，他要求学生们要耻所当耻，万不能以耻为荣。即以口若悬河、一吐为快为荣；以意气飞扬、盛气凌人为荣；以怒发冲冠、嗜欲无度为荣。

第二条是依靠朋友的提醒规谏来约束和纠正自己的言行。阳明先生指出，"人在仕途，比之退处山林时，其功夫之难十倍"。什么意思呢？就是人在官场修行，比起躲到 深山老林修行，要艰难十倍以上。其原因在于，人在官场，所受到的名、权、利、色等各种诱惑，要比在深山古庙里多得多。在这种情况下，如果没有好朋友的时刻提醒警示，很容易被拉下水，甚至在不知不觉中便随波逐流，掉进了迷魂阵。针对这种危险的倾向，阳明先生指点，一定要与志同道合的朋友事先作个约定，"彼此但见微有动气处，即须提起致良知话头，互相规切"。

由此亦可见，最好的修行场所还是在红尘。凡能以"官场"作为修行之地的人，当是意志最坚强者；凡能以商场、学场等作为修行之地的人，当是意志较强者；而那些逃避现实、躲到深山老林进行修行的人，则往往是意志薄弱的人。

77. 若自身病痛未能除得，何以能疗得天下之病

——《王阳明全集·文录三·与黄宗贤》

今译：如果连自身的缺点毛病都不能够改正根除，那又如何能够医治好天下国家的疾病呢？

1527年，阳明先生在《与黄宗贤》书中写下的这句话，堪称是阳明心学中最为凝重、最具使命感的一句话！

全面、深入地理解这句话的内涵，需要我们先明白三个问题：

第一个问题是，阳明先生真正的理想抱负是什么？

是追逐隐逸，还是向往禅心？是热衷讲学，还是痴迷仙道？这些东西，其实都是表象。阳明先生一生，真正的理想抱负、真正的宏图目标、真正的价值追求，就是他在这封书信中写出的四个字——康济天下！在他看来，如"真能以天地万物为一体，实康济得天下，挽回三代之治，方是不负如此圣明之君，方能报得如此知遇，不枉了因此一大事来出世一遭也"。这里，所谓的"圣明之君"，所谓的"如此知遇"，都是言不由衷的客套话，而唯有"不枉了因此一大事来出世一遭"才是其真正的人生观和价值观的体现。人生为一大事来，在阳明先生心中，人来到这个世上，真正的一件大事就是康济天下，造福苍生。

第二个问题是，阳明先生对时局真正的看法是什么？

是盲目乐观，还是消极悲观？是上演皇帝的新衣，还是坦然面对？在

这封书信里，阳明先生作出客观的评判，"今天下事势，如沈痼积痿"！言下之意，就是当时的大明王朝，已经病入膏肓，痿疲难振了。

第三个问题是，阳明先生对身处官场的学生真正的希望是什么？

国家病重如此，谁来承担起"起死回生"的大任呢？阳明先生希望黄绾等人，能以"古之大臣"为榜样，勇敢地担当起"疗天下之病"的重任。过去的这个"古之大臣"，实质上是一个理想主义的概念，是集良臣、忠臣、贤臣、能臣、诤臣、廉臣于一体的完美形象的综合，既有大德，又有雄才；既能攻坚克难、力挽狂澜，又不骄傲自满、居功争宠；既以慧眼识人、广荐贤才，又不拉派结帮、搞团团伙伙，等等。阳明先生心中的古之大臣，则是一个实事求是的概念，"更不称他有甚知谋才略，只是一个断断无他技，休休如有容而已"。阳明先生关于古之大臣的这一标准，直接的来源便是《尚书·秦誓》，原话是："如有一介臣，断断猗，无他技，其心休休焉，其如有容。人之有技，若已有之；人之彦圣，其心好之，不啻（chì）若自其口出，是能容之。以保我子孙黎民，亦职有利哉。"

几千年前的白话文，到今天也变成了"天文"。如何理解好这段"天文"，我们只需搞懂几个关键词就可以了。

何谓"介臣"，就是耿介方刚直爽的大臣。

何谓"断断"，就是说话坦荡干脆，不遮遮掩掩。

何谓"无他技"，就是没有其他专长。

何谓"其心休休"，就是心地善良，心思纯正。

何谓"其如有容"，就是真诚地接纳他、亲近他。

何谓"若已有之"，就是看到别人有一技之长，就好像自己拥有一样高兴。

何谓"其心好之"，就是看到别人有优秀的品德、卓越的能力，就会发自内心地仰慕之。

由此上述，我们可以得出，这样的"古之大臣"，其突出特点就是胸怀特别宽广、气量特别宽宏、心地特别光明。

也只有这样的大臣，才能集聚天下之英才为国家效力；也只有这样的大臣，才能"以保我子孙黎民"。

遗憾的是，大明王朝没有这样的幸运。就是在阳明先生所处的正德、嘉靖朝代，除了王琼有古大臣之风外，其余如杨廷和、杨一清等，虽称得上一代能臣，但胸怀都太狭窄，妒贤嫉能之病症时有发作，至于如桂萼、张璁(cōng)两个投机分子，那就连大臣的"大"字都当不起了，充其量只能算作"幸臣"了。

这是大明王朝的悲剧，也是阳明先生一生坎坷的悲剧性根源所在。因为他遇到的朝中大臣，都是"人之有技，冒嫉以恶之；人之彦圣而违之，俾(bǐ)不达，是不能容"之人！

78. 功夫只是要简易真切。愈真切愈简易，愈简易愈真切

——《王阳明全集·文录三·寄安福诸同志》

今译：学问修养功夫，一定要简单容易，真实确切。越是真切的东西，就越是简易；越是简易的东西，就越是真切。

王国维说得好，古往今来，凡成就大事业、大学问，都经历了三种境界。

第一境界：昨夜西风凋碧树，独上高楼，望尽天涯路。

第二境界：衣带渐宽终不悔，为伊消得人憔悴。

第三境界：众里寻他千百度，蓦然回首，那人却在灯火阑珊处。

阳明先生成就心学，也经历了这样的三种境界。

第一境界，应当从他 13 岁与老师探讨"何为人生第一等事"算起，一直到 34 岁被贬谪龙场之前为止。这二十多年的时间里，他为了追求圣学的真谛，就像一头初生的牛犊，四处闯荡，寻觅草食。他闯进过道家的草场，试图由仙入圣；他闯进过佛家的园林，试图由禅入圣；他徘徊于尼山脚下、泗水河边，试图从《论语》《大学》《中庸》中寻找成圣的秘诀；他来往于山东邹城和福建南溪书院，试图从《孟子》《四书章句集注》中找到成圣的法宝，等等。总而言之，这一阶段，对阳明先生来说，是从无到有、从简入繁、从贫乏到渊博的阶段。

第二境界，应当从 1507 年龙场悟道算起，到 1519 年平定宁王之乱为止。在这十几年的时间里，阳明先生经历了人世间最大的苦痛和磨难，如死亡威胁、寂寞煎熬、劣官凌辱、疾病纠缠，等等。在这十几年的时间里，阳明先生也享受了人世间最大的辉煌与荣光，如一年之内连升两级、突然之间获得巡抚重任、一年时间平定南赣十几年匪患、一个多月时间平定宁王惊天之乱，等等。这一阶段，对阳明先生来说，是用实践印证理论、用苦难磨砺心力、用至简之道来应对复杂矛盾和斗争的阶段。

第三境界，应当是从平定宁王叛乱后，应对正德皇帝的任性与昏庸，应对江彬、许泰、张忠等奸佞的陷害与屈辱算起，一直到在江西大余县青龙铺驾鹤仙游为止。在这十年的时间里，阳明先生大多数是处于一种"千秋邈矣独留我，百战归来再读书"的状态。面对日沉日出，面对花开花落，面对宦海风云变幻，面对仕途荣辱升迁……阳明先生对一切世事都洞明于心了。这个时候，在阳明先生的心中，是繁华尽去，浮云尽去，独留下一轮"良知"的太阳，高高地悬挂于心空之上。这一阶段，对阳明先生来说，是千淘万漉虽辛苦，吹尽狂沙始到金。这个淘金的过程，就是一个删繁就简、去伪存真的过程，就是一个得到真理、独信良知的过程。

79. 心端则体正；心敬则容肃；心平则气舒；心专则视审；心通故时而理；心纯故让而恪；心宏故胜而不张，负而不驰。七者备而君子之德成

——《王阳明全集·文录四·观德亭记》

今译：内心端正，身体自然就会正直；内心恭敬，神情自然就会严肃；内心平静，呼吸自然就会舒畅；内心专注，视力自然就会清晰；内心通达，遇事自然能够临机处置；内心纯朴，处世自然能够谦虚礼让，遵规守纪；内心宽宏，自然能够做到胜而不骄、败而不馁。这七心具备，君子的道德就算修成了。

正德十四年，也就是1518年，是阳明先生仕途生涯中难得的轻松闲雅的一年。

这一年，他在彻底扫荡了南赣的"山中贼"后，便开始了他最为向往的"破心贼"事业，也就是大兴教育、化净民俗。他先是带头在赣州城里兴建了义泉书院、正蒙书院、富安书院、镇宁书院等，而后又要求各县大力兴办教育。这篇《观德亭记》就是时任龙南县教谕缪铭在奉阳明先生之命令修建好县学后，特请其写的一篇叙记。

在这篇叙记中，阳明先生解决了儒家修己治人的一个大问题，即如何"正心"的问题。

作为四书之一的《大学》，之所以能由《小戴礼记》中的一篇散文而一

跃成为与《中庸》《孟子》和《论语》等并驾齐趋的经典，其主要原因在于，它明确了儒家修身的"八条目"，即格物、致知、诚意、正心、修身、齐家、治国、平天下。这里面，格除物欲、以致良知、诚纯意念，是"正心"的前提；修养身神、管好家庭、治理国家、平定天下，是"正心"的结果。

由此可见，在"八条目"中，正心是关键之关键！

那如何才能正心呢？阳明先生在《观德亭记》中，提出了七字要诀：

一是正。心思、心念端正，胸膛自然会挺起，腰杆自然会挺起。

二是敬。心存敬畏，能够畏天命、畏大人、畏圣人之言；畏国家、畏民族、畏人民、畏法纪，自然会神情严肃，神态端庄。

三是平。心态平和，不争名、不争权、不争利，凡事顺其自然，自然会心气舒畅，心态平静。平和的力量到底有多大呢？按照大卫·霍金斯的"能量级别论"，正的能量层级分为九级，其中：

一级为勇气，能量数为 200；

二级为淡定，能量数为 250；

三级为主动，能量数为 310；

四级为宽容，能量数为 350；

五级为明智，能量数为 400；

六级为爱，能量数为 500；

七级为喜悦，能量数为 540；

八级为平和，能量数为 600；

九级为开悟，能量数为 700—1000。而当一个人的修行到了"平和"之境，实质上也就进入了一种通灵状态。

四是专。心意专注，一旦选定目标，便不再三心二意，自然就能够精力集中，自然就能够视力精准。就像阳明先生在这篇叙记的开头所说的那样，射箭就是射心，只有心力专注，才能射中靶心。

五是通。心境通达，自然畅行无阻。遇到各种事情，不管是大事还是小事，难事还是易事，都能随机应变，恰当处理。

六是纯。心地纯洁，心机纯朴，为人处事自会谦虚谨慎，恪守规纪，达到一种随心所欲而不逾矩的境界。

七是宏。心志笃定，心襟开阔，心怀高远，心之格局自然宏大，既不会因一时之胜利而骄傲自得，也不会因一时之失利而心灰意冷。

阳明先生认为，君子的心能够修到如此程度，就算是达到"大德"之境了！

而一旦达到了这种大德之境，实质上也就算是达到了近代物理学所描绘的最高的"正能量层级"。至此，才能抵御和消化所有的"负能量"，如骄傲、愤怒、欲望、恐惧、悲伤、冷淡、内疚、羞愧等。

中国历来有一句话，叫"邪不压正"。但至今为止，这句话仍被许多人所怀疑。而量子力学却充分证明：宇宙中造化的能量永远是正性的，负面能量来自人类自己的意念。故相比之下，正性能量比负性能量强千万倍。因此量子物理学得出：越使用正面的能量与信念，能量越强大，遇到的困难也就越容易解决！

80. 常快活便是功夫

——《王阳明全集·语录三·陈九川录》

今译：常常保持快活，就是真功夫。

这句话，是陈九川在虔州生病疗养时，阳明先生送给他的去痛良方。

从这里，我们可以看出，阳明心学是一门乐观哲学，而非悲观哲学；阳明先生是一个乐观主义者，而非悲观主义者。尽管，他的人生经历了太多的磨难、太多的病痛、太多的屈辱。

在阳明先生看来，一个人，修习圣人之学，主要应实现两个目标：

一是，使更多的人快乐，此之谓大快乐；二是让自己快乐，此之谓小快乐。

至于获得快乐的途径，大体也有两条：

一条是，向外求，即到名、利、权、位、色中去求；一条是，向内求，即在良知上着功夫，通过坚守良知、光明良知去求。

令人惊奇的是，阳明先生关于快乐的思想，不仅与《礼记·乐记》一脉相承。如"生民之道，乐为大焉"，"乐也者，动于内者也"，"乐则安，安则久，久则天，天则神"，等等，而且，与当代以色列著名作家尤瓦尔·赫拉利写的《未来简史》中的观点如出一辙。

如，关于人的目标。赫拉利认为，"在 21 世纪，人类很有可能真要转向长生不死的目标"。这个第一目标的树立，实质上也是庄严宣告"人的生命是宇宙中最珍贵的东西"。至于人类未来的第二目标，赫拉利认为，可能是要找出幸福快乐的关键。

又如，关于快乐的境界。赫拉利认为："历史上已有无数思想家、先知和一般大众认为，所谓的'至善'与其说是拥有生命本身，还不如说是能够幸福快乐"；"18 世纪末的英国哲学家边沁主张，所谓至善就是'为最多人带来最大的快乐'，并认为国家、市场和科学界唯一值得追寻的目标就是提升全球的快乐"。

再如，关于快乐的源泉。赫拉利认为："幸福快乐的玻璃天花板有两大支柱，分别属于心理和生物层面"，"在心理层面，快乐与否要看你的期望如何，而非客观条件"；"从生物层面来说，不管是期望还是幸福感，其实都是由生化机制控制的，而不是由什么经济、社会和政治局势决定的"；"根据生命科学的说法，快乐和痛苦只不过是身体各种感觉的总和。愉悦或痛苦从来

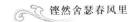

就不是对外在世界事件的反应，而是对自己体内感觉的反应"。

最后，关于快乐和快感的区别。快乐来自于内心，是长久的；快感来自于感官，是短暂的。在《未来简史》中，赫拉利是这样描述的："我越渴望这些快感，就会变得更加压力重重、无法满足。想得到真正的幸福快乐，人类该做的并非加速，而是放慢追求快感的脚步。"这方面，赫拉利认同佛教的看法，即"追求快感正是痛苦的根源"；赞同佛教的建议，即"减少对快感的渴望，不让渴望控制我们的生活"；主张践行佛教的方法，即"我们可以训练心灵，仔细观察各种感觉是如何产生以及如何消逝的。只要心灵学会看透这些感觉的本质，我们就不再有兴趣追求快感"。

81. 扩大公无我之仁，明改过不吝之勇

——《王阳明全集·别录一·乞宥言官去权奸以章圣德疏》

今译：扩充大公无我的仁德，彰明自己坚决改正错误的勇气。

曹雪芹评价自己所写的《红楼梦》，是"字字看来皆是血，十年辛苦不寻常"。

多少年后，后人品读阳明先生的《乞宥言官去权奸以章圣德疏》，恐怕也是深有同感！

公元 1505 年，对大明王朝来说，确实是多事之秋。

这一年，明孝宗朱祐樘暴病而死，太子朱厚照继承皇位，年号正德。

这一年，正德皇帝为了独揽大权，满足自己纵情玩乐的欲望，突然发动

宫廷政变，逮捕了支持文官集团的司礼监秉笔太监王岳、范亨、徐智，逐走了内阁大臣刘健和谢迁。

这一年，刘瑾等一班阉党突然上位，将整个北京城掌握在自己手里。

这一年，以戴铣、薄彦徽为首的二十一名言官因为上奏抨击朝政，被正德皇帝下令逮捕，每人责打三十廷杖，扔进了牢房。

这一年，刚刚进入官场六年，仅仅是当了个兵部主事的阳明先生凭着满腔的忠诚和热血，给皇帝上了一道言词委婉、且完全是设身处地为皇帝着想的折子，请求皇帝宽恕并释放戴铣等被抓的言官。同时，对皇帝提出了自己最最殷切的期望："扩大公无我之仁，明改过不吝之勇。"

没想到，阳明先生的一番好心被正德皇帝当成了"驴肝肺"，得到的是一句非常绝情的命令——"好生着实打着问"。就这样，当着文武百官的面，阳明先生被拖到午门之内，被扒光了衣服，被狠狠地打了几十廷杖，最后只剩下一口气，被关押进锦衣卫的诏狱里。

当时的诏狱，都是半地穴式的，狭小潮湿，臭气熏天，且终年不见阳光。加之阳明先生入狱时已是十一月，天寒地冻，遍体鳞伤的他面临着"肉体的毁灭"和"信仰的破灭"两重危机。

面对这样的绝境，阳明先生不得不将自己送给正德皇帝的两句话"扩大公无我之仁，明改过不吝之勇"收回给了自己。

他痛悔，在"皇帝加阉党"集团与"阁臣加御史"集团斗得如猛火滚油一般时，自己却天真地端着一盆水浇了上去。结果，火没扑灭，自己倒伤得九死一生。

他痛醒，面对如此自私冷酷的皇帝，面对如此丧乱的朝廷，自己所怀的那种愚忠报效的目标，那种"致君尧舜"的远大理想，是根本不可能实现的。

他痛悟，既然自己"扩大公无我之仁"的美好愿景不可能靠皇帝实现，不可能靠阉党实现，不可能靠阁臣实现，不可能靠御史实现……那唯一可靠的，就是自己的这颗绝处逢生的心了！

就这样，在那阴暗腐臭的诏狱里，阳明先生以《易经》为良药，治疗自己的心灵，以诗歌为补药，滋养自己的精神。"箪瓢有余乐，此意良匪矫。幽哉阳明麓，可以忘吾老。"

尽管这时，"心学"之苗尚未发芽，但"心学"之种已经播下了！

尽管这时，阳明先生仍身处囚笼，但他的心已经超越了皇帝，超越了朝廷，超越了朝廷中无休止的争权夺利，超越了世俗价值观所趋向的荣辱升迁……

82. 为善虽人不知，积之既久，自然善积而不可掩；为恶若不知改，积之既久，必至恶极而不可赦

——《王阳明全集·别录九·南赣乡约》

今译：做了好事，虽然一时不被人知道，但积累得久了，自然而然也就传颂出去了；做了坏事，如果不知悔改，积累得久了，一定会达到罪大恶极的地步而不可赦免。

这句话，出自于阳明先生颁布的《南赣乡约》。

这个《南赣乡约》是阳明先生针对旧中国农村基层组织一盘散沙的状况，以"良知"为基本教义，以"举善纠过"为主要手段，以"务为良善之民、共成仁厚之俗"为主要目的，颁布的一个基层乡村自治条例，相当于一个基层契约。这个《乡约》在中国的基层组织建设史上，堪称是一大创新，

颇值得后人借鉴参考！

——关于自治的目标。《乡约》明确：凡是入约之人，必须认真学习并领会八条要求，即"孝尔父母；敬尔兄长；教训尔子孙；和顺尔乡里；死丧相助；患难相恤；善相劝勉，恶相告戒；息讼罢争，讲信修睦"。

——关于自治的领导。《乡约》明确：一个地方，设约长（相当于教主）一人，推荐年高有德、为众所服者担任。设副约长（相当于副教主）两人，协助约长工作。设约正（相当于公证裁判干事）四人，由公道正直果断的人担任；约史（相当于考核干事）四人，由善于明察事理的人担任；知约（相当于执行干事）四人，由精明廉洁干练的人担任；约礼（相当于司礼）两人，由熟悉礼仪的人担任。

——关于自治的载体。《乡约》明确：各会准备三本文簿。一本主要用于记录入约之人的姓名及基本情况，以及每个人的日常言语、行为表现等；一本主要用于记录好人好事；一本主要用于记录错误言行及改正情况。

——关于自治的职责。《乡约》明确：凡是入约之人遇到危急、困难，或违反了国家法律、礼仪、规制的，约长必须及时会同副约长、约正等人共同研究提出解决办法，不能坐视不管，更不能放任自流。违者，追究约长的责任。

——关于自治的形式。《乡约》明确：①定期开会。即一月召开一次会议，无故不参会者，书面批评，并罚银子一两。②注重开展批评和自我批评。关于批评的方式，《乡约》要求：第一步，私下批评，即由约长或副约长把当事人找来，苦口婆心进行劝勉，同时要求他们写书面检讨，给他改过的机会。第二步，如果仍不思改过，则提出公开批评，要求限期整改。第三步，如还是不改，则将其劣迹过错向官府报告，督促改正。第四步，如还是不改，则派人将其押送到官府，由官府依法治罪。《乡约》还特别强调，批评应注意语气措词。表扬好人好事，用词造句要明确而肯定；批评过失错误，用词造句则宜隐晦而婉转。如批评某人不孝顺，不要直接说他不孝顺，而应说"某人在孝顺方面，还有一些差距"等等，尽可能给犯错者留有自尊，使之从内心深处有所悔悟。

——关于自治的会议仪式、仪程。会前，知约要事先组织搞好卫生，张贴会议公告，设置好香案。会议开始，要先敲三下鼓，焚香，营造气氛。然后进入第一项议程"重温乡约"。先由约长率领众人朝北面跪下，认真聆听约正宣读公告，而后由约长大声领读："自今以后，凡我同约之人，祗奉戒谕，齐心合德，同归于善。若有二三其心，阳善阴恶者，神明诛殛（jí）。"约长读完后，其他人紧接着跟读："若有二三其心，阳善阴恶者，神明诛殛。"读后，全体人员面朝北再行拜礼，然后依次走出会场，分东西两侧站立，听约正宣读乡规民约。结束时，要大声读："凡我同盟，务遵乡约。"其他人则响亮地回答："是。"会议的第一项议程才算结束。

会议的第二项议程"扬善"。由约正主持，由约史通报表扬好人好事。待通报的内容经大家一致认定属实后，则由约史正式记录到"彰善簿"上。至此，约长则举杯对众人说："使人人若此，风俗焉有不厚？凡我同约，当取以为法！"而受到表扬的人也举起杯，谦虚地回答说："敢不益加砥砺，期无负长者之教。"

会议的第三项议程"纠过"。仍由约正主持，由约史通报批评坏人坏事。待通报的内容经大家一致认定属实后，则由约史正式记录到"纠过簿"上。这时，由约长对受批评者说："虽然姑无行罚，唯速改！"犯过错的人听后立即跪下回答："某敢不服罪！"自己起来倒一碗酒，跪着饮下后，又说："敢不速改，重为长者忧！"这时，约正和副约长、约史等人都说："我等没有提早劝谕你，使你犯下如此过错，我等也有责任！"于是，都自罚一杯酒。犯过错者听了这话，再次跪下检讨："我既然已经知罪，长辈们又为此自责自罚，我怎敢不痛改前非呢？若能得机会悔过自新，一定请长辈们别在自责了，这是我的大幸啊！"约正等人听后，齐声鼓励道："你既能勇于承担责任，就一定能勇于改过从善，我等可免于追责了！"至此，纠过仪式结束，大家一起入席吃饭。

会议的第四项议程"重温戒律"。大家起立，由约正站在中堂，大声诵读："呜呼！凡我同约之人，明听申戒，人孰无善，亦孰无恶；为善虽人不知，积之既久，自然善积而不可掩；为恶若不知改，积之既久，必至恶积而不可赦。今有善而为人所彰，固可喜；苟遂以为善而自恃，将日入于恶矣！有恶而为人所纠，固可愧；苟能悔其恶而自改，将日进于善矣！然则今日之善者，未可自恃以为善；而今日之恶者，亦岂遂终于恶哉？凡我同约之人，盍共勉之！"众人立即跟答："敢不勉！"

从以上标准化的议程及标准化的"教言"看，阳明先生为南赣地区所立的这一套乡约仪式，既具有隆重严肃的宗教氛围，又具有浓厚的乡土情味，完美地将宗教议程与"吃饭聚餐"结合到了一起，堪称是具有中国特色的"良知"教程。

83. 毫厘何所辩，唯在公与私。公私何所辩？天动与人为

——《王阳明全集·外集一·忆昔答乔白岩因寄储柴墟·其二》

今译：一个人行事的好与坏、善与恶、正与邪，其差距往往就在毫厘之间，而衡量这种差距的唯一尺度，就是看他是站在公的立场还是站在私的立场！而如何分辨公、私立场，则应看他做事是循天理而行，还是从私欲所为。

思想的美丽火花，往往是在痛苦的磨砺中擦出来的。

阳明先生的这四句极富哲理的诗，就是在 1507 年春天至 1508 年春天的流谪途中迸发出来的。原文是："毫厘何所辩？唯在公与私。公私何所辩？天动与人为。遗体岂不贵？践形乃无亏。愿君崇德性，问学刊支离。无为气所役，毋为物所疑；恬淡自无欲，精专绝交驰。博弈亦何事，好之甘若饴？吟咏有性情，丧志非所宜。非君爱忠告，斯语容见嗤；试问柴墟子，吾言亦何如？"

立场决定一切。

历经了一个多月的牢狱煎熬，阳明先生的心却越来越亮：自己之所以会成为刘瑾的不共戴天的敌仇，其间并非私人恩怨，而是公私立场的鸿沟。刘瑾之所以要置薄彦徽、蒋钦等一班南京的监察官于死地，完全是从其膨胀的私欲出发；正德皇帝朱厚照之所以纵容刘瑾等人为非作歹，完全是从排斥刘继和谢迁等一班老臣、巩固自己的权威出发。自己呢？之所以要冒死上疏救蒋钦等一班人，则完全是从维护国家正义出发。如此以来，自己一个小小的兵部主事便与当时天下两个最具权势的人物站到了完全对立的立场，其下场自然是可想而知和不寒而栗了。

无独有偶。二十年后，当阳明先生再度被迫挂帅出征广西时，同样也面临了如此一种立场之争。只不过，这次的对象是内阁权臣桂萼。桂萼当时极力举荐阳明先生去广西，目的有两个：一是迅速地平定广西的匪患，以弥补自己当初举荐姚镆的失误，算是将功补过；二是让阳明先生借平定广西匪患之势，迅速地出兵安南国（越南北部），趁安南国局势大乱时把安南重新并入明帝国版图。应当说，桂萼的这两个目的都是对的，且具有长远的战略眼光。但问题是，桂萼的立场是错的，他并不是从国家和人民的利益出发来考虑问题，而是从实现自己所谓的"雄心壮志"，为自己成为内阁首辅创造条件来谋划这件事的。因而，他考虑的只是一个方面，即趁着安南内乱扩大明帝国版图，没有考虑另外一个方面，即当时的大明帝国已经是日落西山，哪还有足够的钱粮来打一场灭国之战？

反之，阳明先生之所以最终决定接受朝廷任务，带病出征，则完全是站在公的立场，站在人民利益的立场来考虑的。通过实施自己以"抚"为主的战略，使广西几十万乃至百万的生灵免遭涂炭，使广西老百姓能迅速地过上太平日子。

如此立场，自然就决定了阳明先生不可能按照桂萼的意图去行事，让大明帝国无端地陷入一场持久战争，让大明百姓无端地背上更重的负担。

如此立场，自然遭到了桂萼的极端忌恨和报复，不但生前有功无赏，死后还遭到了彻底的"清算"，被剥夺了新建伯爵位。如此悲凉的结局，阳明先生恐怕没有想到，即便是想到了，恐怕也不会屈从于桂萼的淫威。因为，在他1527年九月二十二日写的《复过钓台》诗中，他已经表达了自己一生"唯良知是从、唯百姓为重"的坚定心志——

仰瞻台上云，俯濯台下水。

人生何碌碌？高尚当如此。

疮痍念同胞，至人匪为己。

过门不遑人，忧劳岂得已！

滔滔良自伤，果哉末难矣！

84. 险夷原不滞胸中，何异浮云过太空。夜静海涛三万里，月明飞锡下天风

——《王阳明全集·外集一·泛海》

今译：一切艰难险阻，就像那天空中飘浮的云朵一样，不可能滞停于胸中。宁静的夜晚，皎洁的月亮，我感觉自己就像那执着锡杖飞空的智者大师一样，迎着浩浩天风，踏着滚滚波涛，淡然、潇洒而坚定地前行、前行……

阳明心学，不仅是王者治心之学，也是强者炼心之学。

何谓强者？

就是面临同样的困难，遭遇同样的痛苦，承受同样的打击，经历同样的屈辱……

有的人可能只是收获了绝望与无奈；

有的人可能只是收获了忧愁与伤心；

有的人可能只是收获了恐惧与惶惑；

有的人可能只是收获了消沉与牢骚；

而唯独像阳明先生这样的强者，这样的圣雄，收获的却是"诗歌"与"思想"！是高贵与尊严！是意志与坚强！

这是一条漫长而艰难的流谪之路。从"北风春尚号"的 1507 年春天，一直走到"莺花夹道惊春老，雉蝶连云向晚开"的 1508 年春天；从北京走到浙江，从浙江走到江西；从江西走到湖南，从湖南走到贵州，又有多少风险，多少风波，多少风雨……正所谓"忆别江干风雪阴，艰难岁月两侵寻"。

这是一条充满浪漫和诗情的流谪之路。一路上，阳明先生见景生情、借景抒情，一共写了 55 首诗。在江西玉山县的东岳庙，他留下了"春夜绝岭灯节近，溪声最好月中闻"的欣然；在江西分宜县，他留下了"青山清我目，流水静我耳，琴瑟在我御，经书满我几"的悦然；在江西萍乡的濂溪祠，他留下了"碧水苍山俱过化，光风霁月自传神"的泰然；在湖南长沙，他留下了"吾道有至乐，富贵真浮埃"的淡然。总之，几千里的流放之路，他是一路风雨一路诗，"绿水青山对长吟"。

这是一条充满思考、思悟和感怀的流谪之路。"万里沧江生白发，几人灯火坐黄昏"，这是对岁月苍茫、人生易老的感叹；"贤圣可期先立志，尘凡未脱谩言心"，这是对圣人之路的感悟；"养心在寡欲，操存舍即纵"，这是对正心修身之道的启悟；"无为气所役，毋为物所疑"，这是对自在人生、自由心灵的领悟；"迟晚不足叹，人命各有常"，这是对人生命运无常的感慨；"但使心无间，万里如相亲"，这是对人生知音难得的感伤与渴望。

"三十功名尘与土，八千里路云和月"。对阳明先生来说，几千里的流谪之途，同样也是一条"西天取经"之途，是一条成贤成圣之途！

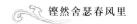

85. 天道虽远，至诚而不动者，未之有也

——《王阳明全集·外集三·答佟太守求雨》

今译：天道虽然幽远，但以至诚之心还不能够打动的，从来没有！

身体是革命的本钱！

阳明先生一生，最大的遗憾，是本钱不足。

1501 年的春天，刚刚进入仕途不过两年的他，肺病又发作了，日夜咳嗽不停。找了京城里最好的大夫，又是针灸，又是吃药，一直到七月入秋才好了一些。这一年的八月，作为刑部云南清吏司主事的他，受命前往直隶和淮南地区审查犯人。由于他心存慈悲，唯恐冤杀一人，故对每一起案件的证据及处理意见都认真甄别，绝无丝毫马虎。如此夜以继日的工作状态，一直持续到第二年五月。当许多冤假错案被他纠正后，当许多被冤枉的当事人及家人为之欢欣鼓舞、感激涕零之时，他的旧病又发了，而且比过去更重，染上了呕血之疾。

拖延至八月，实在是撑不下去了，他便给朝廷上了一首《乞养病疏》，希望回家乡就医调治，很快得到批准。两年的病休期间，他除了每天吃药，就是按照道家的方法，练习呼吸屈伸之术和凝神化气之道。久而久之，他的第六感觉变得越来越灵明。最典型的例子，就是有一天，他在山洞里静坐时，突然心生异象，便告诉仆人说："有几个朋友要来拜访我，你赶紧去山口迎接一下。"仆人半信半疑，跑到山口，果然见几个朋友来了。要知道，那个时候没有电话，没有手机，朋友交往很难做到事先联系好。阳明先生的这一灵异之感，确实令人惊叹。如此，阳明先生具有未卜先知的特异功能一事也就传开了，而一桩麻烦事也跟着而来了。

1503年四月至八月，会稽地区遭遇大旱。按照以往惯例，地方官员都会找一些法术之士，搞一些祈雨活动。当时的会稽太守姓佟，曾经与阳明先生为邻居，为人公正，勤政爱民，官声很好。可到哪里去找祈雨的高人？佟太守首先想到了阳明先生，于是便派人邀请他去帮忙。

阳明先生一则被佟太守的爱民之心打动，一则念及旧交情，便欣然答应了。临行前，他写了一篇《答佟太守求雨》书，让来人先送给佟太守。在这封书信里，阳明先生一方面对佟太守"忧勤为民"的情怀给予了高度赞扬；一方面则委婉地告诉佟太守，不要相信社会上流行的那一套祈雨邪说及画符念咒之术。真正的天道寓于人事之中，真正的神明寓于人心之中。祈雨，与其是向天求，不如向自己求；与其向神求，不如向自己的心中求。故正确的祈雨之术，是以至诚之心，修好人事，从而感动上天，降下及时雨。

如何才能以至诚之心打动上天，阳明先生提了七条建议措施：

一是"出斋于厅事"，在自己办公的地方实行斋戒，以示与民同苦；

二是"罢不急之务"，即减掉不急需的劳役，以示与民同忧；

三是"开省过之门"，即广开言路，虚心接受批评、听取意见，以示与民同心；

四是"洗简冤滞"，即平反冤假错案，以示与民同气；

五是"禁抑奢繁"，即禁止奢华，反对形式主义，以示与民同朴；

六是"淬诚涤虑"，即磨炼自己的诚心，以示与民同意；

七是"痛自悔责"，即反思自己的过失，以最大的决心改正，以示与民同德。

86. 君子以忠信为利，礼义为福

——《王阳明全集·外集三·答毛宪副》

今译： 君子把忠信作为最大的利益追求，把礼义作为最大的福报。

这句话，出自阳明先生 1508 年写的《答毛宪副》书。

这句话，鲜明地体现了龙场悟道以后，阳明先生的"祸福观"。

这位毛宪副是什么人呢？他为什么要写信给落难的阳明先生呢？阳明先生为什么要用既极其委婉又极其坚决的语气给他回这封信呢？

毛宪副，就是时任都察院左副都御史的毛伯温。阳明先生被贬到龙场后，时任太守派人到驿馆对其加以凌辱，当地的百姓出于义愤，打得一帮恶差人屁滚尿流。太守就把这件事告到了都察院，试图上纲上线，致阳明先生于死地。毛伯温怜惜阳明先生之才德操守，便派人传信给阳明先生，希望他向太守服个软，赔礼谢罪，以化解这一灾祸。没料到，阳明先生虽然领了这个情，但却拒绝了这个建议。

为什么拒绝？因为经过龙场悟道以后，阳明先生不仅参透祸福观、生死观，而且已经达到了一种"不动心"的境界。

什么是祸？阳明先生认为，"苟忠信礼义不存，虽禄之万钟，爵以侯王之贵，君子犹谓之祸与害"。

什么是福？阳明先生认为，"如其忠信礼义之所在，虽剖心碎首，君子利而行之，自以为福也"。

如何坦然面对外来的种种威胁，甚至是飞来横祸？阳明先生淡然而坚定地回复毛伯温御史：我在龙场这个地方，日夜都面临瘴气、疠疾、蛊毒的威胁，面临牛鬼蛇人的欺凌，每天死三次都不为过。然而，身处这种危险之境，我却能心里泰然，从来不为之动心，主要原因还是我深知生死有命，不以一朝之患而忘其终身之忧也。现在，太府如果硬要加害于我，我也只能将之视为瘴疠而已、蛊毒而已、牛鬼蛇人而已，怎么可能"动吾心哉"？

当一个人面对灾祸灾难、面对生死考验而不动心时，这世上，还有什么能动其心呢？

当名誉、地位、金钱、权力、美色都难以动其心时，恐怕只有国家、民族、人民的命运和利益能撼动其心了！

这样的一颗心，古往今来又有几颗呢？诚如阳明先生二十年后在广东增城纪念其六世祖王纲时所发的浩叹："落落千百载，人生几知音。道通著形迹，期无负初心！"

87. 夫警惕者，万善之本，而众美之基也

——《王阳明全集·外集四·气候图序》

今译：对可能发生的危险情况或错误倾向，始终保持敏锐的感觉，乃万善之根本，众美之基础。

世事往往就是如此，只要你不绝望，就一定会产生希望。

1508年春天，当阳明先生带着两个仆人来到贵州龙场这个被人视为"绝境"的地方后，面临的最大困难就是"三无"：无住所以遮风挡雨，无粮食以饱腹充饥，无朋友以交流慰藉。但这种困境很快地就被阳明先生改变了！

首先，他放下了"公子哥"的架子，把自己变成了一个地地道道的农民，

带领仆人开荒造田种庄稼、种蔬菜，达到了自力更生、丰衣足食的目的。

其次，他放下了"贵族"的架子，把自己变成了一个真真切切的群众，与当地少数民族迅速地融合起来，并利用自己的文化优势，教他们识字、算数，很快地得到了当地群众的拥戴和帮护。

第三，他放下了"京官"的架子，通过以文交友的方式，很快地与地方干部打成了一片。在贵州期间，他先后应宣慰使安贵荣的邀请，为水西彝族写了《象祠记》；应按察副使毛科的邀请，写了《远俗亭记》；应监察御使王济的邀请，写了《文章轨范序》；应总兵施怀柔的邀请，写了《气候图序》，等等。

这句关于时刻保持警惕之心的话，就是出自《气候图序》。圣人，为什么要特别强调这一点呢？阳明先生在这篇序文里，从天、人的关系出发，作了精到的论述：

甲：人类自诞生以来，就一直是靠"天"吃饭的。昨天如此，今天如此，明天还将如此。即便是科学技术发展到了今天，人类还是无法摆脱天的制约，无法跳出"天地之运、日月之明、寒暑之代谢"的规律约束。比如，一个地方一年不下雨，这庄稼还能有收成吗？而或一年之中，天天大雨如注，还能有收成吗？比如，一年之中，全是冬天、全是冰雪世界，还能种得成庄稼、栽得活树木吗？

乙：自古圣人，都是以百姓之心为心，都很重视对气候变化规律的研究，都很注意引导和教导百姓按气候规律办事。"是以古之君臣，必谨修其政令以奉，若夫天道；致察乎气运，以警惕夫人为"；"故至治之世，天无疾风盲雨之愆，而地无昆虫草木之孽"。

丙：孔子作为中华民族的伟大圣人，在这方面为我们作出了典范和榜样。他在编写《春秋》时，把气候变化、自然灾害等情况，记录得很详细，为的是给后世人提供借鉴，以便及时预防，尽可能避免或减少灾害损失。在《春秋》里，孔子做到"十必记"：①发生大暴雨、大雷电、大暴雪的情况必记；②发大洪水的情况必记；③河流在冬天出现无冰期的现象必记；④因大水大旱等原因幼苗长不出来的情况必记；⑤出现"四不象"等变异动物的情况必记；⑥出现蛾（yù）、蜚（fěi）、螽（zhōng）、蝝（yuán）等虫害现象必记；⑦出现水鸟被风吹得倒飞的现象必记；⑧出现未到霜时而下严霜、李梅等果实当到剥落而未剥落等反常现象必记；⑨出现春天不下雨而大旱的情况必记；⑩鹦鹉不穴居而筑巢的现象必记。在阳明先生看来，"气候之愆变失常"，直接关系到"世道之兴衰治乱"。孔子这样做的目的，就是"示世之君臣者，恐惧修省之道也"。

丁：时任大总兵施怀柔组织人编写《七十二候图》，就是发扬圣人关注气候、关心民生的优良传统而办的一件大实事、大好事。阳明先生对此作了高度的评价，认为是"临政之本也，善端之发也，戒心之萌也"。至于施怀柔为什么会想到做这么一件事，阳明先生认为，主要还是他继承了圣人之学的精髓，把百姓的生计、民众的幸福真正装进了自己的心里，达到了"著于其念、存于其心"的境界！

88. 夫精藏则太和流，神守则天光发，累释则怡愉而静，机忘则心纯而一

——《王阳明全集·外集四·寿汤云谷序》

今译：精气内藏则元气充沛流动，精神内守则容光闪耀焕发，把思想的负担放下则心情宁静愉悦，把机关算计忘掉则心性纯净专一。

1502 年春天，经朝廷批准，阳明先生得以回老家养病。怎么个养法？

大体有两种方式：一种是天天守在家里，吃药静养；一种是约几个好朋友，游山玩水，在天地间静养。阳明先生多是选择后者。

那是一个秋高气爽的日子，阳明先生约了丹阳的汤云谷先生一起到江苏的句容县。当时的汤云谷，正在刻苦修炼道家神仙之学。为了帮助阳明先生尽快恢复健康，汤云谷向他传授了"呼吸屈伸之术"和"凝神化气之道"。一天早晨，两人一同登上茅山之巅，看着那满山绚丽的秋叶，淋浴着清柔凉爽的秋风，两人都沉浸在心旷神怡之境了。汤云谷向阳明先生说出了自己的想法，欲效仿陶渊明"采菊东篱下，悠然见南山"。阳明先生注视着汤云谷的脸，好久才淡淡地说到："恐怕还未到时候，我看你的双眉之间，还深藏着忧世之色，你目前还离不开官场，十年之后再说吧！"汤云谷听后不以为然，说："你看见的是我的容貌，而我相信的是我的内心。"不久之后，汤云谷便果真如阳明先生所预计，当了"给事中"，主要负责给皇帝提建议；后来又升为"右给事"。由于他忠于职守、敢于直言，得罪了朝廷权奸，最终还是遭到了排斥。

十年后，也就是1512年十二月，阳明先生由吏部考功清吏司郎中升为南京太仆寺少卿。次年春天，他即从北京出发前往南京。途经丹阳时，他顺道前往汤云谷家中拜访。这个时候的汤云谷，已经退隐回家住了三年了。两人见面，提起当年"眉间"之说，再回想十年间经历的风风雨雨，不觉感慨万千，而"精藏、神守、累释、机忘"的这句体会，就是两人在经历仕途风雨之后现出的思想"彩虹"！

如何理解好、理解透这四句话，我们不妨看看《黄帝内经》。

何谓精？《黄帝内经·本神第八》的解释是，"生之来谓之精"。意思是，那种与生俱来的、用以维持人体生命活动的原始物质，就是精。精分两种，即阴精与阳精。

何谓神？《黄帝内经·本神第八》的解释是，"两精相搏谓之神"。意思是，阴阳两精相互结合而形成的生命活力，就是神。心为神舍，神寄存在心之中。

何谓累释？累，即思想包袱；释，即放下。一个人只有放下了心理负担和思想包袱，心才会轻松，精神才会愉悦。

何谓忘机？《红楼梦》有言："机关算尽太聪明，反误了卿卿性命。"这里的机关，就是思虑、谋划、算计的意思。《黄帝内经》认为"心怵惕思虑则伤神"，"神伤则恐惧自失"。

如何才能做到忘机、释累、守神、藏精呢？

《黄帝内经》告诉你，最重要的就是要"心明"。"心者，君主之官也，神明出焉"；"主明则下安，以此养生则寿，殁世不殆，以为天下则大昌"。什么意思？《黄帝内经》认为，在人体内，心的重要性就好比君主，人的聪明智慧都是从心生出来的。心作为起主宰作用的器官，如果能定得住，下边各器官自然也就能相安。这是最根本的道理，以此养生，必能长寿；以此治国，必能昌盛。

89. 不贵于无过，而贵于能改过

——《王阳明全集·续编一·教条示龙场诸生》

今译：一个人，最可贵的不是没有过错，而贵在能够改正过错。

一个人，要立下志向不容易，要坚持这种志向则更难。

一个志向笃定的人，究竟有什么样的特征呢？

阳明先生在《教条示龙场诸生》中，作了简明而精到的回答。

一个立志之人，一定是一个"勤学"之人。阳明先生认为："已立志为君子，自当从事于学。凡学之不勤，必其志之尚未笃也。"需要说明的是，阳明先生在这里讲的学习内容，并不是知识，而是做人的品德。这种品德，主要包括五个方面：一是谦默自持，无能自处；二是笃志力行，勤学好问；三是称人之善，而咎己之失；四是从人之长，而明己之短；五是忠信乐易，表里一致。

一个立志之人，一定是一个"改过"之人。阳明先生认为，既便是大贤大德之人，也免不了要犯错误，然而他们仍不失为大贤大德之人，因为他们知错能改。在他看来，即便一个人过去当过土匪强盗，但只要他改正了，也还是可以成为君子。

一个立志之人，一定是一个"责善"之人。何谓责善，就是志同道合的朋友之间，互相监督、互相砥砺、互相纠错，从而达到互相成就的目的。如果说勤学、改过都属于自我修炼的话，那"责善"则属于外力的作用了。阳明先生认为，一个人要实现成圣成贤的志向，光靠自己努力是不够的，还得靠朋友的帮助。当然，这种帮助的方式应以"婉曲"为主，让朋友"闻之而可从，绎之而可改，有所感而无所怒"。对于那种直通通地揭发别人的短处、赤裸裸地攻击别人的隐私、故作正直的举止来谋取名誉的人，阳明先生则很不认同，很是反感，认为是最大的"不善"。但即便如此，阳明先生又说，我虽然非常反对以这种方式批评指责人，但如果有人用这种方式对我，我则会快乐地接受并心存感激。这种对人、对己的矛盾心态，需要的是一种多大的胸怀和气量啊！而没有一种大胸怀大气量，又如何能成就大志向呢？

90. 众方嚣然，我独渊默。中心融融，自有真乐

——《王阳明全集·外集六·示徐曰仁应试》

今译： 别人都在喧闹浮躁忙乱，我却独自如深渊般静默；心中保持一种圆融状态，自然而然，生命中那种真正的乐趣悄然生发。

自从人类有了考试制度以来，千百年来，每天便有多少人为各种各类的考试而忙，为考试而累，为考试而忧，为考试而烦，为考试而茶饭不香，为考试而废寝忘食……

这考试，究竟有什么窍门或秘诀呢？

阳明先生在 1507 年写的《示徐曰仁应试》中，便向天下考生传授了考试心诀，一共十六个字，为"众方嚣然，我独渊默。中心融融，自有真乐"。

这十六字心诀，如何在考试实践中予以运用呢？阳明先生教你"三步走"的应考备考思路。

第一步功夫，进考场十日前，要练习调养功夫。怎样调？一要早起。阳明先生分析道："盖寻常不曾起早得惯，忽然当之，其日必精神恍惚，作文岂有佳思？须每日鸡初鸣即起，盥（guàn）栉整衣端坐，抖数精神，勿使昏惰。"二是少吃。阳明先生指出，很多考前做调养的人，往往吃得多，且味道重，这样往往会引起消化毛病，令自己气浊。解决的办法，就是"绝饮食，薄滋味，则气自清"。三是少睡。有的人为了考前养足精神，甚至整天躺在床上，这样久躺昏睡，反而会使得自己更加疲倦无神。解决的办法，

就是"定心气，少眠睡，则神自澄"。四是少思。有的人考前越想越多，越想越乱，越想越倦。解决的办法，就是"寡思虑，屏嗜欲，则精自明"。

第二步功夫，进考场前两日，要怡神知趣。怎样才能做到这一点？阳明先生指点你，这个时候不要再看什么书了，以免迷乱自己的心目；每天读一篇自己喜欢的好文章或听听自己喜欢的好曲子，使自己的心神处于一种愉悦轻松的状态。

第三步功夫，入场之日，做到心无二用。阳明先生告诉你，进考场那天，千万不要让得失之意横在胸中，这样会让人感到气馁，没有信心；不但没有一点好处，还会带来坏处。写应试文章时，一定要"大开心目"，打开思路，看了题目，只要把大的意思弄明白，就应该"放胆下笔"，即便有些意思不能完全写准确、写透彻，也应该做到条理清楚，词意畅达，千万不能矛盾纠缠，更不能局促犹疑。

阳明先生指点你，人在考试中，一心不可二用。你如果一边想着成功，一边又担心失败，一边还得考虑写文章，这样就是"一心三用"。这种情况下，成功的概率还会高吗？

91. 谦，德之柄，惟德之基。故地不谦，不足以载万物；天不谦，不足以覆万物；人不谦，不足以受天下之益

——《王阳明全集·外集六·书陈世杰卷》

今译：谦虚，是道德的根柄，是一切美德的基点。地如果不谦虚，就无法承载万物；天如果不谦虚，就无法覆盖万物；人如果不谦虚，就无法接受天下的好处。

为什么龙场悟道能在中华文明的天空留下绚烂的一朵云彩？

从大处讲，它是中华文明发展史上的一个重要驿站，就是儒家"新学"，也就是阳明心学的诞生之地。

从小处讲，它是阳明先生自身修养、心性修炼的一个重要转折点，是阳明先生脱胎换骨之地。

龙场悟道之前的阳明先生是个什么样呢？风流倜傥，多少有些恃才傲物。用他自己在《书陈世杰卷》中的话形容是"简抗自是"，接人待物多少有些简慢无礼，自以为是。因为身上长出了"傲"这种"凶德"，所以身处官场，遭遇凶险也就不足为怪了。

那龙场悟道之后的阳明先生又是什么样儿呢？坦易和乐，温温恭人，不再锋芒毕露、咄咄逼人，而是时时刻刻坚守谦道和谦德。

为什么阳明先生在其后半生会如此看重一个谦字呢？透过其 1520 年写的《书陈世杰卷》，可以看出其中的三点原因：

首先，谦是中华文化的精华要素。作为中华文化重要源头之一的《易

经》，全部六十四卦中，唯有一个卦的六爻全是"吉"，这个卦就是"谦卦"。其六卦的爻辞是：

初六：谦谦。君子，用涉大川，吉。意思是：态度非常谦虚，君子以此涉渡大河。吉利。

六二：鸣谦，贞，吉。意思是：既有声望而又谦虚。占问，吉利。

九三：劳谦，君子有终，吉。意思是：劳苦功高而又谦虚，这样的君子必有好的结果，吉利。

六四：无不利，捞谦。意思是：一个君子既乐于助人，又能谦而自处，自然无所不利。

六五：不富以其邻，利用侵伐，无不利。意思是：即便自己的邻居有种种不是，也以谦和的态度去对待，决不轻启战端，这样做，就是君子风范，无所不利。

上六：鸣谦，利用行师，征邑国。意思是，对于那些不义到极点的邦国、城邑，就应该坚决征伐。这也是鸣谦君子的分内之责。

难怪孔子会如此地推崇此卦，赞叹道："谦，尊而光，卑而不可逾，君子之终也。"

其次，谦是中国古代圣贤的共有基因。此如尧帝，"允恭克让"；比如舜帝，"温恭允塞"；比如禹帝，"不自满假"；比如文王，"徽柔懿恭，小心翼翼"；比如孔子，"温良恭俭让"；比如颜子，"以能问于不能，有而若无"。这些大圣人的一个共同特征，就是明白谦道、践行谦道，通过谦道以成就自己的内圣外王之最高目标。

其三，修习谦德应从自己的一言一行开始。这方面，阳明先生开出的药方是"两毋"，即"毋谓己为已知而辄以诲人，毋谓人为不知而辄以忽人"。什么意思呢？就是说，不要以为自己什么都知道了，就动不动去教训别人；不要认为别人什么都不知道，就动不动去轻视别人。真正的君子，应当"终日但见己过，默而识之，学而不厌"。

92. 予惟天下之事，其得之也不难，则其失之也必易；其积之也不久，则其发之也必不宏

——《王阳明全集·续编三·庆吕素庵先生封知州序》

今译：我认为天下的事情，如果得到时一点也不困难，那它失去时就一定很容易；如果功夫积累得不够长久厚实，那么它发挥起来也必定不会宏大壮阔。

阳明先生在《庆吕素庵先生封知州序》中的这一句感叹，也可以说是对其三十年仕途磨砺的最恰当注释。

这一点，我们只要看看他的任职简历就可以明白了。

阳明先生的任职经历如下：

——1499 年，弘治十二年，考取进士，到工部实习；同年秋天，奉命督促修建威宁伯王越的坟墓。算是基层锻炼期。

——1510 年，弘治十三年，调任刑部云南清吏司主事；第二年，奉命审察江北的囚犯。属于基层锻炼期。

——1511 年，弘治十五年，这年八月，向朝廷请病假，回老家用道家的导引术给自己治病。属于休闲歇养期。

——1504 年，弘治十七年，休完病假回北京上班。这一年的秋天，到山东主持乡试。属于基层锻炼期。

——1505 年，弘治十八年，在兵部上班，开始在京师讲述身心之学，

并结识了一生知己湛甘泉。二人相互鼓励，立志把倡圣人之学作为终身第一事业。属于闲散讲学期。

——1506 年，正德元年，因上疏为言官戴铣等人求情得罪刘瑾，被关进诏狱，挨了四十廷杖，贬到贵州龙场驿当驿丞。进入痛苦磨炼期。

——1507 年，正德二年，夏天，在钱塘险遭刘瑾派来的刺客的刺杀，逃亡途中遇台风，几经辗转才于年底返回钱塘。属于生死考验期。

——1508 年，正德三年，春天，终于到达山峦重叠、荆棘丛生、蛇虺（huī）魍魉 (wǎng liǎng) 横行、蛊毒瘴气弥漫的龙场，开启了两年的贬谪生涯。属于静默苦修期。

——1510 年，正德五年，这一年的三月至十一月，在庐陵县担任知县。属于基层锻炼期。

——1511 年，正德六年，正月，调任吏部验封清吏司主事，重新回到 11 年前的"主事"职位。也就是说，从 1499 年开始步入仕途，到 12 年后恢复主事职位，阳明先生等于熬了整整一个轮回。而这一个轮回，就属于典型的痛苦"积压"期。

——1511 年，正德六年，十月，已经在官场打磨了 13 年的阳明先生，终于上了一个台阶，升任吏部文选清吏司员外郎。这个时候，他的倡明圣学之志向更加坚定。属于学习积累期。

——1512 年，正德七年，三月，升任吏部考功清吏司郎中；十二月，升任南京太仆寺少卿。尽管职位升了，但却成了一个养马的闲官。从这个时候起，一直到 1514 年四月，阳明先生的主要生活工作日程，就是光拿俸禄没活干，天天以游山玩水和讲学为主。属于典型的休闲积压期。

——1514 年，正德九年，四月，升任南京鸿胪寺卿，依然是闲着没事干。这种状态一直到 1516 年九月，其升任都察院左佥都御史，巡抚南赣、汀漳等地为止。仍属于休闲积压期。

由此可见，从 1499 年步入仕途，一直到 1516 年受命巡抚南赣，这十七年时间里，阳明先生只有 8 个月的县令生涯是属于"发用"之期，其余绝大多数属于"积压"期，而这种积压则包括了艰苦环境的磨炼，生死关头的考验，以及寂寞无聊的锻炼，等等。

所幸的是，在这漫长的积压期中，阳明先生没有颓废精神，没有荒废时间，而是以圣人之学养心，以研究讲授圣人之学养志，在不知不觉之中，将自己的正能量积累到了一个惊人的地步，将自己的心力修炼到了一个常人难以企及的境界。

正因为如此，从 1517 年正月到赣州正式开府处理政事，到 1521 年六月回家省亲做"闲人"，短短的四年半时间里，阳明先生轻松潇洒地用一年零三个月时间平定了南赣地区几十年的匪患；谈笑之间，用了半个月时间，就让宁王的十万叛军灰飞烟灭，创造了亘古以来战争史上的奇迹。

这种长时间的痛苦"积压"和短时间的辉煌"发用"，或许就是上天喜欢用的一种方式吧！

93. 仅把毁誉供一笑，由来饥饱更谁知

——《王阳明佚文辑考编年·答友人诗》

今译：赞誉也好，诋毁也好，对我来说，不过是一笑罢了，各人的饥饱，只有各人知道。

自从平定南赣匪乱和宁王叛乱后，自从 1521 年如愿退隐回乡后，阳明先生的声名越来越隆。当时的天下，当时的官场、学场，对阳明先生和他的心学，可谓是"毁誉参半"。

赞誉和推崇阳明先生的有哪些呢？

从现存的史料看，有礼部尚书席书、御史王木、应天巡抚吴廷、监察御史熊爵、退休的刑部尚书林俊等。其中以席书的评价为最高。他说："生在我前者有一人，曰杨一清；生在我后者有一人，曰王阳明。我只敬佩这二人，所以应该请他俩出山担当重任。"

对于这些真诚而隆盛的推崇，阳明先生表现得很淡定自在，未有任何欣喜若狂之状。

诋毁和攻击阳明先生的又有哪些呢？

可以说，自从心学诞生以来，就一直受到各种质疑和抨击，有人甚至明确向朝廷建议，要禁止阳明先生讲学。而对阳明心学最看不惯的，就是当时两个政治"暴发户"，张璁和桂萼。

攻击得最露骨的，就是一些朱熹门徒，借 1523 年进士考试出题的机会，出了这样一道"诛心"之题，大意是：朱熹和陆九渊的学说，原本是对立的，但现在有的学者却故意说二者是殊途同归，这明摆着抬高陆氏的心学而贬低朱子理学。这种险恶用心同南宋时期攻击朱子理学的何澹、陈贾二人有什么区别呢？这个学者目前正在四处兜售他的歪理邪说，我们是不是应该齐心起来反对他，烧掉他的书、清除他的思想呢？

如此赤裸裸的攻击，让许多崇拜阳明先生的人叹息和不平。阳明先生的弟子徐珊看到这道考题后，愤然罢了考。而阳明先生得知此事后，不但没有丝毫恼怒，反而欢喜无限地说："圣学可以从此明矣！"他的学生钱德洪听了此话后大为不解，以为老师是不是气糊涂了。

阳明先生看着德洪那惊愕的表情，启发说："世上所有事情，都有两面性。你反过来想想，连国考题目都在拿我的学说说事，这不正好说明我的学说已经具有非常的影响力了吗？这次的考题，看起来是在攻击我，实际上是在替我们作变相的宣传啊！如果我的学说是错误的，那经过这样的攻击批评，一定会有人找出对的学说，这难道不值得庆贺吗？如果我的学说是对的，那经过这样的宣传，就一定会有更多的识货之人接受我的学说，这难道不值得大大的庆祝吗？"

事实上，也正是靠了这道考题，让阳明先生的心学很快就风靡全国。

这个结果，绝对在阳明先生的意料之中，但却绝对出乎出题者的意料之外。

94. 殃莫大于叨天之功，罪莫大于掩人之善，恶莫深于袭下之能，辱莫重于忘己之耻，四者备而祸全

——《王阳明全集·别录五·辞封爵普恩赏以彰国典疏》

今译：人世间，最大的祸害莫过于抢夺上天之功勋，最大的罪过莫过于掩盖别人的善举，最大的腐恶莫过于侵占部下的能绩，最大的耻辱莫过于忘记了自己的耻辱。这四条都具备了，灾难也就随之而来了。

这句话中，既饱含了无奈的感叹，也饱含了强烈的愤激。

阳明先生感叹什么呢？

他在感叹朝廷、感叹皇帝对他的迟来的爱！

自 1519 年夏天他以最小的代价、最短的时间平定宁王叛乱后，得到的除了屈辱、除了打击，就是遗忘。皇帝无情地遗忘了他，朝廷的中枢大臣似乎有意遗忘了他以及他的出生入死的战友，一直遗忘到 1521 年的春天。

这一年的三月，正德皇帝归天了。这一年的六月十六日，登基不久的嘉靖皇帝出于制衡朝廷权力格局的考虑，忽然想起了阳明先生，于是发了一道圣旨："以尔昔能剿平乱贼，安静地方，朝廷新政之初，特兹召用。"接到这道圣旨，面对十几万杀气腾腾的叛军而毫不动心的阳明先生，也动心了，于当月二十日起程前往北京。

不料才走到杭州，便因杨廷和等人的极力反对，嘉靖皇帝又收回了召用之命。满腔热气腾腾的"济世"豪情，突然间遭遇一桶冰水，阳明先生除了长叹之外，剩下的就是上疏请假回乡探亲。朝廷就汤下面，同意了他的请求，并赏了他一个南京兵部尚书的虚职。这一年的十二月，嘉靖皇帝可能想到，阳明先生毕竟是关键时刻挽救了大明江山，奖赏太轻会寒了天下忠义之士的心，于是便又下一道圣旨，封阳明先生为新建伯，特进光禄大夫柱国，兼南京兵部尚书，每年支给俸禄一千石，上下三代以及妻子，一起接受追封，给予诰券，子孙世代承袭。

圣旨到达余姚的那一天，正好是阳明先生的父亲王华的 75 岁生日，真可谓是喜上添喜。当众人沉浸在一片无限喜悦中时，独有王华忧心忡忡地提醒说："宁王朱宸濠发动叛乱时，都以为你和孙燧一样遇害了，没想到你却没有死；都以为这场叛乱很难平定，会旷日持久，没想到却很快平息了；平定宁王之乱后，各种谗言、暗箭飞舞而起，前后两年来黑云压城，都害怕你难免其祸，没想到今日却云开日出，朝廷赐你高官厚禄。对此，我们王家真是于心有愧呀！现在，我们一家团聚，享受隆恩，这是多么值得庆幸呀！但兴盛是衰退的开始，福是祸的萌芽。当此庆幸之时，也是可怕之时呀！"阳明先生听后，顿觉后背凉浸浸的……待王华的诞辰一过，便向朝廷呈报了这道《辞封爵普恩赏以彰国典疏》，诚恳地请求朝廷，去掉对自己的封赏，而把对当年与自己平定宁王之乱中一起出生入死的文武官员及其他有功人员的封赏落实到位！

阳明先生在愤激什么呢？

他在愤激以首辅杨廷和为首的一班权臣，因为不满于自己将南赣剿匪、平定宁王之乱的功劳都归到了前线将士的名下，而没有敬献给他们，因而想方设法打压与阳明先生并肩战斗的同志，甚至对记功册进行涂改删减。以至于有的人不仅没有得到应有的奖赏，反而受到了莫须有的惩处；有的人该记的功劳没有记上，罪名却横加到了身上；有的人虽然名义上得到了奖赏，实际上却被打入了冷宫；有的人虽然得到了一点点封赏，但却与他们立下的功劳远远不匹配……如此结果，更让阳明先生愤慨忧伤……

为此，他于 1522 年一月和七月两次上疏朝廷，据理力争："当年朱宸濠发动叛乱，那种嚣张气焰，足以让远在千里之外的人感到震骇，更何况是江西各郡县呢？我独自一人，身处逆境，倡导兴兵反贼。但我并没有得到皇上委任的巡抚之职，江西各郡县的官员完全可以不接受我的统属；我也没有接到皇上下达给我的平叛任务，因而兴兵讨贼也并不是江西各郡县官员的任务，纯粹属于大义之举。假设，那时江西各郡县的官员，果真贪生怕死，完全可以用没有接到皇上的命令为借口，拒绝听众我的调遣，我又能怎么样呢？然而，他们却都冒着遭受杀身之祸、灭族之灾的危险，挺身而出、迎难而上了。这只能说明，支撑他们行动的真正动力，是为国赴难的大义，是报效皇上的忠心！"

对如此一群忠义之人，却用打击报复的方式进行所谓的"考察奖赏"，这样做的结果，只能是"徒以阻忠义之气，快谗嫉之心"。然而，对于阳明先生这样真诚地为战友鼓与呼的举动，朝廷的那一帮权臣依旧无动于衷。他们给予的回复是：你所要辞退个人爵位一事坚决不准许；你所要普遍封赏众有功之人的事坚决不答理。

其实，朝廷和杨廷和等人的这一做法，包含了更为阴毒的用意。那就是，将平定宁王之乱时千百官员将士之功，全部归于你王阳明身上，同时也将千百官员将士的愤怒、怨恨全部归到了你王阳明的身上。说白了，就是要把世上最大的"殃"、最大的"罪"、最大的"恶"、最大的"辱"堆积到你身上，让你辞不掉、推不掉、躲不掉。这样的结果，从杨廷和等人的利益看，是成功地阻止了阳明先生前进的步伐；从嘉靖皇帝的利益看，是成功地分散瓦解了阳明先生在平定宁王之乱时形成的战斗团队，朝廷将不再为有一支"一起扛过枪"的铁杆团队而担心担忧。因为在当时的嘉靖皇帝看来，你王阳明居然能够在既没有等到皇上的巡抚"任命"也没有得到皇上的平叛"任务"的情况下，仅凭振臂一呼，就能够聚集万千忠义之士为之抛头颅、洒鲜血，这种人格的力量，实在是太可怕了！对于如此立下大功而又如此可怕之豪杰，最好的办法，就是"供养"起来，给你高爵，给你厚禄，但决不给你权力和舞台！

如此阴暗的帝王心术，如此阴暗的权臣心机，又怎能不让阳明先生这样光明正大的心学大师心惊胆寒呢？

95. 胸中须常有舜禹有天下不与气象

——《王阳明全集·年谱卷三》

今译：真正的豪杰君子，其心胸必须经常有舜和禹那样的一种拥有天下却不占为己有的宏大气象。

一个人，如果真正地学好了阳明心学，实践好了阳明心学，那他（她）会是个什么样的人呢？

这个问题，看起来很平常，实际上却是一个天大的问题，是一个涉及阳明心学的真正价值的问题！

1522 年，钱德洪去参加省里的考试，临行之前，请求阳明先生给以点拨。阳明先生略一沉思，便说出了一句话："胸中须常有舜禹有天下不与气象。"钱德洪一听，只觉得云山雾罩，不解其中意。阳明先生见状，不由得淡然一笑："舜和禹虽然拥有了天下，却不占为己有，又怎么会把一时一点的得失之念放在胸中呢？你此去应考，主要考的是心态，你越是不患得患失，就越是心理轻松；越是心理轻松，就越能发挥好你的潜能。"钱德洪恍然大悟！

令人遗憾的是，钱德洪虽然记下了这句话，阳明先生的其他学生也知道了这句话，但却很少有人能够理解这句话蕴含的四海胸襟、悲悯情怀和恢宏气度，极少有人能够修炼到这句话中喻示的大境界。

当一个人能够真正修炼到这一境界时，他会是一个什么样子呢？

首先，他一定会是一个真君子。关于君子的概念，从孔子的表述看，确实非常宽泛。如"人不知而不愠，不亦君子乎"，主要是对一个人气量的要求；"君子成人之美，不成人之恶，小人反是"，主要是对一个人本性的要求；"君子欲讷于言，而敏于行"，主要是对一个人修养的要求；"君子喻于义，小人喻于利"，主要是对一个人价值观的要求，等等。而对君子的描述，最简洁、最生动、最形象的，则是《黄帝内经》。在这本经典中，将人分为太阴之人、少阴之人、太阳之人、少阳之人和阴阳和平之人，所谓真君子，就是阴阳和平之人。这阴阳和平之人是个什么样儿呢？《黄帝内经》的描绘是："居处安静，无为惧惧，无为欣欣，婉然从物，或与不争，与时变化，尊则谦谦，谭而不治，是谓至治"；"其状委委然，随随然，颙颙（yóng）然，愉愉然，暶暶（xuán）然，豆豆然，众人皆曰君子，此阴阳和平之人也"。这两段话，用今天的口语解释，就是：阴阳和平之人，平时心安意静，没有什么惊恐忧惧，也没有什么过分的欢喜，以冲和婉转的心态顺应万物，不负不争，顺应时势而变化。如果处在高位，则谦恭以待下，注重用说服教育的办法感化人，很少用政令刑罚统治人，这是政治的最高境界。阴阳和平之人具有的特征是，容颜焕发，性情和顺，待人态度温恭，和言悦色，慈眉善目，神情爽朗，众人都称他为君子。

其次，他一定会是一个真豪杰。读阳明先生之语录，看阳明先生之文录，其用得很多的一个词，就是"豪杰"。何谓"豪杰"？在阳明先生看来，应是有大理想之人，能以"共明良知之学于天下"而为己任之人；应是有大情怀之人，能视人犹己，视国犹家，以救人救心救灵魂为己任之人；应是有大担当之人，能在物欲横流、人心丧乱、百死千难的困境中力挽狂澜之人；应是有大勇气之人，能真正地约束自己的情绪，做到"言语正到快意时，便截然能忍默得；意气正到发扬时，便翕然能收敛得；忿怒嗜欲正到沸腾时，便廓然能消化得"。

第三，他一定会是一个真同志。物以类聚，人以群分。尽管"同志"一词，并非阳明先生首创，但"同志"作为对一个有着共同志向、共同追求的人群的称呼，则是从阳明先生开始的，且一直沿续至今。这个"同志"，不是那种小的同志，也不是那种低层次的同志，更不是那种狐朋狗友式的同志，而是立根于国家民族大义之上的同志，是立根于最广大人民群众义利之上的同志。这样的同志，不是靠酒肉联合起来的，不是靠金钱联合起来的，不是靠兴趣爱好联合起来的，而是靠共同的理想信念、共同的情怀、共同的价值追求、共同的使命趋赴联合起来的。这样的同志，他一定是与国家同志同步，与民族同志同行，与人民同志同求！

阳明先生自从 12 岁立下当圣人之志后，一直是"脚踏两只船"，即一脚踏在官场上，一脚踏在学场上。踏在官场上，他为的是能够实现自己的"现世使命"，有机会为国家立功，为人民服务。这一点，从他的每一道公文奏折中可以看出来。他的每一项决策、每一个思路，都是在替百姓打算，而为了维护百姓的利益，他不惜以"辞官"同朝廷叫板。踏在学场上，他为的是能够实现自己的"万世使命"，用讲学的方式，随时随地撒播圣贤之学的种子，以拯救人心，觉醒灵魂，光复良知！

96. 学者唯患此心之未能明，不患事变之不能尽

—— 《王阳明全集·传习录·右曰仁所录》

今译：作为一个追求圣贤的学者，唯一担心的是自己的本心不能光明，而不会害怕事情变化的无穷无尽。

这世上，唯一不变的就是"变"！

一切事物，一切人，都处在不停的变动、变换、变化之中。面对不断变化的世事，面对无法料想的各种难题，我们究竟该如何应对呢？

这个问题，才是世上最大的学问，才是最顶级的方法论所应破解的大难题。

对此，阳明先生给他的学生们传授了八个字：随感而应，无物不照。即把自己的心修炼打磨得像一面明镜一样，则一切事物之来临，一切困难之接踵，都能看得清清楚楚，想得明明白白，并抓住其中的要害和关键，以最简的方法、最小的代价、最快的速度解决之。

这一点，我们只要对阳明先生在庐陵县任职七个月的政绩作一粗略分析便可以印证了。

阳明先生是 1510 年三月到达江西省庐陵县任知县的，十一月进京觐见皇上，真正的工作时限就是 7 个月。但就在短短的 7 个月时间，他却解决了七大难题，使庐陵县的整个民生、民风、民俗得到了很大改善。

阳明先生在庐陵县解决的第一大难题，是葛布税的问题。葛布是一种多

年生蔓草植物，魏晋以来多用其茎的纤维织制枕巾、围巾等物。庐陵这个地方本不产葛，却不知被哪个昧了良心的官员莫明其妙地加了一项"葛布税"。起初因老百姓税负尚不太高，故没有引起太多的反对。但自从1507年朝廷派了个姓王的太监来担任"镇守中官"（税务稽察员）后，庐陵的赋税连着翻了三番，由四千两变成了一万二千多两，且其中最大的一项就是莫须有的葛布税。这一下，老百姓就开始怨声载道了。阳明先生一到任，迎接他的不是彩旗和鼓锣，而是一千多群众集体上访，强烈要求取消这一不合理的税负。对老百姓的这一合理诉求，阳明先生有权接下来，但却没有权力取消，因为所有的赋税项目和任务都是由上级政府决定的，到县一级则只有收税的权力。

怎么办呢？阳明先生经过一番思索，认准了解决此问题的关键就是那个只图自己享乐、不顾百姓死活的王太监，只有镇住他，压在庐陵县百姓头上的赋税大山才会土崩瓦解。于是，阳明先生给吉安府写了一个报告，主要内容是：（一）仔细翻看了朝廷的赋税名录，发现庐陵县的很多赋税项目是有人违法添加的；（二）以镇守中官为首的收税大队如狼似虎，已经弄得民怨沸腾，加之这几年庐陵又多灾多难，担心会激起民变；（三）擅自增加的赋税究竟是进了朝廷的府库，还是进了某些人的腰包，是不是应该查清楚？阳明先生的这个报告，名义上是给吉安府的，但涉及税政之事，又怎么会不让那个掌管税政的王太监看到呢？果然，那个王太监看到这个报告后，背都凉了……想一想自己三年来在庐陵县干的坏事一桩桩，想一想这个王阳明当年敢忤逆刘瑾的勇气，再想一想王阳明在当时的声望，王太监立即同意了庐陵县免税的问题。

阳明先生在庐陵县解决的第二大难题，是百姓好打官司的问题。好打官司，是庐陵县的一个传统。百姓之间、邻里之间，甚至父子之间，为了一点小事，动不动就相互告状。特别是，有的人家为了打官司，不仅荒废了农活、生意，还搞得倾家荡产。如何根治这一歪风？阳明先生经过调查发现，助长庐陵告状歪风的是那些以代写状纸为生的人，告的人越多，他们的生意就越好。于是，他们专门干一些煽风点火的事，鼓动百姓打官司。针对这一情况，阳明先生用了一个更刁的办法，那就是明确规定：一封告状信一次只能上诉一件事，每一件事不得超过两行，每行不得超过三十个字。违反这三条，不仅不受理，还要给予相应罚款。也就是说，你要代写状纸可以，必须用六十个字把事情写清楚。请问，在庐陵那个小县城，又哪里找得到一个能用六十个字把一件官司写清楚的高人呢？就这样，一夜之间，代写状纸之人便销声匿迹了。找不到代写状纸之人，老百姓遇到一些小矛盾，也就相互协商解决了。庐陵县沿袭了多少年的这一旧习乃至恶习，就这样解决了。

阳明先生在庐陵县解决的第三大难题，是瘟疫来临时百姓互不相救的问题。阳明先生到庐陵任职之时，正是庐陵县一些地方瘟疫流时之时。由于害怕被传染，很多人把自己染了病的亲人抛弃在野外，不管不顾。对此，阳明先生一方面将全县的医生组织起来，研究药方，熬制药剂，配发药物，全面地进行救治和预防。一方面，则发布了一篇感人心灵的布告，告诉人民：瘟疫并不可怕，通过医药完全可以控制；可怕的是你们的良心坏了，你们因为恐惧，抛弃了自己的亲人，抛弃了自己的骨肉。我现在为你们指一条消灭瘟疫之路，那就是先趋除你们心中的瘟疫，用你们天生的那一颗良心、仁心和爱心，去关心你们的亲人，关心你们的邻人，就这样，通过双管齐下的努力，庐陵县的瘟疫终于得以控制和趋除了。

阳明先生在庐陵县解决的第四大难题，是县城消防的问题。阳明先生到庐陵不久，县城里便发生一次火灾，把整个县城烧掉了一大块。仔细察看起火原因，阳明先生发现了两个灾源：一是县城居民的房子全是用木材构建的，容易起火；二是县城街巷狭窄，房子与房子之间没有间隔，一旦起火，便会火烧连营，无处救，也无处躲。针对这一情况，阳明先生及时改进了城市建设的规划系数，明确：凡临街房屋，在重建时，一律后退三尺，以拓展街道作为防火带；凡临巷房屋，在重建时，一律后退两尺，做防火巷；每户出一钱银子，用来为临巷道的房子建砖墙，隔离火势。此举对后来庐陵县的消防工作，确实带来了很大便利。从这个意义上说，阳明先生堪称现代消防的祖师爷。

阳明先生在庐陵县解决的第五大难题，就是社会治安问题。庐陵县不仅讼棍多，而且恶棍也多。这些恶棍，入城则欺行霸市，下乡则偷财劫物。特别是，他们的隐蔽性极强，白天为民，晚上做贼，让人难以发现。对此，阳明先生采用了标本兼治的办法。在治标方面，组织力量抓住了以绰号"王和尚"为首的盗贼团伙，并给予了严惩；在治本方面，则全面推行保甲制，让老百姓人人都变成治安联防员，从而使盗贼无处藏身，无处遁形。

阳明先生在庐陵县解决的第六大难题，就是道德沦丧、风气不正的问题。这方面，阳明先生用的是"老办法"，即恢复明太祖时代乡村道德建设的做法，要求各村都要设立申明亭和旌善亭，其中申明亭主要以批评偷盗、斗殴等坏人坏事为主，属于"黑榜"；旌善亭则以表彰行善、助人等好人好事为主，属于"红榜"。目的是起到弘扬正气、打击歪风邪气的作用。

阳明先生在庐陵县解决的第七大难题，是带领群众战胜旱灾。阳明先生自三月到达庐陵后，一连几个月未下雨，不仅庄稼无法种下去，有的地方，连饮水都成困难。相信天人合一的阳明先生，一方面组织发动群众抗灾，想方设法引水耕种；一方面，继承了先贤至哲的一贯做法，自己吃斋一个月，停止征税，释放轻罪犯人等，最终一场倾盆大雨滋润了庐陵。

《中庸》讲"至诚如神"，阳明先生之所以具有能够打动上天的至诚，就是因为他心中确实装着百姓的苦乐。与其说是他的一颗心感动了天，还不如说是他和装着的万千群众的心打动了天。

这七个方面的难题，覆盖了财税、民政、治安、教育等各个领域，对于一个从前毫无基层工作经验的人来说，应当是很难很难的！可为什么都被阳明先生轻而易举地化解了呢？这就要回到阳明先生所说的这一句话上来，"此心已明"，何变不能应呢！

97. 悔悟是去病之药，然以改之为贵；若留滞于中，则又因药发病

——《王阳明全集·传习录·薛侃录》

今译：悔悟是去病的良药，但以能够痛改前非为最好。如果老是停留在悔悟的状态，则又犯了因药生病之症。

阳明先生一生，历经几多风雨，历经几多风波，历经几多风浪，之所以能够在风雨之后见彩虹，成贤成雄成圣，实实得力于一"悔"字诀！

阳明先生是如何通过"悔"字来增益自己的修养之功呢？又是如何通过"悔"字来搭建自己进步提高之阶梯呢？

我们不妨细细回顾、回味一下：

阳明先生人生的第一"悔"，是选定了圣贤之路。那是 1489 年的春天，新婚不久的青年王阳明带领妻子诸氏从南昌回余姚时，途经广信府（今江西上饶），拜访了当时的大儒娄谅。在听完娄谅对儒家学说，尤其是对《大学》"三纲领、八条目"的系统深刻地阐述后，他突然感受到了儒家"治国、平天下"的伟大恢宏，突然觉察到了自己过去曾一度沉迷的文学、兵法、神仙养生之道的局促与狭小，特别是当娄谅告诉他"圣人必可学而至"后，他更是坚定了自己追求圣贤的志向，选定了自己追求圣贤的道路。从此，在这条道路上，他再也没有彷徨过、反复过。而且，在此以前，无论是在父亲那儿，还是在师友那儿，圣人就如天上的太阳，是可望而不可即的。经过娄谅的点拨，他才坚信，追求圣贤绝不是"夸父追日"！

阳明先生的人生第二"悔",是打开了心学之门。格物是儒家修身的第一关。怎样才能过好这一关?按照朱熹先生的指点,就是"一草一木皆涵至理",应当去"格物穷理"。格啥物呢?当时王华在京城的庭院种了一大片竹子,于是青年王阳明便邀了一个同学,一起开始"格竹子"。两人对着竹林枯坐了三天,除了腰酸、腿麻、眼昏花,一无所获,那个同学实在是熬不住了,便赶紧撤退了。王阳明呢?又接着坚持了三天,过度的疲劳加上体质虚弱,最终大病了一场。这一病,使他对朱老夫子的"格物"说产生了怀疑。世间之物万万千千,哪能穷尽?既然不能穷尽天下之物理,那又如何过得了"格物"第一关,又如何能继续沿着"致知、诚意、正心、修身、齐家、平天下"的大道前进呢?尽管当时阳明先生还没有悟到圣人之道"不假外求"这一层,但他的内心深处,已经抛弃了朱老夫子的"外求"之道了。

阳明先生的人生第三"悔",是在龙场找到了炼心之诀。一颗真正强大的心,一定是有着真善、真美、真情、真爱、真乐的心。自 1506 年冬至 1508 年春,阳明先生的心可谓苦到了极点。这颗苦到了极点的心,又是如何在很快的时间内,变成快乐的心、悠闲的心、富贵的心呢?答案很简单,就是两个字"劳动"!在劳动中,他找到了生命的真谛,找到了学问的根本,炼就了一颗"大人"之心。

"营茅乘田隙,洽旬称苟完。初心待风雨,落成还美观。"

在劳动中,他找到了安居之乐!

"素缺农圃学,因兹得深论。毋为轻鄙事,吾道固斯存。"

在劳动中,他找到了耕耘之乐!

"夜弄溪上月,晓陟林间丘。村翁或招饮,洞客偕探幽。"

在劳动中,他找到了与群众打成一片之乐!

"讲习有真乐,谈笑无俗流。缅怀风沂兴,千载相为谋。"

在劳动中,他找到了在游山玩水中点化学生之乐!

在劳动中,他彻底放下了状元公子的架子,彻底放下了书生的架子,彻底放下了在功名利禄中追求生命之乐和生命之价值的幻想。所谓"富贵犹尘沙，浮名亦飞絮"，从而拥有一颗无比淡定、无比坦易、无比和悦的心！

阳明先生的人生第四"悔"，就是在平定宁王叛乱之后的一系列痛苦遭遇中，抓住了良知之核。以三万多乌合之众，在不到半个月的时间里，就打败了宁王号称的十八万虎狼之师，避免了国家的分裂和割据，避免了天下的混乱和动荡，避免了百姓的流离和失所……这样的功劳，无论是放在哪朝哪代，都是应该受到褒奖的！都是应该得到鲜花、荣誉和掌声的！但遗憾的是，阳明先生得到的只有嫉恨，只有诽谤，只有暗箭，只有阴谋坑害……令他万万没有想到的是，皇帝会妒忌他，非要与他抢功；张忠、许泰之流会妒忌他，不仅要抢功，还要抢利；朝廷中枢的重臣会妒忌他，生怕他因功进京抢位抢权……也就在那一刻，阳明先生看透了人心，看透了人心中那种原始的私欲和邪恶，同时也看到了私欲蒙蔽之下的"良知"。他突然明白了，每个人的心中都有一个良知的太阳，但一旦这个太阳被私欲的乌云蒙蔽，那就会鬼魅丛生，妖魔乱舞，恶煞迭出……就像那正德皇帝，因为被私欲蒙蔽了良知，放着皇帝不当，非要当什么"威武大将军"；就像那江彬、许泰之流，因为被私欲蒙蔽了良知，家中已是财产万贯，还要到疮痍满目的南昌城里搜刮民财；就像那已经坐稳了首辅之位的杨廷和，因为被私欲蒙蔽了良知，放着"古大臣"的风范不学，非要做一些见不得光的事……

在那一刻，他看到了人性的卑劣和丑恶，也看到了人性的光芒，看到了良知的绚丽……毕竟，在他最艰难的时刻，张永、杨一清向他伸出了援手，使他终于化险为夷。

由此一劫，阳明先生也深刻地领悟到了，自己虽然轻而易举地扫平了宁王十几万叛贼，但何时又能扫荡尽人心中的私欲叛贼，尤其是朝廷中那帮"肉食者"心中的土匪叛贼呢？真是"屈子漫劳伤世隘，杨朱空自泣途穷"。

処友箋

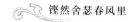

98. 处朋友，务相下则得益，相上则损

——《王阳明全集·语录一·陆澄录》

今译：与朋友相处，务必要有低调谦下的姿态，才能得益，反之则受损。

中国传统社会历来很重视友道，将之列为五伦关系之一，即君臣关系、父子关系、夫妇关系、兄弟关系、朋友关系。

作为大圣人的孔子，更是看重朋友对人生的作用！

《论语》开篇就是，"学而时习之，不亦说乎；有朋自远方来，不亦乐乎"。这里的从远方来的朋友，并不是我们现代人理解的那样，一起豪吃海喝、打麻将、唱卡拉，不搞得昏天黑地、乌烟瘴气不罢休，而是聚在一起，探讨学问、切磋学术、交流思想、砥砺品行，当然，闲暇之余也品点小酒、听点小曲。

对如何分辨朋友，孔子则提出了自己的划分标准，即"益者三友，损者三友。友直、友谅、友多闻，益矣。友便辟，友善柔，友便佞（ning），损矣"。什么意思呢？孔子告诉我们，好朋友有三种，坏朋友也有三种。那些为人正直、胸怀宽广、见识广博的人，可以成为好朋友；那些做人虚伪、处世圆滑、夸夸其谈的人，则会成为坏朋友。

在孔老夫子解决了交朋友的标准后，阳明先生则向我们传授了处朋友的态度及方式，其核心法宝就是一个字"下"。如何"下"呢？阳明先生积一生之实践体悟，形成了以下三条经验：

一是放得下架。公元 1508 年，36 岁的阳明先生到达贵州龙场后，面临的几乎是一个生存绝境。没有地方住，仅有的一间茅草房，根本就无法遮避风雨；没有东西吃，当地的苗民尚处于刀耕火种的原始状态；没有安全保障，毒蛇、毒虫随地出没，毒气（瘴气）随时漫延，侵蚀人的健康和生命。更要命的是，跟随阳明先生来的三个仆人看到条件如此艰苦，情绪非常低落，不久便愁得病倒了，怨愤之声不绝。这个时候，阳明先生果断地放下了状元公子的架子，真心实意地为三个仆人当起了服务员，为他们熬粥、煮菜、煎草药……同时，为排遣他们心中的孤寂，自扮小丑，为他们演唱家乡的小曲，逗他们开心。就这样，阳明先生通过放下架子，把自己的心放到了仆人的心上。在他的真诚感召下，三个仆人的病很快地好了。他们把阳明先生当成了患难之友，下定决心与他同甘共苦，以一种美好和乐的心态伴他度过了人生最艰难的一段岁月。

二是容得下气。公元 1519 年，阳明先生率三万多乌合之众，用 38 天时间便把宁王朱宸濠的七万叛军打得落花流水，生擒了宁王，平息了叛乱，创造了中外战争史上的奇迹，立下了旷世奇功。但由于正德皇帝的昏庸与顽劣，阳明先生不但未得到封赏，反而受到了许泰、江彬、张忠等人的恶毒中伤和迫害。当此屈辱和危艰之时，阳明先生心中的忧愁、愤懑可想而知。"自嗟力尽螳螂臂，此日回天在庙堂""世路久知难直道，此身那得尚虚名""惭无国手医民病，空有官衔縻俸钱""百战归来一病身，可看时事更愁人"等诗句，便是他当时心情的写照。然而忧归忧、愤归愤，阳明先生还是本着"好汉打脱牙和血吞"的古训，苦心、耐心地与群奸周旋，最大限度地维护百姓利益。最精彩的一笔是，阳明先生以谦虚、真诚之心感化了正德皇帝身边的大太监张永，不但启导他恢复了内心的良知，还把他变成了"良知教"的信徒。在张永的帮助下，阳明先生不但走出了困局，还名正言顺地当上江西巡抚，有了一个为民服务的更大的平台。

三是吃得下亏。"水有源，树有根，人有宗"。阳明先生在处世上，受祖父王伦、父亲王华影响很深，秉持"吃亏哲学"。有一次，王华的一个好朋友不知受何人唆使，向朝廷上了一道折子，大肆攻击污毁王华。很多人劝王华进行反击，都遭到拒绝。阳明先生后来回京后，听到这件事，便愤愤不平，要替父还击。没想到，王华听到这个消息后，立即写信坚决加以制止说："你认为这件事是我的耻辱吗？我这一生本来没有任何耻辱，你现在组织一班人去攻击别人的隐私，这种行为，反而是让我蒙受大耻了！"看到父亲的回信，阳明先生幡然悔悟。

从那以后，不管受到多少诽谤，不管被泼了多少污泥浊水，阳明先生都是淡然处之，既不辩驳，更不反击。这种超然和大度，既让那些攻击他的人羞愧，更让一批志同道合的朋友紧紧地团结到了他的周围。

至于如何才能做到长期的"务相下"，1921年，28岁的毛泽东在给朋友彭璜的信中开出了"药方"，那就是要有"深刻的自省功夫"，要有坚决的意志。在这封信中，他对自己平时与朋友相处"相上则损"的情状作了无情地批判："知最弱莫如我之意志！我平日态度不对，向人总是龂龂（kěn），讨人嫌恶，兄或谓为意强，实则正是我弱的表现，天下唯至柔者至刚，久知此理，而自己没有这等本领，故明知故犯，不惜反其道而行之，思之悚栗！"

99. 大凡朋友，须箴规指摘处少，诱掖奖劝意多方是

——《王阳明全集·语录三·陈九川录》

> 今译：大凡处朋友，必须做到批评、指责、规谏要少，引导、鼓励、劝勉要多，这样才能收到好的效果。

古往今来，很多伟大人物在年轻的时候，都是背负青天朝下看，得意之处，往往词锋锐利，论人评事，都有失于苛刻。

但自从龙场悟道以后，阳明先生悟透了人性，明白了人心的本质，是喜奖励而恶指责，喜宽容而恶苛刻，喜脸面而恶羞辱，便逐渐地将一团春意引进并弥漫于自己的内心。与朋友探讨学习，坚持求同存异，并着力发现对方的闪光点；指导学生修行，则更加注重启发引导其自悟、自觉和自励。

那是 1524 年的春天，时任绍兴知府的南大吉主动找到阳明先生，拜他为师。一天，南大吉问："先生，我到绍兴府工作也有一段时间了，肯定有一些过失，您为什么一句话也不提醒呢？"

先生笑着反问道："你有什么过错呢？"

南大吉一愣，便掰着手指头把自己的过错一件一件数落出来。

先生接着说："我早就已经说过你了！"

南大吉瞪大了双眼，十分不解地问："先生，您何时说过呀？"

先生用手指了指南大吉的胸部，说："我要是不教你，你如何能如此了解自己的过错、过失呢？"

南大吉想了一想，恍然大悟："良知，是先生经常讲的良知，让我找到了自己的缺点和过错！"

先生大笑："你还认为我没有说过你吗？"

又过了几天，南大吉又来了。这次他当着阳明先生的面，自我检查更是深刻，而且，许多的所谓过失，他并没有犯过。阳明先生问他为什么要如此检讨自己，他说："与其等犯过错再去悔改，不如先提醒自己不犯为好！"

先生听后，大为赞赏："与其等待别人指出，不如先自己有所悔悟。你真是大有进步了！"南大吉开心地、满足地回去了。

又过了几天，南大吉又来了。这一次，他不仅严格地剖析了自己，还问了一个大问题："一个人，行为上犯了过错，是有目共睹的，可以改正；但如果心里有了邪念，别人看不见，怎么办呢？"

先生抬头看了看碧蓝的天空，说："从前，因为你心镜没有擦拭干净，即便落了再厚的灰垢，你也会感觉不到；现在不同了，你的心镜越来越明净，即便有一点灰尘落在上面，你也会很快地察觉到。这个时候，正是你步入圣贤之门的最好时机，切莫错失了。勉之！勉之！"

品读完阳明先生点化南大吉的故事，我们不得不感叹：先生真不愧为一个伟大的导师！其引导艺术之高、教化艺术之妙，真是值得后人参悟！

假如，阳明先生真如南大吉第一次请求的那样，一件一件地直接指出南大吉的为政过失，会有如此效果吗？

假如，阳明先生在南大吉第三次悔悟之后，不通过明镜的比喻，趁机推了他一把，南大吉能如此迅捷地迈入圣贤之门吗？

100. 与朋友论学，须委曲谦下，宽以居之

——《王阳明全集·语录三·陈九川录》

今译： 与朋友一起讨论学问，必须做到委婉谦虚，宽宏大气。

作为一个伟大的思想家，阳明先生秉承了先圣们"述而不作"的光荣传统。其渊深灵动的"心学"思想，主要是散布于《答顾东桥书》《答罗整庵少宰书》《与杨仕德薛尚谦书》等 140 多篇与同事、与朋友、与学生探讨交流学问的书信中。

仔细品读这些书信，就能发现阳明先生与人论学的一个显著特点，即"争志不争气"。所谓争志，就是对自己已经认定为正确的思想，坚决地予以捍卫；所谓不争气，就是态度极为谦卑，语气极为和缓，完全摒弃了中国自古以来"文人相轻"的陋习，更无一点攻击、谩骂、嘲讽之恶习！

这里，我们不妨将阳明先生于 1520 年夏天写的《答罗整庵少宰书》作一个深度的分析，以真切地体会一下阳明先生在学术思想争论上的开明、通达、宽容与大度。

这个罗整庵是何许人也？此人又名罗钦顺，江西泰和县人，弘治六年（1493）进士，官至南京吏部尚书。罗钦顺比阳明先生大七岁，当时已官至少宰，是朱子理学的忠实信徒。面对这样一个既有社会地位又有学术影响，与自己的学术思想相对立的知名人士，阳明先生又是如何应对其批判的呢？

在书信的开头，阳明先生是这样写的：昨天，承蒙您教诲我《大学》，由于忙着登船赶路，所以没能及时给您答复。今天早上，趁着行船的一点闲暇，又把您的信认真地读了一遍。唯恐到了赣州后事情忙乱，我先在船上给

您汇报一下想法，请您指教。这些年来，听过我的学说的人，非议嘲笑者有之，诟病者有之，不屑一顾者有之，但他们从来不肯开导教诲我。由此可见，天下关心爱护我的人中，没有像您这样对我悉心关怀的了，我该怎样感激您呢？

在信的结尾，阳明先生是这样写的：您对我的教导启迪，可以说是极为详实恳切的了。这天下还哪有像您这样爱护我的人呢？我虽然愚笨，难道不懂得要感谢您吗？等到秋天我东归回乡之时，我一定当面向您请教，到时希望您千万要不吝赐教。

当读完这个开头和结尾后，你一定能明白阳明先生"不争气"的真髓了！

那阳明先生的"争志"又体现在这封信的何处呢？

先生，您说我是"一定要与朱子的学说对立"，我怎么敢自己欺骗自己呢？圣道，是天下人共同的道；圣学，是天下人共同的学，不是朱子私有的，也不是孔子私有的。对天下共有的东西，应该有一个公正之心。

这话，看起来柔弱，实则非常刚硬。在这里，阳明先生不仅是对罗钦顺，也是向天下人发出号召：这世上没有任何人，也不该有任何人可以垄断天下人的思想！

101. 自古有志之士，未有不求助于师友

——《王阳明全集·文录一·与戴子良》

今译：自古以来，凡有志于干一番事业的人，没有不求助于老师和朋友的。

> 我祖死国事，肇礼在增城。
>
> 荒祠幸新复，适来奉初蒸。
>
> 亦有兄弟好，念言思一寻。
>
> 苍苍兼葭色，宛隔环瀛深。
>
> 入门散图史，想见抱膝吟。
>
> 贤郎敬父执，童仆意相亲。
>
> 病躯不遑宿，留诗慰殷勤。
>
> 落落千百载，人生几知音？
>
> 道通著形迹，期无负初心！

这首诗，是阳明先生在 1528 年十月，从广西返回老家余姚的途中，经过增城，满怀深情地拜祭自己的六世祖王纲庙时写下的。这首诗，也是阳明先生一生的最后一首诗，在这首诗里，他对几十年的人生旅途作出了一个充分的、肯定性的评价，那就是"无负初心"；在这首诗里，他也道出了自己一生最大的遗憾，"落落千百载，人生几知音"。他一生想做的事太大，太难！但只恨朋友太少，力量太小；敌人太多，力量太大！

究竟什么是真正的朋友呢？

阳明先生在《答储柴墟》中提出了自己的看法："夫友也者，以道也，

以德也。天下莫大于道，莫贵于德。道德之所在，齿（年龄）与位（地位）不得而于焉。"同时，他还批评说："今之所谓友，或以艺同，或以事合，徇名逐势，非吾所谓辅仁之友矣。"这里，阳明先生提出了一个很重要的概念——"辅仁之友"。辅，就是辅助、帮助的意思；仁，就是爱人、爱民、爱国的意思。所谓辅仁之友，是相对于那种以"名和利"为纽带的酒肉朋友、生意朋友而言的。这种朋友之情，是以"忠义"和"良知"为纽带的，是在关键时刻和危难之时最能闪耀光彩的！

阳明先生一生，真正的知音又有几个呢？

第一个，当推王琼。此人堪称阳明先生的旷代知音，堪称阳明先生的"伯乐"。王琼何许人也？王琼是山西太原人，生于1459年，卒于1532年，比阳明先生年长13岁。王琼于1484年中进士后，从六品的工部主事做起，一直当到户部尚书、兵部尚书和吏部尚书，且因为每到一个岗位，都干得非常出色，被连进"三孤"（少保、少傅、少师）、"三辅"（太子太保、太子太傅、太子太师）。正德十年到十五年，王琼正好是兵部尚书。他当时面临的最大难题是：明的有一个，即南赣地区的匪患猖獗。这些土匪初算起来将近10万，占据的大小山头达800多个，祸害殃及江西、福建、广东、湖南4省交界之处的9个州府。十几年来，朝廷几次派兵围剿，结果是越剿越多，越剿越乱。1516年巡抚南赣的都察院副院长文森在给朝廷的引咎辞职报告中几近绝望地说：他们的正规军已经被土匪的游击战打得狼狈不堪、焦头烂额，再打下去，自己只能以死谢罪了。他每天都焚香祷告，希望上天降下一位神人把这群土匪一举消灭！

可到哪里去找这位神人呢？

除此之外，暗的隐患还有一个，即盘踞在江西南昌宁王府里的朱宸濠。这些年来，他通过巧取豪夺、搜刮民财，不但大量地贿赂朝中重臣，蒙蔽了皇上；而且大量地扩充了自己的卫队，狼子野心，已昭然若揭。这一切，都被精明的王琼看在眼里，急在心里。怎么办？宁王毕竟是王爷，他未动之前，谁也不能妄加揣度；他动了之后，谁又能阻挡住他的排山倒海之势呢？思来想去，归根到底还是人的问题。

到哪里去找一位神人来应对这鬼雄难测之危局呢？

王琼这个人，除了精于做事之外，还有一个特点，就是精于识人。当他在头脑中把所有官员扫瞄了一遍之后，他最终锁定了王阳明！在他看来，此去南赣，责任重于泰山！如果没有泰山一般强大稳定的内心，便不可能承担起泰山一般的责任！而当今之世还有哪位官员具有比王阳明更强大的心力呢？

尽管当时，阳明先生在众人心目中只是一个"病夫"，老是向朝廷写报告，请求回老家养病。

尽管当时，阳明先生在众人心目中只是一个"闲人"，无论是南京太仆寺少卿，还是南京鸿胪寺卿，都是闲职，都是坐冷板凳，根本就没有什么事可干。

但不管外人如何看，王琼就是看中了阳明先生，看中了他那一颗光明、仁慈、强大的心；看中了那一颗心中蕴藏的具有能量和灵慧。为此，王琼舍弃了一切世俗的、外来的标准和条件，如任职经历、任职资格，如身体状况、帮派圈圈等。

更令人感动的是，为了把阳明先生这样一个在皇帝心中毫无印象、在官员心中毫无政绩形象的干部推荐到如此重要的岗位，王琼不惜牺牲自己的名节，屈尊讨好当时的大奸臣钱宁、张彬等人；屈心进入当时被朝廷官员普遍引以为耻的"豹房"；屈情陪同正德皇帝花天酒地，以讨其欢心。最终，趁正德皇帝一时高兴之机，把阳明先生推上了巡抚南赣的重要岗位。

这一推，就给了阳明先生一个创造奇功的机会；

这一推，就给了阳明先生一个释放心情的机会；

这一推，就给了阳明先生一个印证心学的机会；

这一推，就给了大明王朝一个起死回生的机会；

这一推，就给了中华民族一个培栽心树、绽放心花、喜结心果的机会。

当然，这一推，也让王琼本人付出了惨痛的代价。1521 年正德皇帝驾崩后，王琼因为进出"豹房"这一段经历，被当时的首府杨廷和等一派人抓住了把柄，不仅被整得丢掉了乌纱帽，还被打进了死牢。而当时远在江西、手握兵权的阳明先生则知恩图报，完全不顾杨廷和的脸色和感受，明确地将南赣剿匪、平定宁王之乱的谋划之功如实地还归到了王琼头上。这才保了王琼一条命，由死刑改为充军。1528 年因西北边事紧急，嘉靖皇帝重新启用王琼为兵部尚书兼右都御史提督三边军务。王琼老当益壮，在边疆再立新功，被封为太子太保。1532 年秋，也就是阳明先生逝后的第三年，王琼死在任上，被赠封为太师，谥号恭襄。

沧海横流，方显出英雄本色。

大明王朝这两个大英雄的本色之交、知音之交，算是交响出了天地之间最强大、最纯净的心灵乐章！

政治篇

102. 繁文益盛，天下益乱

——《王阳明全集·语录一·徐爱录》

今译： 文牍主义、形式主义的东西越盛行，天下国家就会越乱。

抚今追昔，阳明先生无限感慨："天下之大乱，由虚文胜而实行衰也！"

痛贬时弊，毛泽东主席无限愤慨："形式主义害死人！"

所谓繁文主义，用今天的话讲，就是形式主义、文牍主义、空谈主义。具体的表现：思潮多、主张多、议论多、文件多、会议多、活动多、作秀多……唯独实干少。

《传习录》中的"徐爱录"部分，篇幅本来就不长，但却有近三分之一的篇幅记录阳明先生对"繁文主义"的危害的认识及批判，而且上升到了治国平天下的高度。如，"天下所以不治，只因文盛实衰"；《春秋》以后，繁文益盛，天下益乱"。

对繁文主义，老子主要是从"道理"上予以清除。《老子》第三十九章说得好："天得一以清，地得一以宁，神得一以灵，谷得一以盈，侯王得一以为天下正。"老子这里讲的"一"，是与"多"和"杂"相对而言的。其核心的意思在于，天下统于一，万物生于一；天下乱于多，万物败于杂。假设，天上出的不是一个太阳，而是两个或三个太阳，那天下人还能活吗？假设，一个国家的治理，不是用一部《宪法》，而是用两部甚至三部，那天下人的行为不都乱套了吗？假设，一块田地里，种的不是一种作物，而是水稻、小麦、高粱、土豆都种下去，那这块地里还会有收成吗？

对繁文主义，孔子主要是从"著述"上予以删除。孔子作为中华民族的大圣人，作为中华文明重要的传承者，其一生最突出、最伟大的贡献，不在于他写了多少著作，而在于删除了多少著述。孔子一生最担心的就是繁文乱天下，为此，他做了一件前无古人的大事——删述《六经》。六经，是《诗经》《尚书》《礼记》《乐经》《易经》《春秋》的合称。中华文明，号称上下五千年。这六本书，都是在孔子以前的几百年乃至几千年就流传了；到孔子时，每一本书都成了一个"庞然大物"，各种版本、各种解释，多得让人眼花缭乱！就拿最典型的《易经》来说，"自伏羲画卦，至于文王，《易》道大乱"。在这种情况下，孔子用了三年多的时间，以周文王和周公的《易》书为正本，对《易经》进行重新编辑，这才使得天下之学易者有了一本正宗教材，从而结束了易道研究和传播的乱象。又如《诗经》，到孔子时，已多达几千篇，而且还有很多低俗下流的东西，不仅起不到正人心、正风俗的作用，还产生巨大的反作用。对此，孔子以巨大的魄力，挥起巨斧，砍掉了其中的百分之九十的篇目，去其糟粕，留其精华，定下了"诗三百篇"。

对繁文主义，阳明先生主要是从心灵和行动上予以根除。在行动上，阳明先生与后世大多数的迂儒、庸儒不同，对秦始皇的"焚书"行为持理解和赞同态度。他说："始皇焚书得罪，是出于私意，又不合焚'六经'。若当时志在明道，其诸反经叛理之说，悉取而焚之，亦正暗合删述之意。"在他看来，始皇焚书与孔子删经的初衷是一致的！在思想上，阳明先生则认为，繁文主义之所以盛行，主要还是后人以"功利之心行之"，"人出己见，新奇相高，以眩俗取誉，徒以乱天下之聪明，涂天下之耳目，使天下靡然争务修饰文词，以求知于世，而不复知有敦本尚实、反朴还淳之行"。

103. 严霜大冻之中，岂无些小风和日暖意思

——《王阳明全集·附录·朱子晚年定论》

今译：在严霜重重、冰雪皑皑的秋冬之际，怎么能没有一些风和日暖的春意呢？

阳明先生在《朱子晚年定论》中引用的这句话，看起来是在描写景物，实际上是在描写一种悲天悯人的气度情怀，一种能滋养万物的大慈悲！

这种气度情怀，从根本上讲是源于心中的良知；从智慧上讲是源于中庸之道；从方法上讲是源于一分为二的哲学；从思路上讲是源于宽严相济的结合。

阳明先生的这种气度情怀，从其平定宁王叛乱之后给朝廷上的四道奏疏中可以充分地体现出来：

在 1519 年八月二十五日给朝廷上的《恤重刑以实军伍疏》中，他请求朝廷对依附、投降于宁王的官军将士要区别对待：对极少数主动依附宁王或知情故纵的，一律给予严厉处置；但对大多数"据法在所难容，原情亦非得已，宥 (yòu) 之则失于轻，处斩似伤于重"的人，则可以免其死罪，把他们发配边疆，以充实军队力量。如此，即体现了朝廷好生之德，又体现了国法之威，还加强了边防力量，一举三得，何以不为？

在同一天给朝廷上的《处置从逆官员疏》中，阳明先生请求朝廷对在省级各衙门工作的投降官员，做到轻重有别。即"取其罪犯之显暴者，明正典刑，以为臣子不忠之戒"；"酌其心迹之堪悯者，量加黜谪，以存罪疑唯轻之仁"。只有这样，才能使奸滑之徒受到警诫，国家法度得到彰明。

还是这一天给朝廷上的《处置府县从逆官员疏》中，阳明先生请求朝廷对在各府县工作的投降官员，做到宽严有度。即对于那些"闻变即逃，莫知讨贼之义"的人，都予以重判；对于那些"责任既轻，力难设施"的人，则"情可矜悯"！

在 1519 年九月十日给朝廷上的《收复九江南康参失事官员疏》中，阳明先生请求朝廷，除对极少数临阵脱逃、影响极坏的官员予以严惩外，对大多数官员则"姑从权宜"，让他们暂时履行职责，戴罪立功。如此，既能"大奋乾刚，肃清纲纪"，又能感奋人心，积聚恩德！

阳明先生的这些观点，与毛泽东主席在 1959 年 8 月讲的一些观点是何等相似呀！

"人总是要有一条出路，不要逼得人家没有出路。……天无绝人之路，我们马克思主义者把人的路绝了是不好的，要留有余地，要有保护、关怀、帮助的意思。"

"为了帮助犯错误的同志改正错误，就要仍然把他们当作同志看待，当作兄弟一样看待，给以热忱的帮助，给他们以改正错误的时间和继续从事革命工作的出路，必须留有余地，必须有温暖，必须有春天，不能老是留在冬天过日子。"

104. 天下事虽万变，吾所以应之不出乎喜怒哀乐四者。此为学之要，而为政亦在其中矣

——《王阳明全集·文录一·与王纯甫》

今译：这天下的事情虽然千变万化，而我用来应对它的不外乎喜怒哀乐四种心态。这既是研究学问的要点，也为行政管理的要点。

这世上最复杂、最危险、最变化无常的事情是什么？

战争！

阳明先生于1512年在《与王纯甫》书信中总结出的这一治学、理政、处事的大体会，在其1517年春天剿灭福建土匪的战争中实践得彻彻底底又潇潇洒洒。

战斗双方当时的态势是：以詹师富、温火烧为首的土匪，主要是盘踞在福建漳州的象湖山、长富村一带，人数有四万人左右，分别占据着象湖山、可塘洞、大水山、箭灌、水竹、白罗、南山等四十多个山头，且多地势险要。以阳明先生为首的剿匪大军，人数为五千七百人左右，驻扎在福建上杭县。

战斗双方当时的士气是：1517年正月十八日，在福建分守右参政艾洪、经理军备参政陈策、副使唐泽、将领都指挥佥事李胤等人的带领下，五千多官军在长富村、阔竹洋、大丰、五雷、大小峰一带与土匪大战了数合，以牺牲6人为代价，斩杀了土匪432人，俘获146人，算是旗开得胜。

闻听到这一捷报，初次领兵打仗的阳明先生无疑是以"喜心"对之。在

未经充分论证研究的情况下，便匆忙带着指挥覃桓、县丞纪镛和一百名官兵出发向战场奔去。不料，在一个叫大伞的地方，遭到了詹师富早已埋伏好的土匪的袭击，尽管阳明先生指挥官兵奋勇抵战，但无奈匪众我寡，覃桓、纪镛两人因马陷到了泥坑里，被土匪射死；15名官兵被土匪杀死；阳明先生自己也身中两枪，好不容易突围而出。

出师未捷先中枪。阳明先生不得不以"哀心"应对之。如何才能做到哀兵必胜呢？静静的夜晚，听着淅淅沥沥的春雨，看着跳动的烛光，阳明先生陷入了沉思之中：痛失两员大将，于我而言，必然是军心哀伤，但于匪军来说呢，必然是心生"妄喜"。何不利用其妄喜之心，彻底扭转战局呢？

一旦想定了主意，阳明先生便主动付诸行动。他出的第一招，就是麻痹其心。即让人四处散布消息，说阳明先生受伤很重，已丧失指挥能力，不得不退回赣州，准备秋天再来。不过，尽管自己遭到土匪的袭击，受了伤，但正月十八日一仗还是取得了重大胜利，所以必须开个庆功会，犒赏大家。与这些消息配套的是，故意放松对土匪所派间谍的监视，让他们把消息传递给詹师富、温火烧等。

如此一个又一个的"好消息"，再加上以往形成的"官军每一次围剿失败后都会退兵"的经验，詹师富真是欢喜得不得了，针对阳明先生召开的班师庆功会，他也命人组织盛大的反围剿胜利庆功会，杀猪宰羊，狂饮狂乐，一直把心中的警觉喝得烟消云散，整个象湖山的防线喝得形同虚设。

阳明先生出的第二招，就是震裂其心。就在詹师富等土匪沉浸在狂欢之中时，阳明先生发起了"闪电"行动。二月二十九日夜，共派出三路大军五千七百余人，悄无声息地摸到了象湖山匪寨的各个隘口。在凌晨4点钟左右，也就是土匪睡得最沉的时候，阳明先生一声令下，万人齐呼，万刀齐举，万箭齐发，万火齐明，把正在睡梦中的詹师富等人直震慑得心胆俱裂。大约到中午时分，象湖山被彻底荡平。

在战场局势完全扭转，且已完全处于"主动"的情况下，阳明先生继续以"怒心"应对之。从二月二十九日至三月二十一日，阳明先生指挥各路官军以"作敢战之风"，采用各个击败的方法，共消灭土匪7000多人，俘获土匪家属5900多人，击溃土匪不计其数，夺获的牛马及赃银赃物不计其数。

历时三个月的剿匪战结束，阳明先生变"闪电"行动为"春风"行动，以"乐心"应对之。他先是在五月八日向朝廷上了《申明赏罚以厉人心疏》，请求朝廷对有功人员进行奖赏，以激励人心。接着，在五月二十八日，又向朝廷上了《添设清平县治疏》，请求朝廷乐民之乐，忧民之忧，支持在象湖一带设立县治，防止土匪死灰复燃，以安抚人心。再次，对土匪家属作出适当安置，在新县区分给其土地农具，同时发动乡绅捐资兴建学校，以教化人心。

105. 至善也者，明德亲民之极则也

——《王阳明全集·文录四·亲民堂记》

今译：至善，是明德、亲民的最高法则。

如果把阳明心学比作一盏灯，那么，《孟子》无疑就是灯座，为其提供了一个核心概念——"良知"；《六祖坛经》无疑就是灯芯，为其提供了一个核心理念——"自性成佛"；《大学》无疑就是灯油，为其提供了一个核心目标——"亲民"；《道德经》无疑就是灯罩，为其提供了一个核心思路——"道法自然"。

何谓亲民？用今天的话讲，就是为人民服务。如何才能为人民服好务？阳明先生在1525年写的《亲民堂记》和1527年写的《大学问》中强调了

三点：

其一，每个人都具有一种天生的光明德性。阳明先生指出："明德者，天命之性，灵昭不昧，而万理之所从出也。人之于其父也，而莫不知孝焉；于其兄也，而莫不知弟焉；于凡事物之感，莫不有自然之明焉；是其灵昭之在人心，亘万古而无不同，无或昧者也，是故谓之明德。"每个人既然都具有天赋的光明德性，那为什么有的人会行忠孝，有的人却会干出不忠不孝的事呢？阳明先生解释说，那是被"物欲"蒙蔽了。所谓"明明德"，就是要去掉物欲的蒙蔽。

其二，一个人要光明自己的美好德性，不能空对空，必须在"亲民"的实践中去光明和彰显自己的美德。对此，阳明先生一再强调：一个人要光明自己的孝之德，必须在亲敬父兄和长辈中去体现；一个人要光明自己的弟之德，必须在亲和自己的兄弟姐妹中去体现；一个人要光明自己的忠之德，必须在为国为民做贡献中去体现。基于此，阳明先生得出结论："故明明德，必在于亲民，而亲民乃所以明其明德也。"

其三，至善之境，是明德和亲民的最高标尺、最高要求和最高境界。对此，阳明先生用了三个比喻来说明："故止至善之于明德、亲民也，犹之规矩之于方圆也，尺度之于长短也，权衡之于轻重也。"在阳明先生看来，离开至善去谈明德亲民，就像离开规矩去画方圆、离开尺度去量长短、离开秤具去计轻重一样，怎么能够做得到呢？

由此可见，《大学》的三纲领并不是分割的，而是一个完整的统一体。其中，明明德是前提和基础，亲民是目标和载体，至善是境界和要求。

阳明心学这盏灯，之所以能亘万古而不灭，靠的就是《大学》提供的源源不断的灯油。而其原油，就是亿万人民、亿万人心！

阳明心学，之所以能区别于道学、区别于佛学，凭的也就是《大学》。对此，钱德洪说得很有清楚：《大学问》者，师门之教典也。学者初及门，必先以此意授，使人闻言之下，即得此心之知，无出于民彝物则之中，致知之功，不外乎修齐治平之内。"反复品读钱德洪这段话，我们便可明白一点：不理解《大学》，不理解"为人民服务"的深刻内涵，便不可能得到阳明心学的真正精髓。

日本心学大师高濑武次郎说过这样一番意味深长的话："大凡阳明学含有二元素，一曰事业的，一曰枯禅的。得枯禅之元素者可以亡国，得事业之元素者可以兴国。中日两国各得其一。"把话说得明白一点，就是近代日本得到的是事业元素，所以强大起来了；而近代中国得到的是枯禅元素，所以沦为半殖民地。

为什么中国只得到枯禅元素呢？主要还是阳明先生的那一群学生，学养不深、器局不大，倒掉了灯油，丢掉了《大学》中的家国情怀，只是一味地在修饰灯座、灯罩等形式上下功夫（个别的甚至流于极端，流于荒诞和怪异，如何心隐、李贽等），一味地在心性、功夫、本体等概念上打圈圈，而唯独忘记了构成阳明心学的最基本元素：人民和国家；唯独忘记了点燃阳明心灯的最基本油料：为人民服务！

故阳明心学，乃为人民服务之学！

106. 因才器使，朝廷之大政也；量力受任，人臣之大分也

——《王阳明全集·别录一·辞新任乞以旧职致仕疏》

今译：按照官员的品德、才能尤其是特长，对其进行合理的安排使用，是朝廷最大的政务；依据自己的能力大小来接受组织的任务，是臣子最大的本分。

阳明先生在《辞新任乞以旧职致仕疏》中写的这句话，是先生用人思想科学性的一个重要体现！

在先生看来，用人并不是一个单向活动，而是一个双向活动：就用人方而言，关键在于要有"知人之明"；就被用方而言，关键在于要有"自知之明"。

大明王朝走到正德皇帝的时代，整个朝局已是乌烟瘴气。尤其是在用人方面，任人唯亲、拉帮结派、买官卖官已是非常猖獗，朝廷上下，基本上是劣币驱逐良币，真正能干的、正直的、忠诚的官员留不住、上不来，起不了作用。但是，再黑暗的夜空也会有电光闪现。就在阳明先生已对仕途快要彻底灰心之时，一位难得的伯乐出现了。这个伯乐名叫王琼，时任兵部尚书，是当时大明朝非常难得的一位为了国家大局利益，宁愿污损个人名节的无私之良臣、有识之君子。在当时宁王的势力已经庞大、羽翼已经丰满、狼子野心已经暴露，而昏聩的正德皇帝却仍在醉生梦死、朝野大多数官员已经被拉下水的情况下，王琼将目光投向了阳明先生，并认定他就是当今天下唯一一

个不可能屈服于宁王的威武、不可能接受宁王利诱的人。为此他不惜违心地讨好正德皇帝的近臣钱宁，不惜违心地钻进"豹房"陪正德皇帝游乐，终于在1516年九月十四日，得到了吏部的一纸任职文书，任命阳明先生为都察院左佥都御史，负责巡抚江西南安、赣州，福建汀州、漳州，广东南雄、韶州、惠州、潮州各府及湖广郴州地方，同时有权辖制江西、福建、广东、湖广四省的兵马。

从现有地图看，这九个州的地盘加起来，已经相当于一个中等省份；从当时拥有的权力看，已经相当于一个战区。将如此艰巨卓绝的重任，突然地交给一个一直在当闲差、泡病号，且从来没有带过兵、打过仗的文官身上，王琼确实有点冒天下之大不韪。但后来的事实证明，王琼这种大冒险，实则是源于他具有的"知人之明"的大智慧。

一个人，具有知人之明不容易，具有自知之明更难。古往今来，有多少人，如赵括、马谡等，就是因为缺乏自知之明，结果搞得身败名裂。而阳明先生，恰恰在这一点上具有优良的血统。

如阳明先生的四世祖王与准，自号"遁石翁"，熟读经史，精通易学，自知不堪政务繁剧，便多次拒绝朝廷的征召令，隐居田园以占卜算卦为业。又比如，阳明先生的三世祖王世杰，自号"槐里子"，为人超脱而洒落，颇有曾子的风范，三次被人举荐到朝廷做官，一次放弃，一次婉言拒绝，一次把机会让给了好友。再比如，阳明先生的父亲王华，刘瑾当权时两次向他抛出诱饵，说只要能见面聊聊天，便保他入内阁、当首辅，位极人臣。可王华呢，自知自己的脸皮不够厚、心不够黑，根本就不是那块能够同流合污的料，便坚决地予以拒绝了。

在明朝官场，王华是一个难得的"清贵"之人，这个贵，就贵在自知之明上了。

107. 众心一散，不可以复合；事机一失，不可以复追

——《王阳明全集·别录一·添设清平县治疏》

今译：众人的心一旦散去了，便很难再聚合；机遇一旦丧失了，便很难再追回。

古往今来，为官者大抵有三个层次：

最低的层次是，在一个地方为官几年或几十年，只落得身后骂名滚滚来。

中间的层次是：在一个地方或几个地方当了几十年的官，基本上是浑浑噩噩，蝇营狗苟，坏事没做什么，好事也没做什么，以"平庸"换得"平安"，到哪里都是大雪无痕。

最高的层次是：在一个地方为官时间虽然不长，但所做的每一件事，都经得起历史的检验，都受到了百姓的拥戴，且越是风吹雨打，越是彩虹灿烂。

阳明先生为官，就达到了最高的层次。

当今中国，有两千多个县。其中有三个就是阳明先生于 1517 年和 1518 年亲自提议设置的，即广东的和平县、福建的平和县（最初叫清平县）、江西的崇义县。

为什么阳明先生在一举平息了江西、福建、广东、湖南九个州府的匪患以后，不是急于向朝廷表功请赏，而是急于请求添设县治，兴办学校呢？

这就与阳明先生为官的宗旨有关了！

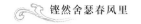
阳明先生为官，究竟以什么为宗旨呢？从他的《添设清平县治疏》分析看，主要有两条，即：

一切为了百姓！

一切为了长远！

基于此，他在全面、干净、彻底地消灭了福建象湖、大伞、箭灌等地的土匪后，首先与福建按察司兵备金事胡琏商议的，就是请示朝廷允许在这一带设立县治。在他看来，治民就是治心。只有添设县治，管控人心，才能防止土匪死灰复燃；只有兴办学校，教化人心，才能移风易俗，以保久安长治。

围绕这两条宗旨，阳明先生特别注意抓机遇。尤其是对那些老百姓"举首愿望，仰心乐从"的事，"父老相沿已久，人心冀望甚渴"的事，一定要借势借机借力，快办实办好办。

按常理算，凭空新建一座县城，没有几年工夫是搞不成的。可阳明先生在江西、福建、广东新建的这三个县，由于充分调动和利用了老百姓的积极性，大家争相"凿山采石、挑土筑城、砍伐树木、烧造砖瓦"，不到数月，便大功告成了。

由此可见，阳明先生不愧是一代心学大师，其心学的功能，不仅仅是用于强大自我之心；更重要的，是能够聚合众人之心，并以此推动自然、社会的大改造！

108. 不加赋而财足，不扰民而事办

——《王阳明全集·别录一·疏通盐法疏》

今译：不用增加赋税而能使财政充裕，不用扰劳百姓而能把事情办好。

这句话，粗看起来颇有点"天方夜谭"的味道……

古往今来，哪一个国家，哪个政权组织，其财政收入不是来源于老百姓的赋税呢？哪一项工程、哪一件大事，不需要百姓出工出力呢？

这句话，细思起来，却又大有玄机……

在看似矛盾的背后，却揭示了一种治国理政安民的极高境界！

如何才能达到这种境界，仔细揣摩阳明先生在 1517 年六月十五日给朝廷上的《疏通盐法疏》，就能够找到一个参考答案：运用中庸思维，在各个利益主体之间找到一个平衡点！

阳明先生当年到达赣州上任后，面临的第一任务就是剿匪，面临的第一困难就是没钱。据先生估算：以调动官兵三万计算，半年时间里，需要消耗的粮饷折合银子至少应在三万两左右。

而当时赣州府的库存银两却只有二千九百余两，缺口实在太大！

怎么办呢？就当时情形而言，唯有在挖掘盐税上想办法。因为明清两代，盐政已成为第一大政务，盐税已成了朝廷和各地的主要税源。

可当时赣州的盐政，由于政策的错误，已经被折腾得奄奄一息。这个政策的荒唐之处在于：南安、赣州、袁州、临川、吉安五个州地理位置相连，其食盐的主要来源一为广东的"广盐"，二为安徽的"淮盐"。由于河道滩石

险阻，淮盐基本上进不来。剩下的就只有广盐了。可 1514 年十月朝廷盐政主管部门却莫名其妙地发了一个告示，只允许广盐在南安、赣州发卖，不允许在袁、临、吉三州发卖。这样一来，就害苦了三州的老百姓，盐价飞涨，中等以下人家吃不起盐；害惨了三州的盐商，没有了货源，买卖还如何做？害穷了地方政府，缺少了一大块税收，更谈不上拿钱来供养剿匪的军队了。

面对如此困局，阳明先生在深入调研、集思广益的基础上，提出了一个"三全其美"的方案，即放开广盐限制，降低盐商税务。从而一举解决了老百姓的"无盐之苦"，南、赣二州的"军饷之利"，商贾的"阻隔之累"，公私皆两便！

109. 天下之事，成于责任之专一，而败于职守之分挠

——《王阳明全集·别录三·浰头捷音疏》

今译：天下的事情，成功的主要原因在于责任专一，而失败的主要原因在于职责分散或干涉太多。

伟人与常人最大的区别在于：伟人善于总结。失败了，能够很快地找准失败的教训；成功了，能够很快提炼出成功的经验。

1518 年正月初七，当天下人都还沉浸在春节的欢乐中时，当盘踞在广东上、中、下三浰等地的土匪也沉醉于酒池肉林时，阳明先生悄无声息地指挥由赣州知府邢珣、惠州知府陈祥、南安知府季敩（xiào）、赣州卫指挥佥事余恩、赣州卫指挥佥事姚玺、赣州府推官危寿、赣州卫千户孟俊、南康县

丞舒富、赣州守备指挥郏 (jiá) 文等率领的九路大军，加上自己亲自指挥的一路，共计十路大军，发起了全面袭击，取得了全面胜利。前后两个月，共捣毁土匪巢穴 38 处、擒斩大贼首 29 名、次贼首 38 名、从贼 2009 名，一举荡平了广东的匪乱。

在四月二十日给朝廷上的《浰头捷音疏》中，阳明先生不仅翔实地汇报了战况、战果，同时也对这次成功的原因作了对比分析，他说：就浰头匪乱而言，以前也曾数次发动征剿，但均以失败而告终，这是为什么呢？论兵力，以前要强得多，而今要弱得多，以前的数量是几万，而今只有几千；论时间，以前是耗时几年，而今是两月；论费用开支，以前是数十万两，而今只有不到十分之一；论带兵之将，以前多是有勇有谋的老练将军，而今只有一些像我这样的文弱书生。然而，就结果看，以前失败了，而今成功了，原因究竟在哪里呢？我分析来、分析去，觉得只有一条，那就是朝廷的英明决策好！可谓是"明见万里，洞察往弊，处置得宜"。

而朝廷之英明，又主要体现在三个方面：

一是放权。既给了阳明先生赏罚大权，又给了他一个"提督"的官帽，使他能够顺利地指挥四省的州府官员，调遣地方军队。

二是放手。明朝的惯例，大军征伐，朝廷一定会派太监监军，以监督牵制领兵之将。这种做法，最大的弊端，就是监军太监干涉军事指挥，这也是明朝军队无论是在对外战争中，还是在对内剿匪中，多吃败仗的原因。而唯独这一次，在兵部尚书王琼的大力协调下，朝廷没有给阳明先生派监军，从而为阳明先生指挥作战创造了一个良好的自由的环境。

三是放任。以往对大军作战，朝廷管得既多又死，既要管作战方案，还要限制作战时间。而战场形势呢，往往又瞬息万变，拿既定的死方案去应对活战争，结果自然是败多胜少。这一次，朝廷网开一面，"授之方略而不拘以制，责其功成而不限以时"，无形之中，减轻了阳明先生诸多莫名的压力，同时，也让阳明先生释放出了巨大的心力！

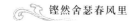

110. 夫聚敛以为功，臣之所素耻也；掊克以招怨，臣之所不忍也

——《王阳明全集·别录三·再请疏通盐法疏》

今译：靠强征暴敛财富来作为功绩，这是我素来引以为羞耻的；以搜刮民财来招致百姓怨恨，这是我一贯于心不忍的。

在巡抚南赣的任上，阳明先生主要抓了两大民生工程：一是荡平了延续几十年的匪患；二是纠正了盐政上的错误政策。在他的据理力争下，朝廷同意废止了"广盐不许到袁州、吉安、临川发卖"的规定，从而收到了"三全其美"的效果。即老百姓得了实惠，吃到了便利盐；盐商得了机会，生意重新红火；地方政府得了实利，增加了税收，充实了军饷。

这句发自内心的感叹，就是出自阳明先生于 1518 年十月十二日呈报朝廷的《再请疏通盐法疏》，充分体现了阳明先生建立于良知之上的为民情怀。

这种为民情怀，究竟真诚到了何种程度呢？从这道奏疏末尾的三句话，可以清晰地彰显出来。

第一句话是，"况臣废疾日深，决于求退，已可苟避地方之责，但其事势，不得不然"。仔细品味这句话，从中可以发现阳明先生在为官立场和态度上的两个特点：一是把"功成身退天之道"作为座右铭。每次胜利完成朝廷的重任后，首先想到的不是如何请功，而是以身体不好为由，请求朝廷准其告病还乡。二是视百姓利益重于一切。每当百姓利益受到损害时，他都会置个人利益、个人官帽于不顾，挺身而出，据理而争，不达目的不罢休。好几次，都是以"辞职"相胁。

第二句话是，"若已毕而复举，是遗后人以所难，而于职守为不忠矣"。这句话的意思是，假如有些任务在完成以后又出现反复或复辟，那就是把难题丢给了后任，这是一种对职责不忠的表现。事实上，在阳明先生的为官生涯中，对每一件事情的谋划和处置，他都是既重现实问题的解决，又重长治久安的建设，从不把矛盾和负担留给后任。

第三句话是，"愿皇上悯地方之疮痍，哀民贫之已甚，虑军资之乏绝，察臣心之无他，特敕该部俯采所议，酌量裁处，早赐施行，则地方幸甚"！如此语气，如此真诚恻怛（cè dá），完全是从心肺里掏出来的，不能为之动情者，只能是无良知之人也。尤其是"察臣心之无他"一句，更是表明了阳明先生的为官信念：除了广大百姓的利益，我别无所图！

111. 财者民之心也，财散则民聚；民者邦之本也，本固则邦宁

——《王阳明全集·别录五·计处地方疏》

今译：财富是维系民心之根本，政府能够散财让利，民心自然会凝聚；人民是国家的根本，民心稳定则国家自然安宁祥和。

这句话出自阳明先生于1520年五月十五日给朝廷上的《计处地方疏》。如何理解这句话的深刻要义，需要我们将他于三月二十五日上的一道《乞宽免税粮急救民困以弭灾变疏》结合起来研究。

在这两道疏里，阳明先生苦口婆心地向皇帝、向朝廷的那一帮重臣说明

一个道理：一定要学会算民心之大账。

至于如何算好、算精民心这本账，阳明先生反复强调了两个方面：

第一是民有难不可不济。在《乞宽免税粮急救民困以弭灾变疏》中，他告诉朝廷：1519 年三月至七月，江西省遭遇严重的旱灾，"禾苗未及发生，尽行枯死，夏税秋粮，无从办纳；人民愁叹，将及流离"。在这种情形下，朝廷如果不能体恤人民的疾苦，免除人民的赋税，救济人民的苦难，那就会陷入一种可怕的恶性循环！这个循环就是：灾荒到了极点，必然发生变乱；变乱到了极点，朝廷必须派军队镇压；军队的费用开支到了极点，朝廷必须增加百姓的税负；百姓的税负重到了极点，便必然会出现"上下汹汹，如驾漏船于风涛颠沛之中"的危局。

为此，阳明先生提醒朝廷：免江西一省之粮税，不过四十万石，现在因为吝啬四十万石而不肯减免，将来激起民变，即便耗费几百万石，恐怕也会于事无补。如此简单之账，为什么就算不明白呢？

第二是占民之财不可不还。阳明先生在《计处地方疏》中陈述：宁王朱宸濠为了积聚反叛的力量，在公开叛乱之前，对江西人民的财产，"或用势强占，或减价贱卖，或因官本准折，或摭别事抄收"，从而导致"有中人之家者，一遭其毒，即无栖身之所；有上农之田者，一中其奸，即无用锄之地"。宁王叛乱之后，历经战火的焚毁，江西大多数地方，已是"兵马之后，瓦柱仅存；田野之间，草莱渐长"，"财尽已极，民困莫加"。这种情况之下，如果不能积极采取措施，势必陷入一种危急的局面，即"大兵必有荒年，民穷必有盗贼，万一变生无常，衅起不测，则寸兵尺铁，皆无所需，束刍斗粮，亦不能办，公私失恃，缓急可忧"。

怎么办？阳明先生提醒朝廷，千万别忘了平定宁王之乱给百姓许下的承诺，将宁王"占夺四方悉还本主"。与此同时，还需要严厉禁止土豪劣绅强占强买。如此，才能做到不侵民财，不伤民心！

112. 任贤图治，得人实难，其在边夷绝域反覆多事之地，则其难尤甚

——《王阳明全集·别录七·边方缺官荐才赞理疏》

今译：任用贤能、治理地方，要得真正的人才实在是难，尤其是条件艰苦、反复多乱的边远地方，困难更大。

这一声感叹，颇为沉重！

这一声感叹，出自阳明先生于 1528 年七月六日给朝廷上的《边方缺官荐才赞理疏》。写此疏时，思恩、田州之乱已全部平息；写此疏时，八寨断藤峡的百年匪患已彻底根除；写此疏时，阳明先生已是重症缠身，进入生命的倒计时。

当此之时，他想的最多、最急切的就是朝廷赶紧物色几个老成宽厚、才识过人的大才到广西这个边远之地，任重致远。他先是于同年五月二十五日给朝廷上了《举能抚治疏》，举荐广西右布政使林富、广东右布政使王大用、湖广按察使周期雍等人。一个多月后，又上了这道《边方缺官荐才赞理疏》，举荐了化州知州林宽、潮州府推官李乔木等人。

尤为可贵的是，阳明先生在这道疏里，系统地谈了自己的人才思想：

第一，关于人才的标准。阳明先生提出"三好"的标准。首先是"心好"，即一切以国家、百姓利益为重，视人犹己，视国犹家，不"过刚使气，率意径行"。其次是"才好"，即具有"忠实勇果、通达坦易之才"，并熟悉地方风土人情。其三是"身体好"，能"耐其水土，能以久居于其地，以收

积累之效"。

第二，关于人才的举荐。阳明先生给皇帝提了一个简单的办法：先让朝中在位的大臣，每人负责任地向朝廷推荐十几个可用之才，而后由皇上进行综合分析考察。如果只有一个人举荐而九个人不举荐，则直接排除出考察对象；如果有三个人举荐而七个人不举荐，则可将其纳入考察范围；如果有五个人举荐而五个人不举荐，则可在对其进行深入考察后重点使用；如果有七八人举荐而一两人不举荐，则可毫不犹豫地对其大胆使用。与此同时，阳明先生提醒皇上，对于那些"平生磊落、自负卓然，思有所建立，而其学识才能果足以有为"的大才，一定要特别关注。

第三，关于人才的使用。针对边远艰苦地方"无可用之人"的状况，阳明先生向皇上建议，要不拘时例，破格使用。他认为，与其拘于时例用一批庸才而苦了一方百姓，误了国家事业，不如破格使用一个"豪杰可用之才"，造福一方百姓，兴隆一方事业。在这里，阳明先生大声疾呼，请皇上、请朝廷一定要算清政治账，"何忍一方之祸患日深月积，乃惜破例而用一人以救之乎"？

113. 唯国是谋，与人为善

——《王阳明全集·别录七·八寨断藤峡捷音疏》

> 今译：一生谋划，都是为了国家人民利益；一世做人，都是为了善意帮助他人。

这句话，是阳明先生于1528年七月十日在给朝廷上的《八寨断藤峡捷音疏》中写的。原本只是一句客套话，是用来拍杨一清、桂萼、张璁等一班朝廷阁臣的马屁的。遗憾的是，他们胸襟情怀都太小、太窄，当不起。有明之世，能够当得起这八个字的，恐怕也只有阳明先生等寥寥几人而已。

古代的奏疏，就是我们今天的工作报告。阳明先生一生，共给朝廷打了81份工作报告。认真阅读这些报告，我们就能强烈地感受到阳明先生"唯国是谋"的忠诚与大爱！

比如，在1517年春夏之交成功平定福建匪乱后，阳明先生于五月八日给朝廷上了《闽广捷音疏》。紧接着五月二十八日，他又上了《添设清平县治疏》，请求皇上"俯念一方荼毒之久，深惟百姓永远之图"！

在1517年冬天成功平定江西南安府、赣州府的匪乱后，阳明先生于十二月二日给朝廷上了《横水桶冈捷音疏》。紧接着，十二月五日，又上了《立崇义县治疏》，请求皇上"惩前虑后，杜渐防微……俯顺民情，从长议处……变盗贼强梁之区为礼义冠裳之地，久安长治"！

在1518年四月成功平定广东三浰的匪乱后，阳明先生于四月二十日给朝廷上了《浰头捷音疏》。紧接着，五月一日，又上了《添设和平县治疏》，请求皇上"鉴往事之明验，为将来之永图；念事机之不可失，哀民困之不可再；俯采臣等所议"，及早批准建立和平县，让"百姓永享太平之乐"！

在1519年夏天成功平定了宁王叛乱后，阳明先生于七月三十日给朝廷上了《江西捷音疏》。紧接着，同一天，又上了《旱灾疏》，请求朝廷"暂将江西正德十四年分税粮通行优免，以救残伤之民，以防变乱之阶"。

在1528年春天成功招抚了思恩、田州叛乱后，阳明先生于二月十三日给朝廷上了《奏报田州思恩平复疏》。不久，于四月六日又上了《处置平复地方以图久安疏》，从久安长治出发，向朝廷提出了一条极富创意、极具特色的"土流共存、相互监督"策略。具体办法是，思恩、田州两个地区，仍以土官（当地民族干部）任知州，以顺应土著民族之风俗习惯；但以流官（朝廷委派干部）任知府，对其进行节制监督。在具体分工上，知州相当于

今天的县长，以管民事为主；知府相当于今天的党委书记兼军区司令，以管兵、管全面为主。如此制度设计，不可谓不周全矣！

在 1528 年夏天成功平定了八寨断藤峡的匪乱后，阳明先生于 1528 年七月十日给朝廷上了《八寨断藤峡捷音疏》。紧接着，于七月十二日又上了《处置八寨断藤峡以图永安疏》，请求皇上采纳其提出的"移筑南丹卫城于八寨、改筑思恩府城于荒田、改风化县治于三里、添设流官县治于思龙、增筑守镇城堡于五屯"等五条建议，以期收到"谋成而敌自败，城完而寇自解，险设而敌自摧，威霸而奸自伏"的效果。

由此上述，我们可以看出，阳明先生每完成朝廷交办的一件大任务，首先想到的不是如何请功请赏，而是如何为生民立命、为百姓造福、为国家享太平、为天下图永久！

114. 官务以国家大难为心，尽心竭力

——《王阳明全集·别录九·牌行吉安府敦请乡士夫共守城池》

今译： 作为官员，务必将国家面临或正在遭受的大灾大难作为自己心中的天责，竭尽心力去谋划担当。

阳明心学原本就是尽心之学！

何谓尽心？就是为了解国家之难、救人民之苦，心甘情愿地将自己的智力、精力和财力等全面、彻底地予以奉献。

古往今来，每当国有危难，官员们大体有三种心态：

　　一种是，不计条件，勇于担当。这种人少之又少，堪称真正的忠良之臣。就像阳明先生一样，当宁王在突然之间举起反叛大旗时，他不顾自己无兵、无粮、无钱的现状，不顾自己因"弱质多病"已经向朝廷打了几个退休报告的情状，不顾当时"地方之责、亦非本职（自己是南赣巡抚、不是江西巡抚）原任"的现状，在第一时间担起了第一责任，迅速地将吉安知府伍文定等一班有血性、有忠心的府县官员组织起来，组建了一支阻止宁王叛乱之势蔓延的铁军。既未向朝廷要兵，也未向朝廷要钱粮，更未向朝廷要官、要位、要权。如此情怀，千古之下，几人能堪伯仲之间呢？

　　第二种是，先讲条件，再事担当。这种情况，历朝历代都有不少。包括唐代的郭子仪、李光弼、薛仁贵、李靖等；包括宋代的岳飞、韩世忠、张俊、刘光世等；包括明代的戚继光、李成梁、孙承宗、袁崇焕等；包括清代的曾国藩、曾国荃、左宗棠、胡林翼等。

　　第三种是，无论给任何条件，都不担当。这种"逃兵"现象，历朝历代确实比比皆是。这方面，最生动、最可怜、最可悲的写照，莫如五代时花蕊夫人写的那一首《述国亡诗》："君王城上竖降旗，妾在深宫那得知。十四万人齐解甲，宁无一个是男儿。"是啊，当一个国家、一个民族在面临大变、大灾、大难、大压的时刻，如果没有一个、两个，乃至一群铁血男儿出来敢为之担当，那等待这个国家、这个民族的，只能是"问君能有几多愁，恰似一江春水向东流"。

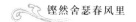

115. 诚于爱民者，不徒虚文之举；忠于谋国者，必有深长之思

——《王阳明全集·别录九·批吉安府救荒申》

今译：凡是诚心诚意爱护老百姓的，一定不会搞形式主义的东西；凡是忠心忠意为国家着想的，一定会有深切长远的谋划。

阳明心学的正源在哪里？

孟子。

其突出的特点是什么？

把亿万民众的心，当作自己的心；把亿万民众的实惠，当作自己的实惠；把亿万民众的忧患，当作自己的忧患。

从这个意义上讲，阳明心学不是一人之心学，也不是某一社会阶级或阶层（如士大夫）的心学，而是切切实实的大众心学。

基于此，阳明先生每到一地为官，以轻重缓急而论，都会把"民为贵"摆在首位，把国家和人民利益摆在核心位置。特别是针对当时官场上流行的形式主义和急功近利的行为，他不仅坚决反对，而且还着力纠正。于是乎，在《批吉安府救荒申》中，他不由自主地向全省官员发出了号召："诚于爱民者，不徒虚文之举，忠于谋国者，必有深长之思，故目前之灾，虽所宜恤，而日后之患，尤所当防。"他要求各府、县官员，不仅要做好目前之灾的救抚工作，还要做好日后之患的防范工作，决不能只顾眼前，不顾长远。

如何才能迅速地让各级官员贯彻好自己的这一施政理念，阳明先生采取的办法，就是"典型"引路！

在这份报告中，阳明先生特别介绍了崇仁县知县祝鳌申的救灾防灾的做法经验。县里建立储备仓库，并设立严格的制度规范。每逢灾荒之年，则开仓放粮，以"倍数"借给受灾的贫苦民众，帮助度过饥荒。反之，在丰收之年，以"减半"收回借出的粮食，以继续充实储备仓库。

对崇义县的这一做法，阳明先生不仅立即批准执行，还要求其他各县，也要结合实际，尽快参照落实。最终，一定要达到"贫民得实惠之沾，官府无虚出之弊"的目的。用今天的话讲，就是既让群众得到实惠，又让政府不难以为继。

116. 大道即人心，万古未尝改

——《王阳明全集·外集一·赠阳伯》

今译： 天下大道存在于人心之中，这一点，万古以来未曾改变过。

这两句话，出自阳明先生《赠阳伯》一诗中。原文是"阳伯即伯阳，伯阳竟安在？大道即人心，万古未尝改。长生在求仁，金丹非外待。缪矣三十年，于今吾始悔"。

阳明先生的这首诗，是他在 1505 年休完病假后，重新回到京师，到兵部上班期间写的《京师诗八首》之一。这八首诗的题目不一样，分别是《忆龙泉山》《忆诸弟》《寄舅》《送人东归》《寄西湖友》《赠阳伯》《故山》《忆鉴湖友》。但这八首诗的基调是一样的，就是怀念故乡的山山水水，怀念过去近三年的逍遥自在的假期生活，怀念家乡的亲人朋友。由此可见，重新回到京师上班的阳明先生，内心是何等的孤寂！

"缪矣三十年，于今吾始悔！"

刚刚三十四岁的阳明先生，又在悔什么呢？

其一，是"后悔"。后悔什么呢？三十年前，也就是他五岁那年，爷爷王天叙将他的名字"王云"改为"王守仁"，实质上就是用代表儒家"全德"之最高境界的"仁"，对自己的人生追求作了定位。在爷爷看来，"仁"就是凡人所以能转化为圣人的金丹灵药。守住了"仁"，也就守住了人生的精神高地，守住了人生的道德高标。但令他后悔的是，自己原先却根本没有领会到爷爷给自己取的这个名字的真义！

其二，是"愧悔"。愧疚什么呢？阳明先生想到的是，自己尽管在十二岁时便立下了要当圣人的志向，但走的却并不是一条正确的修圣之道。先是走上了佛家之道，试图由佛入圣；后又是走上了道家之路，试图由仙入圣。其结果呢，发现自己坠入了一种无边的枯寂和虚空之中，既对自身无益，又对家人无益，更对天下苍生无益。

其三，是"懊悔"。懊恼什么呢？阳明先生突然发现，自己几十年来寻求的成圣秘诀，并不在遥远的天边，而是在自己的本心之中。正所谓"长生在求仁，金丹非外待"。其实，只要自己的心中，一刻有"仁"，自己就是一刻的圣人；一天有"仁"，自己就是一天的圣人；一年有"仁"，自己就是一年的圣人；一生有"仁"，自己就是一生的圣人。反之，一刻不"仁"，即一刻为禽兽；一天不"仁"，即一天为禽兽；一生不"仁"，即一生为禽兽。

其四，是"悟悔"。悟到了什么呢？圣人之道，坦如大路。这条路，不在别处，就在每个人的心中。一人心中有"仁"，即一人为圣；一家心中有"仁"，即一家为圣；一族心中有"仁"，即一族为圣；一国心中有"仁"，即一国为圣。从心入手，追贤逐圣，真可谓简易直捷！

117. 夫权者，天下之大利大害也。小人窃之，以成其恶；君子用之，以济其善

——《王阳明全集·外集三·寄杨邃庵阁老·二》

今译：权力，对天下人而言，既有大利，也有大害。小人得到它，就会做出坏事，造成恶果；君子使用它，就会做出好事，造成福报。

阳明先生对权力特质的这一认识，出自于其 1523 年写的《寄杨邃庵阁老》书。这封书信，也堪称一篇精辟的权力论。

杨邃庵何许人也？杨邃庵名叫杨一清，生于 1454 年，死于 1530 年，明朝南直隶镇江府丹徒人，14 岁中秀才，号为"神童"；明成化八年（1472），也就是阳明先生出生的那一年，中进士，授中书舍人。在整个大明王朝，杨一清有"出将入相、文德武功"的美誉。三次担任三边总制，击退过蒙古大军的入侵；平定安化王朱寘鐇（zhì fán）叛乱，并联合中官张永，设计除掉大宦官刘瑾。1522 年，正德皇帝暴死后，嘉靖皇帝继位，不久发生了所谓的"议大礼"事件。随着皇帝与首辅杨廷和矛盾冲突的加剧，在旁观者看来，杨廷和必败无疑，杨一清十有八九接替其担任内阁首辅。阳明先生的这封书信，就是在这种情况下写的。他衷心希望，杨一清在掌握内阁大权后，能够凭其才德，真正用好权力，立致天下太平！为此，他提了三条建议：

一是要敢于"操权"。如何操权？阳明先生认为，就是要敢于担当，尤其是面临大困难、大险阻时，要能够挺身而出。"夫惟身任天下之祸，然后能操天下之权；操天下之权，然后能济天下之患。"为了说透这一点，他打了一个比方：一艘大船在江海上航行，当风平浪静的时刻，恐怕许多人都争

着去掌舵，过一把操纵瘾；可当起狂风、掀巨浪、船身快要颠覆时，还有谁会抢着去掌舵呢？这个时候，真正的大丈夫、大英雄就要显示出自己的大勇力，紧紧地把住掌舵的权力。

二是要善于"专权"。如何专权？阳明先生认为，一定要以良知之心专之。任何一种权力，都具有"大利"和"大害"的两重性，以小人之心用之，一定会造成恶果；以君子之心用之，一定会对人民、对国家带来好处。从这个意义上讲，权力必须牢牢掌握在"好人"手里，小人、坏人最好一天都不要掌握权力。因为权力从本质上讲，无好坏之分，关键在于用权力之人品质的好与坏！

三要精于"致权"。如何致权？阳明先生认为，"君子之致权也有道"。这个道，就是正道，就是良知之道。如何以道致权？阳明先生的看法是：首先是"立德"，即通过自己的至诚之心来树立威德，而不是用刀枪威逼；第二是"多辅"，即通过发现、培养大批的仁善之人来辅助自己成就大业，而不是武大郎开店，将大才拒之门外；第三是"安情"，即通过自己的包容之量、宽容之心来安定人心、稳定情绪，而不是以刻薄之心去惊恐人心；第四是"平气"，即通过自己的不争之境去平和人气，而不是以暴躁之气去引发社会的不良之气；第五是"端向"，即通过显示自己坚不可夺的气节来端正整个国家的方向，树立鲜明导向，而不是徘徊犹豫，使得朝野上下迷惑，不知所从；第六是"摄奸"，即通过自己的神机妙策和雷霆手段来震慑奸邪，而不是松软含糊，任凭歪风邪气蔓延；第七是"收望"，即通过在民众中树立值得依赖的形象，来达到众望所归的目的，而不是用强行、强制的办法。

"纸上得来终觉浅，绝知此事要躬行。"阳明先生给杨一清提的这些建议，不可谓不精辟，不可谓不实用。遗憾的是，杨一清并没有听进去，更没有实践，以至于他在接替费宏担任内阁首辅后，并没有坐稳位子，掌好大权，反而被张璁等人诬陷算计，气恨交加，背上疽发而死，既留下了个人的遗恨，也留下了大明帝国的遗憾！

118. 郡县之职，以亲民也。亲民之学不明，而天下无善治矣

—— 《王阳明全集·续编三·书赵孟立卷》

今译：郡守、县令的主要职责，就是亲近、关心和教养民众。对亲民之学领会不深，对亲民之责履行不到位，天下就不可能治理得好。

阳明心学，从本质上说，就是亲民之学。

何谓亲民之学，用今天的话讲，就是全心全意为人民服务之学。

亲民之学，要义在"亲"。如何亲？阳明先生告诉你，至少应在两个方面下功夫：

第一，是准确理解"亲"的含义。《传习录》的开篇，徐爱就翔实地记录了阳明先生和朱熹对"亲民"理解的异同问题。朱熹认为，这个"亲民"应当是"新民"的意思，即汤之《盘铭》讲的"苟日新，日日新，又日新"的意思，也就是让民众自我进行思想革新的意思。朱熹的这个解释，体现的主要是"教化"民众。而阳明先生则认为，"亲民犹孟子'亲亲仁民'之谓，亲之即仁之也"。也就是说，"亲民"，不仅仅是指在思想上教化民众，更重要的是要从感情有亲近民众，关心民众，教养民众。

第二，是要解决如何"亲"的问题。阳明先生在《书赵孟立卷》中是这样认为的："亲吾之父，以及人之父，而孝之德明矣；亲吾之子，以及人之子，而慈之德明矣。明德亲民也，而可以二乎？惟夫明其明德以亲民也，故能以一身为天下；亲民以明其明德也，故能以天下为一身。夫以天下为一身

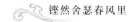
也，则八荒四表，皆吾支体，而况一郡之治，心腹之间乎"。反复品读阳明先生的这一段话，我们就能明白以下问题：

一是，什么是明德？一个人如何才算是具有光明的德性？这种先天的光明大德，用孟子的话讲，就是"老吾老以及人之老，幼吾幼以及人之幼"，用阳明先生的话讲，就是"亲吾之父，以及人之父；亲吾之子，以及人之子"。

二是，明德和亲民是什么关系？阳明先生告诉我们，明德和亲民是一体的，是互为条件的。一个人、一个官员，只有发扬出自己先天的光明德性，才能真正地做到亲民，才能真正地做到全心全意为天下的人民谋幸福；同样，一个人的光明德性也只有在为人民服务的实践中彰显出来。

三是，当一个人达到了"以天下为一身"的境界时，他的心中装的就不仅仅是一个人的利益得失，而是天下人的饥寒、温饱、苦甜、康健，是忧天下之忧、乐天下之乐了。到这个时候，才算是与天下人同心同德。而能够与天下人同心同德，又如何不能吸引和带领天下人同行呢？

119. 事苟庇民，岂吝小费；功有实效，何恤浮言

——《王阳明全集·续编五·批漳南道教练民兵呈》

今译：做事情，只要能够保护民众的利益，还有必要吝惜小的开销吗？只要能够产生实实在在的效果，还有必要在乎那些流言蜚语吗？

现代人研究阳明心学，多把精力集中于《传习录》。

殊不知，阳明心学真正的、实用性的精华多藏在他写的那些平常的公文中。这一点，只要看一看钱德洪于隆庆庚午年（1570）为沈启原先生编的《三征公移逸稿》所作的序言，就能够明白其中的精妙。

沈启原这个人，从少年时代起就崇拜阳明先生的学识，他花了很大功夫，将阳明先生写的公文搜集起来，并分类进行整理，起名为《三征公移逸稿》。

什么叫三征呢？就是阳明先生为国家、为朝廷、为百姓在"立功"方面做的三件大事，即征剿南赣匪患、征平宁王叛乱、征抚思田之乱。沈启原搜集的公文稿共 138 篇，其中，征剿南赣时期的公文 33 篇，征平宁王叛乱时期的公文 56 篇，征抚思田之乱时期的公文 49 篇。

为什么说这些平常甚至枯燥的公文，蕴含了阳明心学的精华呢？

钱德洪在序中说得很明白："吾师学敦大源，故发诸政事，澜涌川决，千态万状，时出而无穷。是稿皆据案批答，平常说去，殊不经意，而仁爱自足以沦人心髓，思虑自足以彻人机智，文章又足以鼓舞天下之人心，若金沙玉屑，散落人世，人自不能弃之，又奚病于繁耶？"

反复品读钱的这段话，我们可以尝到其中三昧：

首先，是阳明先生的学识学养是得了"大本大源"的。本立则枝叶茂盛，本立则果实丰硕，以天下之大本察天下之事情，自然是轻轻松松，自然是清清楚楚，因而对各种政事的看法建议，无一不精当精彩，呈现千姿万态，体现出无穷意义。

其二，是阳明先生的这些公文，尽管言语平常，但都是在叙述具体工作时不经意间流露的，并不是刻意雕琢的。因而，其所发之感慨，往往是真实的；其所提的观点，往往是真管用的。就拿《南赣公移》中《批漳南道教练民兵呈》中的"事苟庇民，岂吝小费"来说吧，就是充分体现了阳明先生那种"仁爱自足以沦人心髓"的大情怀；而"兵不在多，唯贵精练；事欲可久，尤须简严"这句话，则充分体现了阳明先生"思虑自足以彻人机智"的大智慧。

其三，是阳明先生在普通公文中体现出的心学精义，就如同一颗颗细小的沙金碎玉，散落在人世间，有志于深入研尽、光大发扬阳明心学的人，当然不应该抛弃它。因为，阳明先生的一生实学、真学都寓于其中了。

120. 修己便是明明德，安百姓便是亲民

——《王阳明全集·传习录（卷上）》

今译："修己"就是要发扬光明的德性，"安百姓"就是要爱护人民。

自古学问，以福德而论，大致可分为三个档次：

第三档，是"为己"之学，也就是为个人之健康、个体之利益的学问，如道家的养生之学、陶朱公的经商发财秘术等。

第二档，是"为家"之学，也就是为一个家庭、一个家族的繁衍、兴盛的学问，如颜氏家训、朱子治家格言等。

第一档，是"为民"之学，即为天下之苍生、亿兆之生民造福的学问，如孔子的仁学、孟子的民本之学、阳明先生的心学，等等。

为什么要把阳明心学列为第一档的学问呢？

这是由阳明心学的根本性质和基本特征所决定的！

阳明心学的根本性质是什么呢？

就是徐爱所录"传习录"开篇中阳明先生讲的，阳明心学是"修己以安百姓"之学。如何修己？就是要克制、涤除自己的私欲，彰显自己天生的纯净、光明的德性。如何安百姓？就是要从感情上亲近人民、从行动上爱护人

民、从思想上教化人民。从这个意义上说，阳明心学之树，不是种在个人利益的菜园子里，也不是种在家庭利益的自留地里，而是种在天下人民的福田里！如此之大境界、高层次，难怪徐爱感叹："始信先生之学，为孔门嫡传；舍是皆傍蹊小径，断港绝河矣！"

阳明心学的根本特征又是什么呢？

就是徐爱在"传习录"开篇所感叹的"三愈"，即"先生之道，即之若易，而仰之愈高；见之若粗，而探之愈精；就之若近，而造之愈益无穷"。

为什么说阳明心学刚接触时好像很容易，但越是仰望思量就越会见其高远呢？这是因为，阳明心学不仅是以己之心观己之心，以己之心观人之心，更重要的，是以己之心观天地万物之心，观宇宙之心。对每一个修习阳明心学的人，阳明先生都要求其能够达到"万物一体之仁"的境界。

为什么说阳明心学看起来好像很粗浅，可探究起来却又那么精深呢？说其粗浅，主要是阳明心学的一些核心概念，都很通俗，都很直白，且都是"二手货"。如"良知"这个概念，就出自孟子；"知行合一"这个概念，就是由吴与弼的学生谢西山最早提出来的；"不动心"这个概念，则是孟子在回答公孙丑的提问中说出来的。当时公孙丑问他："夫子加齐之卿相，得行道焉，虽由此霸王，不异矣。如此，则动心否乎？"孟子回答说："否，我四十不动心。"

说其精深，是因为这些核心概念虽然不是阳明先生首创的，但是，阳明先生均将其拓展了，均赋予其更新更深的内涵。如孟子讲的"良知"，仅仅是局限于人的一种天生的常识及本性等，如婴儿看到母亲就亲近，看到陌生人就不要他（她）抱等，算是一种"本知"；但阳明先生所倡导的"良知"，则成了一个能够主导人的言语、思维和行动的"神"，成了一把能够精准分辨人世间一切是非、对错、善恶的"尺度"，成了一面能够透视人世间一切美丑、真假的"镜子"。从这一点看，阳明先生将孟子的"良知"一词，不知要拓展丰富了多少倍。如果说孟子的"良知"只是一棵树，那阳明先生的

"良知"已成了一片森林。

为什么说阳明心学刚刚学习掌握时好像就在眼前，可一旦运用起来又无穷无尽了呢？之所以好像就在眼前，是因为阳明心学的最大特点是"简易真切"，既没有故弄玄虚，也没有生造概念，更没有浅入深出，很多的概念，如"不动心"等，基本上用不着解释。但在具体的实践中，尤其是在纷繁杂乱的现实世界中，一个人要做到"不动心"，又是谈何容易呢？没有经历过生死考验，你能够做到泰山崩于前、猛虎趋于后而不动心吗？没有超凡的定力，你能够面对绝顶美色、巨额金钱的诱惑而不动心吗？没有真正淡定的心态，你能够面对名位、权势的诱惑而不动心吗？

大道至简！作为"概念"的阳明心学确实是很简单的，很多人能一看就知，一学就会。但作为"道"的阳明心学却是很广大、很精微的。广大得就像茫茫宇宙一样，无边无际；精微得又像庄子所讲的，"一尺之锤，日取其半，万世不竭"。

121. 但举大事，须顺民情

——《王阳明全集·别录三·立崇义县治疏》

今译：但凡要办大事，搞大建设，上大工程等，必须顺应民心，适合民情。

这八个字，乃阳明先生一生理政安民的大心得、大体悟。

这种大心得，首先来自于对历史的体悟。

秦始皇修长城，堪称千古大工程。这个大工程的立项初衷有错吗？没有！它建成后，确实对防止北方匈奴等部南下侵扰有大好处，对安定北方边陲起到了大作用。但这项工程的实际效果好吗？不好！因为这项工程的耗资实在巨大，几乎耗尽了秦帝国的财力、物力、人力，几乎耗尽了秦帝国的元气，且直接引发了大泽乡起义，把秦王朝迅速推向了灾难的深渊。所以修长城这件事，看起来是对的，但由于没有考虑当时的民情、民生状况，反而变成了苦民、伤民工程，变成了一个自取灭亡的工程。

隋炀帝修大运河，是好事吗？沟通了中国的南北水系，畅通了南北的交通大动脉。唐代诗人皮日休有诗为证："万艘龙舸绿丝间，载到扬州尽不还。应是天教开汴水，一千余里地无山。尽道隋亡为此河，至今千里赖通波。若无水殿龙舟事，共禹论功不较多。"这条修对了的大运河，因为没有顾及到当时的民力、民情，最终也成了隋王朝的"覆舟"之河。

鉴于历史的深刻教训，阳明先生在地方为官时，凡办一大事，都非常注意走群众路线。这一点，我们只要认真品读他在《立崇义县治疏》的一段话便可明白："但举大事，须顺民情，兵革之后，尤宜存恤。仰该道会同分守等官，再行拘集地方父老子弟，多方询访，必须各县人民踊跃鼓舞，争先趋事，然后兴工，庶几事举而人有子来之美，工成而民享偕乐之休。"

由这段话可知，真正的群众路线，必须注意把握好以下三点：

第一步，是要做好"拘集询访"的工作。这里的拘集，就是召集的意思；询访，就是多方听取意见的意思。综合起来，就是在办大事、上大工程之前，要广泛、充分地听取父老乡亲的意见，万不可以一官之意替代万民之意。

第二步，是要做好"鼓舞趋事"的工作。在决定工程上马以后，一定要通过广泛、深入地宣传发动，使人民踊跃参加，让他们真正地在内心里把这些大事当作自己的事，力争先进，力争上游。

第三步，是要做好"民享偕乐"的工作。凡所办大事，所建大工程等，都要让群众得到大好处、大实惠，让他们"交口欢欣"，让地方"久安长治"。

也正是因为有了这一群众路线，阳明先生一生，尽管在地方掌实权、居实位的时间不到七年，但所办的大事，如设立崇义、和平、平和三个县，净化民风民俗，兴建书院大办教育，等等，都很顺畅，都得到群众的拥护和支持，都取得了长远功效。

1943 年 6 月，毛泽东主席在教育各级领导干部时，也说了如此一番的话："凡属正确的领导，必须是从群众中来，到群众中去。"这就是说，将群众的意见集中起来，又到群众中去作宣传解释，化为群众的意见，使群众坚持下去，见之于行动，并在群众的行动中考验这些意见是否正确。然后再从群众中集中起来，再到群众中坚持下去。如此无限循环，一次比一次更正确、更生动、更丰富。

122. 当多难之日，事宜从权，庶克有济
——《王阳明全集·别录四·飞报宁王谋反疏》

今译：当时局处于多危多难之时，一定要懂得权宜变通，这样或许还有希望。

梁启超曾经说过：言心学者必能成大事！

阳明心学之所以具有强大的正能量，一个重要的秘诀就是，对世上的万千事变，都能做到随感而应，即心随事变，心随势变！

1519 年六月十四日，宁王朱宸濠公开举起反叛大旗时，大明王朝陷入前所未有的危急之中，阳明先生亦陷入了前所未有的危难之中……

究竟危难到了什么程度呢？

主要是"四无"：

一无官。当宁王借生日之机发动叛乱时，江西全省官员被打了个措手不及。上至巡抚，下至县令，要么被杀，要么被关押，要么被迫投靠了宁王。一夜之间，各级官僚机构失去了大脑中枢，陷入了瘫痪之中。

二无兵。阳明先生作为南赣巡抚，是靠招选的民兵完成的剿匪任务。而在平定匪患后，为减轻朝廷和百姓负担，他迅即便解散了剿匪之军，放他们回乡经营生计去了。因而当宁王突然发动叛乱时，他已经没有多少兵可用了。

三无钱粮。宁王在控制住江西各级官员后，便同时派人收缴了各衙门的印信，将府库中的所藏钱粮全部搬抢一空，留给阳明先生的，是一无所有。

四无实权。宁王叛乱发生后，朝廷并未及时反应过来，生性顽劣的正德皇帝在得知叛乱消息后，不是想着如何平息这一叛乱，而是想着以威武大将军的名义率军到南方"潇洒"一番，因而既没有授予阳明先生以职务，也没有给他下达任务。

此情此景，此时此势，对大多数官员来说，要么选择逃避，要么选择事不关己，要么选择无可奈何，而独有阳明先生，完全听从了自己内心良知的召唤，在"四无"的状态下高高地举起了正义的大旗，举起了平叛的大旗！

没有官，他迅速地将一批退休闲置在乡的官员，如右副都御史王懋中、评事罗侨、兵备副使罗循、副使罗钦德、郎中曾直、御史周鲁、同知郭祥鹏等人团结起来，鼓舞起来，成为平叛的骨干和中坚。

没有兵，他迅速地将各县的衙役捕快组织起来，将南赣已被改造好的所谓"新民"招募拢来，很快地组建了一支三万多人的军队，且由于这些"新民"以前多是身经百战的土匪，故战斗力还相当不错。

没有将，他迅速地打破常规，开启了"书生带兵"的先河。把抚州知府陈槐、吉安知府伍文定、临江知府戴德儒、赣州知府邢珣等几十名府县文官，调教成了敢于刀头舔血的武将。

没有钱粮，他大胆做主，先在两广积储的军饷中借了十余万，以解燃眉之急。

没有权，他以"忠义"二字激发文官武将之本然良知，收合涣散之心，使他们真正地成为自己的"同志"，与自己同赴国难，同救国危。

123. 朝廷用人，不贵其有过人之才，而贵其有事君之忠

——《王阳明全集·别录六·辞免重任乞恩养病疏》

今译：朝廷选人用人，最看重的不是其人有多少出众的才能，而是看重其人是否具有对国家、对民族、对人民的大忠诚。

任何一门学问，都有其遗传基因。

阳明心学的遗传基因是什么呢？

明代心学的先行探索者胡居仁先生提出："以主忠信为先，以求放心为要。"

故，言心学者必忠诚！

这一遗传基因，体现在用人原则上，就是以"忠"为贵，以"忠"为先。

何谓"忠"？以一心对一国家、一民族、一事业、一组织者为忠！

何谓"患"？以二心对一国家、一民族、一事业、一组织者为患！

故自古忠、患只在一、二之间矣，自古祸、福亦只在一、二之间矣。

这方面，对阳明先生来说，最典型的就是使用冀元亨的例子。

自 1516 年底接受朝廷任命赴南赣上任后，阳明先生便得到了时任兵部尚书王琼的暗示，密切提防宁王造反。怎样防呢？自然要及时了解宁王的动态。可派谁打入宁王府去完成这一任务呢？阳明先生颇费了一番脑筋。当时的宁王，已通过金钱开路，对上拉拢了正德皇帝的亲信钱宁等人，对下利诱了江西全省不少官员，对外则勾结和收买了土匪凌十一等人，其势力不可谓不浩大。派到宁王府的人，首要的条件就是要绝对"忠诚"，否则很容易被宁王收买。

谁最适合呢？阳明先生选择了自己的学生冀元亨。冀是湖南常德人，早在阳明先生谪居龙场时便跑去拜了师。阳明先生到江西后，他又跟到赣州。冀为人厚道忠义，且极有血性，深得阳明先生看重。

后来的结果是，因为选择了冀元亨，阳明先生不仅及时掌握了宁王的思想动向，在事变骤起时，不至于仓促无措，更重要的是，因为选择了冀元亨，使他避免一场滔天大祸。

事情的原委是，在平定宁王叛乱后，阳明先生不仅遭到了朝中权臣的嫉忌，更遭到了江彬、张忠、许泰三人的直接攻击。这三人，在既没有得到其应有的"功劳"，又没有得到宁王府所谓的如山财宝后，便以"与宁王合谋"之嫌，试图致阳明先生于死地。而他们寻求证据的切入点，便是冀元亨。他们把冀抓去后，原以为一介书生，吓唬几下便可就范。没想到，等他们把所有的酷刑都用了一遍后，也没有从冀嘴里得到半点阳明先生与宁王合谋的证据。气急败坏之下，他们又指使湖南地方官员把冀的妻子李氏和两个女儿抓了起来，又没想到，冀妻丝毫不为所惧，带着两个女儿在监狱里织麻。看守的官员觉得很奇怪，忍不住发问。李氏淡定地回答："吾夫尊师乐道，岂有他虑哉，后事且白。"看守官员又问她冀元亨究竟学些什么，李氏则答出了一句千古名言："吾夫之学，不出闺门衽（rèn）席间！"

历史是不能假设的！假设当时阳明先生所遣非人，派的不是冀元亨，而是一个"王连举"，要么被宁王用金钱"买倒"，要么被江彬等人用酷刑"拷倒"，那阳明先生遭遇的就是灭门之祸，中华心学遭遇的也是灭门之祸了！

残酷的事实又一次证明，阳明先生以忠信为先的用人原则，是何等的正确啊！

为
学
篇

125. 为学须得个头脑，功夫方有着落

——《王阳明全集·语录一·薛侃录》

今译：修习圣学必须要先树立正确的目标，这样所下的功夫才会有好的结果。

要成就大学问，做成大事业，主要靠什么？

阳明先生告诉你：一靠头脑，二靠功夫。

何谓头脑？直观地说，就是你脖子上长着的那个吃饭的家伙。引申开去，则是目标、方向、路线的意思。"为学须得个头脑"，就是说，一个人求学问，必须先做到目标正、方向明、路线对！

何谓功夫？历来有三种解释：一是武术技能，二是本领、造诣，三是花的时间和精力。阳明先生在这里所讲的功夫，主要是第三种意思，与俗语"功夫不负有心人"的意思相同。

那是一个秋日的黄昏，金风送爽，枫红似火，斜晖脉脉，把一条余江映照得灿然无比。阳明先生与薛侃、伯生、崇一、德章等几个学生到江边散步。突然间，看见一条船偏离了航线，向岸边一块大石上撞去，几个人忍不住惊呼起来。船上昏昏欲睡的艄公被众人一喊，猛然惊醒，迅速地摆正了舵向……避免了一场悲剧的发生！

就在几个学生惊魂未定之际，阳明先生已是灵机一动，把江岸当成了"课堂"，把刚才的一幕变成了"教材"，启发学生们说："刚才的悲剧之所以能够避免，是因为船上有个舵，所以我们一喊一提醒，它的方向便纠正过来了。我平时教导你们，求学问必须有个头脑，这个头脑就是这船上的舵。

有了这个舵，即便你一时偏离了航线，但一经提醒，便会立即得到纠正；反之，如果没有这个舵，一旦出现差错，方向扭不过来，你费的功夫越大，便错得越离谱。人生如船，一个人要想不走错路，就必须头脑清醒。只有这样，才能是一分功夫，一分着落；否则，便可能是一分功夫，十分失落！"

1970 年 9 月 19 日晚上，已是 77 岁高龄的毛泽东主席在北京丰台车站与干部谈话时，同样也说了一番意味深长的话："路线正确一切都有，路线错了就垮台。路线对了，人少会有人，没有枪会有枪，也会有政权；路线错了，人再多，枪再多，也没有用。"

126. 为学大病在好名

——《王阳明全集·语录一·薛侃录》

今译：做学问最大的毛病，就是爱好虚名。

黄昏了，细雨霏霏，薄雾蒙蒙，几只燕子在一片雨雾中低低地徘徊，仿佛在寻找归家的路儿……

阳明先生撑着一把油纸伞，与几个学生一起漫步在悠长的江岸，一边漫淡，一边思索……

"老师，最近一段时间，我觉得自己有一种表象很不对症。一听到别人的表扬，我就高兴，兴奋得不行；而一听到别人的批评或者指责，则立即觉得沮丧，甚至心灰意冷，这是什么原因呢？"薛侃鼓足了勇气，终于把埋藏在自己心中的疑难之症说了出来。

阳明先生欣喜地看了薛侃一眼，说："为学大病在好名。你的这个病，主要是虚荣心在作怪。不过，你能够意识到自己得了这个毛病，就已经难能可贵了。"

"那我怎样才能去掉这个毛病呢？"薛侃接着问。

"名与实对。要去掉好名的毛病，就得在增强务实之心上下功夫。当你的务实之心加重一分，务名之心自然就减轻一分。当你的心中全是务实的精神，务名之心也就自然消除了。当你的务实达到那种肚子饿了特别想吃饭、口渴了特别想喝水的境地时，你哪里还会有丝毫好名的心思呢？"

薛侃等人听了，似有恍然大悟之感。

阳明先生见此状，便趁热打铁，继续说道："在求学的道路上，要治好自己的务虚名、图虚荣的毛病，必须在两个词上下功夫。一个是'痛悔'功夫，要像抓贼一样，随时发现自己的毛病，随时检查反思；另一个是'痛改'功夫，一旦发现了毛病就要主动地、坚决地、毫不犹豫地进行纠正。你们需要注意的是，改掉自身的一个毛病，不亚于一场战争，不光要有一股子狠劲，还要有一股子韧劲。因为在'悔'和'改'的过程中，还会有许多反复，不可能毕其功于一役。"

雨，慢慢地停了；天地，仍在一片苍茫之中。

薛侃等人的思路仍沉浸在先生的一番宏论之中。

127. 吾人为学，紧要大头脑，只是"立志"

——《王阳明全集·语录二·启周道通书》

今译：我们做学问，最紧要的主旨，就是要立下远大的志向。

这是阳明先生在《启周道通书》中说的一句话。如何理解透这句话的深刻内涵，我们不妨先看看先生青少年时期的三个故事。

（一）那是 1483 年的春天，也就是明成化十九年，刚刚跟着爷爷竹轩翁王伦到京城不久的王阳明，被父亲王华送到了京城一个较有名气的私塾学校读书。在学校里，小阳明的成绩第一，但调皮捣蛋也是第一，尤其令老师头痛的是，他喜欢问一些刁钻古怪的问题。

一天，上课时，小阳明突然站起来问："老师，人活在世上，做什么事情才能算是第一等人呢？"老师怔了一下，想了一想说："像你父亲那样，中状元当大官，算是第一等人了！"小阳明听后，不以为然地说："这参加科举中状元的人，每个时代都有，怎么能算是人间第一等呢？"老师又怔了一怔，问："那你小子认为，什么样的人才是第一等呢？"小阳明微笑着答道："唯有做圣贤方是第一等人！"

由此小故事可见，阳明先生在少年时已经在自己的心中，播下了"圣贤"的种子。

（二）那是 1484 年的秋天，13 岁的王阳明在放学后领着几个同学去市场上闲逛。看到有人卖麻雀，大伙儿都非常喜欢，可又没有带钱。怎么办呢？灵机一动的王阳明向几个同学密受了计谋。只见两个同学突然地大吵起来，而且边吵边打，将那卖麻雀人的眼球和注意力全吸引了过去。随后，两个机灵的同学迅速地打开了笼子，掏走了几只麻雀。正当小阳明等人躲到一旁欣赏胜利的果实时，被醒悟过后的卖麻雀人追了过来，要求他们掏钱，而且每只的价钱涨了一倍。正在双方争执不下时，有一个自称"麻衣神相"的道士从旁边经过，无意中看了小阳明的面相后，大为震惊："这孩子将来必定大贵，会建立非常功名！"于是他便掏钱帮小阳明等人买下了麻雀。同时，摸着小阳明的脸说："我现在给你看个相，你一定要记住我的话：当你的胡须长到齐衣领子时，你就进入了'圣境'；当胡须长到齐胸部时，你就结了'圣胎'；当胡须长到齐肚脐时，你就圆了'圣果'。"接着，道士又嘱咐他："小子，希望你读书自爱，我今天的话将来一定会应验的！"

受到道士的点拨感化，少年王阳明的心中已生发了"圣贤"的苗子。

（三）那是1489年的冬天，十八岁的王阳明在江西南昌与时任江西布政司参议诸养和的宝贝女儿诸云结婚后，启程回老家余姚。途中经过了广信府上饶县，顺便去拜访了当时大儒娄谅。娄谅热情地接待了这位状元公的儿子，并鼓励他说："圣人必可学而至！"由此，更加坚定了青年王阳明光大圣学、争当圣贤的使命感！"圣贤"之树，已经在阳明先生的心中茁壮成长！

从那时起，阳明先生的"圣贤"之志再也没有动摇过。不管是在两次科举考试失败之后，还是在28岁金榜题名之时；不管是被贬到蛮荒绝境，还是被发配到边远小县；不管是被闲置起来滁州养马，还是被骤然起用带兵破贼，他始终没有停止过研究圣学、宣讲圣理、修炼圣德的努力！

128. 凡学问之功，一则诚，二则伪

——《王阳明全集·语录二·答欧阳崇一》

今译：凡是做学问的功夫，惟精惟一就能够达到"至诚如神"的境界，三心二意则容易走上"巧伪趋利"的歧途。

这句话，堪称阳明先生治学的"葵花宝典"！也是阳明先生一生治学的经验总结。

以三十五岁为界，阳明先生一生治学分为两个阶段：三十五岁以前是属于"三心二意"的阶段，也是历代研究阳明学者所谓的"五溺"时代。三十五岁以后，则进入了惟精惟一的阶段。从此以后，无论是得意还是失意，无论是逆境还是顺境，无论是闲适还是繁忙，无论是健康还是疾病，他一刻也没有离开过对圣学的研究、实践。

阳明先生在"五溺"时代，究竟学了什么呢？

一是任侠之习。主要是以那些武功高强，能抑强扶弱、除暴安良的侠客为榜样，学习挥拳踢腿，舞刀弄枪。

二是骑射之习。主要是以古代战争为需要，学习骑马、射箭。

三是辞章之习。主要是以应付科举考试为目的，学习四书五经，学习写八股文，写诗填词。

四是神仙之习。主要是以道家呼吸导引术为起点，修习养生之法。

五是佛氏之习。主要以佛家经典尤其是《六祖坛经》为内容，修炼安心、放心之法。

对阳明先生青少年时期经历的这个"五溺"时代，应当做一个客观评

价，即有好又有坏！坏处是，心无定性，见异思迁，学习内容庞杂，分散了精力，导致门门不精。而好处呢，则是开阔了视野，丰富了阅历，使自己得到了多方面的锻炼。如任侠之习，增强了阳明先生敢打、敢拼、敢担当的精神，让他多了一份"豪气"；骑射之习，增强了阳明先生运用"枪杆子"和"刀把子"的本领，让他多了一份"勇气"；神仙之习，增强了阳明先生一种淡定、旷达、超越的气质，让他多了一份"逸气"；佛氏之习，培养了阳明先生悲天悯人的救世情怀，让他多了一份"慈气"。

由此可见，阳明先生的"五溺"时代，从总体上还是颇有收获的！而他之所以果决地由"五溺"时代转入"精一"时代，主要有两点原因：一是他已经具备了"光大圣学"的历史使命感，已经将它作为自己人生的重大价值追求。正所谓"须怜绝学经千载，莫负男儿过一生"。二是他已经掌握了中华心法的秘诀，得到了精一之旨。从此以后，先生是"良知之外别无知，惟一之外更无二"。最终，他化平淡为神奇，将"良知"二字变成了良知之教，变成了中华民族心中的"太阳"！

129. 夫道，天下之公道也；学，天下之公学也

——《王阳明全集·语录二·答罗整庵少宰书》

今译：圣道，是天下人共同的道；圣学，是天下人共同的学。

这世上，最可怕的现象是什么？

权力私有化，土地私有化，还是资源私有化？

都不是，而是学术私有化！

这种私有化的始作俑者，是权威化；而权威化的更进一步，就是垄断化；而学术垄断化的直接后果就是私有化。

阳明心学之所以能脱离儒学、理学的桎梏，独树一帜，独领风骚，一个重要的原因，就是阳明先生敢于挑战权威，拥有自己的独立意志。

首先，他是这样说的。在《答罗整庵少宰书》中，他鲜明地提出："做学问最可贵的是尊重自己的本心，如果心里认为不对，即使是孔子说的话，也不要苟同，何况是那些还不如孔子的人呢？如果心里认为是正确的，即使是出自平常人的口，也不要非议。"他还大声疾呼："圣道是天下人的道，圣学是天下人的学，既不是朱子私有，也不是孔子私有的。"

其次，他是这样做的。物竞天择，适者生存。阳明心学是在与程朱理学的斗争中成长起来的。而阳明先生首先选择的挑战对象，就是朱熹。比如，"大学之道，在明明德，在亲民，在止于至善"一句，朱子认为是"新民"，取"日日新、苟日新"之意，而阳明先生经过反复研究比较，认为是"亲民"，也就是把民众看作是自己的亲人的意思。又比如，对"格物"一词，朱子认为是"穷尽物理"，而阳明先生则认为是"格除物欲"。

阳明先生这种不同的理解，现在看来，好像是平淡无奇，但在朱子的权威不容挑战的年代，阳明先生的这种言行，无疑是豪杰之举！

130. 若离了事物为学，却是著空

——《王阳明全集·语录三·陈九川录》

今译： 如果离开具体的工作实践去学习，那就是空对空了。

《传习录下·陈九川录》记载了这样的一个故事，充分体现了阳明心学的实践特色！

有一个下属官员，经常听阳明先生讲学，越听越有味。有一天，他略显矛盾地对阳明先生说："先生的心学确实好，只是我每天的工作太忙，需要应接和判决的官司太多，没有时间学，怎么办呢？"

先生听后，慢条斯理地说道："我什么时候教你离开工作去悬空学习啊？你既然是负责官司事务的，就应该从官司上去体认良知，这才是真格物。"

那位下属官员似懂非懂地眨巴了一下眼睛："从官司上如何去学致良知呢？先生，您能不能说得更详实一点。"

"官司上怎么不能学习致良知呢？比如你审理一个案件，不能因为人家应答得无条理，或冲撞了你，便生了'怒心'；不能因为人家言语圆滑，逢迎了你，便生了'喜心'；不能因为来找你说情的人，是你所厌恶的，就起了'报复之心'，加倍惩罚；不能因为来找你说情的人，是你得罪不起的，就起了'讨好之心'，屈从其意；不能因为要断的官司太多，便生了'厌倦之心'，随意判案；不能因为旁人非议罗织的罪名多，就起了'从众之心'，胡乱断案。这些，都是私欲的表现，只有你自己清楚，必须精细地自省自察予以克制，才能使得自己的心中无一点偏倚，才不至于错断了是非。这，就是真正的格物致良知功夫！你要记住啊，工作是最实在的学问。如果离开工作去谈学习，那一定会落空的！"

131. 圣人之学，只是一诚而已

——《王阳明全集·语录三·黄直录》

今译： 圣人之学的精要，就是一个"诚"字而已。

如果把圣人之学进行细分的话，"诚学"，无疑是其中最重要的部分。

中国历代圣哲及经典都很推崇诚学！

《中庸》是这样推崇的："诚者，天之道也；诚之者，人之道也。"

孟子是这样推崇的："是故诚者天之道也，思诚者人之道也"，"反身而诚，乐莫大焉"。

荀子是这样推崇的："君子养心莫善于诚，致诚则无它事矣，唯仁之为守，唯义之为行。"

周敦颐是这样推崇的："诚者，圣人之本，大哉乾元，万物资始，诚之源也。"

上述这些，都是对诚学的高度评价，但也都是限于言语上的，属于"说得好"的范畴。真正在处理复杂矛盾时，把诚学"用得好"的，还是阳明先生。

这方面，最典型的故事，就是阳明先生以诚感化锦衣卫的故事。

这个锦衣卫千户叫钱秉直，四十多岁，奉命到南昌传旨。出发前，就听说江西宁王府富甲天下，而王守仁这个抓住宁王的大功臣一定是大发了横财，不从他手里敲出一把钱来，这一趟岂不是白跑了？

钱秉直的这个想法错了吗？没错，很正常。因为当时大明朝的锦衣卫尽管级别不高，但手眼通天，权力很大。平时到地方，地方官员都极尽巴结

让每个人心中的圣人都长大起来，要让每个人心中的天理良知都光大起来。

他们的友谊深到什么程度呢？有两件事我们可以看出来：一件是，当年阳明先生被刘瑾陷害，发配到龙场，离开京师，很多所谓的朋友、同僚因畏惧刘瑾的权势，不敢相送，唯独甘泉先生来了，不仅带来了美酒美食，还带来了美诗美文。第二件是，1529年十月，阳明先生从广西返回老家的途中，经过了广州，还特地到增城拜访了甘泉先生的故居。而这时，阳明先生已经病入膏肓，距他离开人世只有一个多月了。由此可见，二人的感情是何等真挚深厚。

但在学术思想上呢？二人的分歧其实还是蛮大的。尽管二人在光复圣学上的目标是一致的，尽管二人都没有离开儒学的宗旨，倡导"万物一体之仁"，但在攀登圣学顶峰的方法路径上却大有不同。阳明先生主张走"直接道路"，用顿悟方式，直接推开圣学大门以"致良知"；而甘泉先生呢，仍然主张用朱子的办法，走"间接道路"，用渐悟方式，先"随处体认天理"，再慢慢培植善根。

对于这种分歧，阳明先生在《答方叔贤（一）》中提出了自己的看法，即"求同存异"。

如何求同？阳明先生以树木作比喻，认为只要"根本同，生意同"就行了，就像你栽了一园子松树，只要能做到"针状叶、四季常青、木质硬、寿命长"就行了，至于每棵松树的枝长得怎么样，每一针的叶子长得怎么样，至于它是油松、樟子松、黑松还是赤松、马尾松等，就不必太计较了。

如何存异？阳明先生则指出："至于入门下手处，则有不容于不辩者，所以毫厘之差，千里之谬矣。"什么意思呢？阳明先生是告诉你，尽管目标相同，路径和方式也可以多样，但方向不能错了。就像阳明先生从广西返回老家余姚，其大方向必须是沿东南而行。至于具体路径，可以走从广东、经江西、入浙江这条路；也可以走从广西、经贵州、湖南、江西，入浙江这条路；还可以走从广西经广东，从珠江口坐船沿着东南的海路而行，至钱塘口再回余姚。这三条路，尽管费时费力不同，但总的还是能达到。但如果阳明先生从广西出发，不是沿东南方向走，而是沿西北方向走，那走到何年何月才会到达呢？

133. 为学直是先要立本

——《王阳明全集·语录三·答黄直卿书》

今译：修习学问最正确的方法是先要立定根本。

水有源，树有根。

阳明心学的源头在哪里呢？答案是：《孟子》。

阳明心学的根本又在哪里呢？答案是：《大学》。

《大学》有云："物有本末，事有始终，知所先后，则近道矣。"什么意思呢？从重要性上讲，每一种事物都有根本和末梢的区别；从顺序上讲，每一件事情都有先与后的区别。能够把本末、先后这种基本的常识搞清楚，就算是接近道的规律了。

日本冈田武彦先生认为，阳明心学是"培根之学"，算是抓住了阳明心学的本质特征。而阳明先生在《答黄直卿书》中写的这句话，则是体现了他的一贯主张。他做任何事情，都很注重从"根本"入手，以收到事半功倍之成效。

就拿阳明先生青年时学习书法来说吧。起初，他跟所有学习书法的人一样，对着古人的法帖临摹，但临来临去，总感到收获不大，而且"临""写"两张皮的现象很突出，即临摹时一个样，自己写出来又是另一个样。怎办？有一天，他忽然想起了古人的一句话"书为心画"。书法既然在我心中，我又何必在古帖上去找呢？再说，古人书法是古人心迹的反映，我的书法是我的心迹的反映；我不同于古人，我的书法又如何完全同于古人书法呢？

大悟之后，阳明先生一改过去学书法之方法。不再是一笔一画对着古帖呆板临写了，而是"举笔不轻落纸，凝思静虑，拟形于心，久之始通其法"。

就这样，通过根本性的一悟，阳明先生跻身历代大书法家之列了。

134. 杀人须就咽喉上着刀，吾人为学当从心髓入微处用力，自然笃实光辉。虽私欲之萌，真是洪炉点雪，天下之大本立矣

——《王阳明全集·文录一·与黄宗贤·五》

今译：杀人，必须从咽喉上着刀；我们研习圣学，应当从心髓入微处用力，这样自然而然地，就能养成忠诚老实、正大光明的心境。虽然偶尔也会有私欲萌生，那也不过是一片雪花落在熊熊燃烧的洪炉上，瞬间就会融化。人生修养至此，算是得到了天下学问之大根本了。

成功，有成功者的方法论；

失败，有失败者的教训篇。

阳明先生一生立德、立功、立言"真三不朽"的方法论，便在他的这两句话中。

如何全面、准确、深刻地理解好这两句话，需要我们从两个方面下功夫。

其一，需要从文词之原义上下功夫，将几个关键词搞明白。第一个关键词，什么是咽喉？《黄帝内经》的表述是："喉主天气，咽主地气"；"咽喉者，水谷之道路也；喉咙者，气之所以上下者也"。咽与喉，相连而有别。咽在后，下连食道，直贯胃腑，为胃之系；喉在前，下通气道，连于肺脏，属肺之系。说得直白一点，咽喉是人消化和呼吸的重要通道。这条通道一旦被切断，或被阻塞稍长时候，人就会没命。阳明先生讲杀人须就咽喉上着刀，实乃杀人杀敌之最简捷、最轻松之办法。

第二个关键词，什么是心髓？从生理学上讲，心是人体内主管血液循环的器官，是主管思想、意识的器官。如果把人比作一台机器，心就是这台机器的发动机。髓是由肾的精气与饮食精微所生化出的东西，其充养于骨，谓之骨髓；充养于脑，谓之脑髓；充养于脊，谓之脊髓；充养于心，谓之心髓。如果说心是人体的发动机，那么髓就是这台发动机的机油。阳明先生讲为学当从心髓入微处用力，就是点拨我们，做学问不仅要广泛吸收各类知识的原料，更要善于消化，将之变为精油和精髓，以充养给自己的心灵。

第三个关键词，什么是洪炉点雪？宋代的王质在《雪山集·大慧禅师正法眼藏序》中记载："余夜宿金山之方丈，不得寐，信手而抽几案文书，得此阅之，至洪炉点雪，恍然非平时之境。"从此，洪炉点雪，便成了禅林用语，意为十分渺小，不觉痕迹。阳明先生在这里讲"私欲之萌，真是洪炉点雪"，实际上是在形容一种至高的修养境界，即任何私心、私欲的萌动，都会在瞬间被克制、消融，根本没有藏身之地。

其二，需要从阳明先生一生的战斗实践上下功夫。仔细揣摩阳明先生平定宁王之乱的高超指挥艺术，我们不难看出，他之所以能以弱小的兵力将强大的宁王玩弄于股掌之间，就是因为抓住了宁王的咽喉——南昌。

自 1519 年六月十三日宁王借自己生日之机正式发动叛乱，阳明先生便迅速地作出了分析判断：宁王有可能施行上、中、下三策。如用上策，率领他的虎狼之师，出其不意地直捣北京，则正德的大明王朝就会完蛋；如用中策，率军直接占领南京，则大明王朝将会分为南北两片，宁王与正德皇帝将划江而治；如用下策，仅仅是守在南昌城里，则如鱼游在锅里，早晚都会被煮熟。

怎么办？在敌我双方力量极为悬殊的情况下，阳明先生唯一的办法，就是想方设法卡住宁王的"咽喉"，使其发达健壮的身躯和四肢发挥不出力量。

阳明先生用的第一招，就是广布疑兵，把宁王拖在南昌。

阳明先生的疑兵是从哪里来的呢？

第一路，是派出大量的情报人员，到南昌城里四处贴告示，声称朝廷已经知道了宁王叛乱的消息，并且派了安边伯许泰等人率了八万大军进攻南昌。

第二路，是派出情报人员到南昌周边县发布消息，声称巡抚两广军务都察院右都御史杨旦、巡抚湖广都察院左副都御史陈金各带本省军马四万进入了江西，只待宁王出城，便随时袭击南昌。

第三路，连夜制造一批加急军报，命江西各府县抓紧征集粮草，供应各路大军。

第四路，派人到南昌城里散布谣言，说宁王手下的几个重要谋士和将领都曾秘密向朝廷示好，准备背叛宁王。

第五路，命人抄写了大量的"免死"传单，到南昌城里散发，告诉叛军将士，只要拿着"免死"单来投降，即可免罪。

阳明先生凭空造出的这五路疑兵，硬是把宁王的心神彻底扰乱了。就这样，从六月十四日至六月三十日，宁王乖乖地听从了阳明先生的指挥，在南昌城里白白地浪费了半个月的黄金战略时机。

阳明先生用的第二招，就是假装示弱，把宁王诱出了南昌。

半个月的时间里，阳明先生终于凑起了三万军马，但由于缺乏训练，缺乏器械，根本没有办法与宁王的叛军对抗。假如宁王要沿江东下攻取安庆、南京，阳明先生根本无力阻挡；假如宁王继续固守在南昌城里，阳明先生根本就无力进攻。当此之时，阳明先生干脆利用宁王急于东进的心态，装作无兵可用的样子，让出一条大道，使宁王"放心"地率军去攻打安庆。宁王还真听话，大喘了一口气后，先是于七月初一日，派出以凌十一为首的鄱阳湖水盗一万人为先锋，向安庆进发；接着于七月初二日，自己亲率两万大军直赴安庆；后来又将剩下的三万大军也开出南昌，浩浩荡荡杀奔安庆。这样，南昌就基本上成了一座空城。

阳明先生用的第三招，就是攻其不备，占领了南昌。

等宁王的军马基本上开出了南昌，七月二十日凌晨，借着大雾，阳明先生指挥三万多军马向南昌城发起了突袭。城里的一万多叛军在看不清人、摸不清底细的情况下，一时军心大乱，只好四处逃散。就这样，不到一个时辰，阳明先生便轻而易举地占驻了南昌。

阳明先生用的第四招，就是在宁王回师的途中，再次用疑兵打败了叛军。

当阳明先生在南昌城里悠然地喝茶讲学时，安庆城下的宁王已经是气急败坏了。几万大军围攻安庆十几天，居然打不下来，让他不得不暴跳如雷；忽又听到王阳明占领了自己的老巢，卡住了自己的咽喉，让他更加张皇失措。于是，他不顾谋士刘养正等人的苦劝，马上停止攻打安庆，仓促回兵南昌。从七月二十三日至二十六日，四天之中，宁王共与阳明先生打了三场大仗、一场小仗。其中具有决战性质的一仗，是二十四日的一仗。这一仗，宁王以六万精锐对阳明先生的三万多民兵，以大舰对小船，确实具备了绝对的优势。没想到，在战斗的关键时刻，阳明先生先是玩起了火攻，把宁王的大舰烧得一塌糊涂；接着又在江面上抛撒几万块"免死"木牌，将宁王一万多兵将的斗志彻底瓦解，一个个丢掉兵器，捡起木牌逃命去了。至此，宁王彻底明白了，自己被阳明先生玩惨了，玩完了，十几年心血，都付诸滚滚东流……

135. 凡人之学，不日进者必日退

——《王阳明全集·文录一·与陈国英》

今译：一个人的学养功夫，如果不能做到每天有进步，那就一定会退步。

在中国古代民间，有一部书流传甚广。这部书叫《增广贤文》。

据考证，《增广贤文》又叫《昔时贤文》《古今贤文》，大约是在明朝万历年间编写的。

现代人谈学习，都会引用《增广贤文》中的一句话："学如逆水行舟，不进则退。"

殊不知，这句话的源头来自于阳明先生。

1520 年，阳明先生在给《与陈国英》的信中，就如何提高学养功夫问题，打了一个很恰当的比喻：你看那一丛丛的树木花草，当它的生机在一天天地滋生勃发时，它的枝叶便一天天地舒畅茂盛；当它的生机在一天天地收束止息时，它的枝叶也就会慢慢地枯萎衰落了。人的学养功夫就如同草木一般，一旦停止了长进，便是衰退的开始了。

至于如何才能保持"日益畅茂"，避免"日就衰落"呢？

阳明先生指点说："君子之学，非有同志之友日相规切，则亦易以悠悠度日，而无有乎激励警发之益。"

这话的意思是：君子追求圣贤之学，如果没有几个志同道合的朋友，相互规谏、相互提醒、相互交流、相互比较、相互竞争，那就会很容易地让时光白白流逝，而得不到半点激励、警觉和启发的好处。

136. 民人社稷，莫非实学

——《王阳明全集·文录二·答路宾阳》

今译：只要是对人民、对国家有益的工作，不论大小，都是实实在在的真学问。

这世上的学问，大体可分为两种：

一种是假学问，看起来满腹经纶，说起来头头是道，炫起来文采飞扬，但一遇具体事情，是茫然无措，应对无方。

另一种是真学问，看起来质朴无华，甚至还有些粗鄙；说起来木讷无文，甚至还有些俗白，完全没有高深之状，完全没有奇诡之色。但一旦临难遇困，则沉静智慧，举重若轻，再艰巨的任务也能安然担当，再复杂的问题也能简单化解。

几百年来，阳明心学之所以能越来越受人推崇，越来越令人神往，其中的主要原因，就是它是一门真学问，是一门建立在"民人"和"社稷"之上的真学问！

所谓民人，就是我们今天讲的"人民"的意思。

所谓社稷，社，原本指的是土神。相传共工的儿子句龙为了让人民躲避洪水的灾难，教人在平地上挖土堆成高丘，一旦洪水来了，便迅速跑到高丘上避水。句龙设计的土丘的规模，是每丘住 25 户，故称之为"社"。句龙死后，人民为了缅怀他的功德，尊奉他为"土神"。稷，原本指的是谷神。相传烈山氏的儿子柱当了夏朝主管农业的官"稷正"，做了很多好事，对农业发展贡献很大，被后人尊奉为农神，也叫五谷神。随着年代的变迁，社、稷二字渐渐合并了起来，前者代表一国的生存空间，后者代表万民的生命食粮，自然而然，社稷便成了国家的象征。

1523 年，已经退隐休闲近两年的阳明先生，是不是已经养成了空寂之性，忘记了国家、忘记了人民呢？

没有！

相反，越是在这个时候，越是在这个环境，他越是苦口婆心地教导学生，要根据自己的实际情况，"随病用药"，而不是"因药发病"！

这一年，他在《与刘元道》的信中，针对其提出的"欲入坐穷山，绝世故、屏思虑，养吾灵明。必自验至于通昼夜而不息，然后以无情应世故"的想法和打算，明确地指出，"但专欲绝世故，屏思虑，偏于虚静，则恐既已养成空寂之性"。

这一年，他在《答路宾阳》的信中，针对其提出的公务繁忙影响修习圣学的抱怨，明确地指出，"郡务虽繁，然民人社稷，莫非实学"。他鼓励宾阳：凭着你优美的才质、忠信的言行，只要坚定自己的圣人之志，不为一时的非议所动摇，不为一时的浮名所诱惑，你的道德修养一定会越来越高，你的功业前程一定会越来越广！

同时，在这封信里，阳明先生还告诉路宾阳：自从自己回到家乡以后，已有一百多名朋友从四面八方赶来，与自己一起研讨圣学。越探讨、越研究，越发觉得圣人之学的确很简易，随时可修、随地可修、随事可修，根本用不着隐居深山，谢绝交游；根本用不着皓首穷经，悬梁刺股；根本用不着刻意装饰，故作高深。

在这封信里，阳明先生对圣人心学作了高度评价，即"真是考诸三王而不谬，百世以俟圣人而不惑"！真正的心学之所以能千古不灭，而且在越是艰难、复杂、困苦的时候，越能够焕发出神奇的力量，其根本的原因就在于——

它，永远不离人民！

它，永远不离国家！

它，永远不离实践！

137. 凡看经书，要在致吾之良知，取其有益于学而已。则千经万典，颠倒纵横，皆为我之所用

——《王阳明全集·文录三·答季明德》

今译：凡是阅读经书典籍，关键是要围绕增进自己致良知的功夫，获取其中的有益成分充实自己的学养。这样即便是将万千经典，横看竖看，倒看顺看，都是为我之所用。

以目的而论，世人读书，大体可分为三种：

一是读给别人看的，是用来炫耀的；

二是读给自己用的；

三是二者兼而有之。

阳明先生一贯主张，读书应该为我所用。

阳明心学与其说是儒家的继承和发展，不如说是中华文化各大源流精华的吸收和集萃。而其中的一个重要源泉，便是佛教禅宗。

几百年来，学术界一直流行的一种看法是，阳明先生的龙场悟道，是对程朱理学的批判和改造。

而我认为，阳明先生的龙场悟道，既有对理学的批判和改造，更多的是对禅学的吸取、锻造和升华。

这一点，我们通过对两段话的分析就可以显示出来。

第一是《六祖坛经·般若品第二》中的一段话：

"若自悟者，不假外求。若一向执谓须他善知识望得解脱者，无有是处。何以故？自心内有知识自悟。若起邪迷，妄念颠倒，外善知识虽有教授，救不可得。若起真正般若观照，一刹那间，妄念俱灭。若识自性，一悟即至佛地。"

这段经文，用今天的口语来表达，意思就是，对于那些能够自悟成佛的人，是不需要借助外力、求助外援的。如果硬是固执地认为，必须要有丰富的知识才能解脱，那是错误的。为什么呢？因为每个人的内心都具有一种能够自悟自觉的天生智慧因子。如果一个人的心内起了邪欲妄念，心外纵然有知识的教授，也是无法得救的。反之，如果心内起了真正的般若智慧，一刹那间，妄念邪火就会完全熄灭。这个时候，如果能够识得自性本心，这一悟，便可能直接进入佛地。

品读完这段经文，我们再来看看阳明先生的龙场体悟：

"圣人之道，吾性自足，向之求理于事物者误也。"

"知是心之本体。心自然会知。见父自然知孝，见兄自然知弟，见孺子入井自然知恻隐，此便是良知，不假外求。"

"人心本体原是明莹无滞的，原是个未发之中。利根之人，一悟本体，即是功夫。"

窥一斑可知全豹，见一叶而知秋。

通过以上比较，我们可以看出：阳明先生为中华文明乃至世界文明酿造的这一坛心蜜，是他博采众香的劳动成果。其中的花精，有的采自孟子的"尽心"园，有的采自《大学》《中庸》等经典园，还有的则采自禅宗的"明心"园……

采得百花成蜜后，为谁辛苦为谁忙？

阳明先生就像一只蜜蜂，一生辛苦而忙碌，短暂而精彩……

138. 圣人之学，以无我为本，而勇以成之

——《王阳明全集·文录四·别方叔贤序》

今译：圣人之学，以去除私心、达到大公无我的境界为目标，需要有最勇猛坚韧的精神才能成就。

在阳明先生的一生中，朋友很多，学生很多。但真正堪称知己的，也不过几人而已。这一点，他在《别三子序》中，说得很清楚，也说得很寂寥。"自予始知学，即求师于天下，而莫予诲也；求友于天下，而与予者寡矣；又求同志之士，二三子之外，邈乎其寥寥也。"

在寥寥的几个知己中，方献夫算是一个。

方献夫，字叔贤，生于 1485 年，比阳明先生小了 13 岁。广东南海人，1505 年中进士，比阳明先生晚了 6 年。但由于阳明先生遭遇了龙场之变，当他 1511 年回到吏部当主事（相当于处长）时，方献夫已经超过了他，当上了员外郎（相当于副司长）。就在这个时候，方献夫通过听阳明先生讲圣人之学，大受启发，大有感悟，便主动而诚恳地放下身份架子，要拜阳明先生为师。阳明先生几番推却，终究拗不过方献夫的韧劲，收下了他。而方献夫自从拜阳明先生为师研习圣人之学后，便毅然请病假回到了家乡，在西樵山再读了十年书。对于他的这一举动，阳明先生在《别方叔贤序》中给予了高度评价："此非脱去世俗之见，超然于无我者，不能也。虽横渠子之勇撤皋比，亦何以加于此！"

在这段评价中，阳明先生引用了一个"张载撤虎皮座"的典故。张载，字子原，陕西郿县横渠镇人，故世人又称之为横渠先生。据记载，1057 年，

38 岁的张载赴开封应考，时值欧阳修任主考。幸运的是，张载与苏轼、苏辙兄弟都考中了进士。在候诏待命之际，张载受宰相文彦博的支持鼓励，在开封城的相国寺设虎皮座椅讲《易经》。这期间，正好遇到了程颢、程颐兄弟。张载虽然是二程的表叔，但他并没有摆长辈的架子，而是虚心听取二程兄弟对《易经》的见解。听完后，他感到二程兄弟对《易经》的研究比自己更为深刻透彻，于是当即作出决定，撤掉了自己讲学的虎皮坐椅，要求自己的学生都去听二程兄弟讲《易经》。

阳明先生将方献夫拜自己为师的举动与张载撤虎皮座的典故相提并论，足以见其对方献夫追求圣人之学的勇敢精神的嘉奖！

对于一个人如何达到无我的境界，阳明先生衡定的标准也很简单，那就是看你有没有私心。

无私，则做人做官之境界自高；有私，则境界自低。

这里，我们不妨将阳明先生与历代其他几位带兵打仗的英雄人物比较一下：

在阳明先生之前，有南宋的岳飞，他的军队号称"岳家军"。在阳明先生之后，有明朝的戚继光，他的军队号称"戚家军"；有清朝的曾国藩，他的军队号称"湘军"；左宗棠，他的军队号称"楚军"；李鸿章，他的军队号称"淮军"。仅从这些名号，其或多或少的私心私意便已经显现。而独有阳明先生，其一生算是百战百胜，却没有任何一支带有自己名号色彩的军队。不仅如此，每一次的大仗打完之后，他都是及时解散了军队，以免增加国家和百姓的负担。

由此可见，与岳、曾、左、李等比起来，阳明先生带兵打仗的目的还是要纯粹得多，他既不是为自己的名誉而战，也不是为自己的权位、权势而战。他，纯粹是为国家的太平和人民的幸福而战！

139. 勿以无过为圣贤之高，而以改过为圣贤之学

——《王阳明全集·外集三·徐成之·二》

今译：不要把不犯错误作为对圣贤的最高要求，而要把改正错误作为圣贤之学的最高境界。

对于圣人的标准，历来有两种看法：

一种人认为，圣人就是高大完美、永远正确、不犯错误的人。

一种人认为，圣人就是能及时发现错误、勇于改正错误的人。

在 1522 年写的《答徐成之》的两封信中，阳明先生除了对朱熹理学与象山心学的异同作了论述以外，更主要的，是对后世学者对待朱熹和陆象山的态度作了批判性分析。在他看来，后世学者之所以会丧失公正、公允之立场，全面地肯定朱熹，彻底地否定陆象山，步入一种极端之境，主要是由于三种弊病造成的；而克服和纠正这三种弊病，则是科学认识和对待圣人的必要前提。

第一，是要克服求胜之心。什么是求胜之心？简言之，就是争强好胜之心。阳明先生认为，一个人一旦有了争强好胜之心，则一定会"动于气"；而一旦动于气，则一定会失去"义理之正"；而一旦失去公正之心，则一定会陷于偏执，落于极端。这个时候，谈论古人得失，则很容易变成凭空臆断。故阳明先生明确指出：一个求学之人，只要有了这种"求胜之心"，就会失去做学问的根本。

第二，是要克服求繁之意。何谓繁，就是多的意思。求繁，就是贪多求多的意思，什么都想学，结果什么都没有学好，没有学通，没有学精。正如阳明先生指出的"世之学者，挂一漏万，求之愈繁，失之愈远"。

第三，是要克服求全之弊。后世学者，总以为圣人是完美的，最无瑕的，从来就不会有缺点、过失和错误。殊不知，圣人首先是一个人，是个人，就会有七情六欲；有了七情六欲，就难免会有过失缺点偏好。不同的是，圣人通过自我修炼，能够控制自己的情感、情绪，能够约束自己的欲望，使之处于一个适当的程度。看问题，不偏不倚；办事情，不急不慢；评价人物，既看其优点又看其缺点；处理矛盾，既不走这个极端又不走那个极端，而是叩其两端，取其中，真正达到"极高明而道中庸"的境界！

140. 夫为大人之学者，亦唯去其私欲之蔽，以自明其明德

——《王阳明全集·续编一·大学问》

今译：修习大人之学，关键是要去掉自己心中的私欲蒙蔽，以彰显自己光明的德性。

这句话，出自于阳明先生的《大学问》一文。

《大学问》，在阳明心学中，究竟处于什么地位呢？

钱德洪的评价是："《大学问》者，师门之教典也。学者初及门，必先以此意授，使人闻言之下，即得此心之知，无出于民彝物则之中，致知之功，不外乎修齐治平之内。"可见，钱德洪对这篇文章的定位是，阳明心学的入

门教材。

阳明先生自己的看法是："吾此意思，有能直下承当，只此修为，直造圣域。参之经典，无不吻合，不必求之多闻多识之中也。"可见，阳明先生自己对此文的定位比钱德洪更高，《大学问》乃阳明心学的大真经也，一个人只要参透这一经，就直接迈进了"大圣人"俱乐部了！

那究竟什么样的人，才算是大人呢？

在阳明先生看来，大人至少应该具备四个特征：

首先，大人是有大境界的人。这种大境界，体现在何处呢？阳明先生明确指出："大人者，以天地万物为一体者也，其视天下犹一家，中国犹一人焉。"

其二，大人是有大情怀的人。这种大情怀，主要体现在"亲民"二字上。亲到什么程度呢？阳明先生形容是："亲吾之父，以及人之父，以及天下人之父"，"亲吾之兄，以及人之兄，以及天下人之兄"。用今天的话讲，意思就是，作为大人，不仅要亲敬自己的父兄，还要亲敬别人的父兄，还要亲敬天下人的父兄。

其三，大人是有大定向的人。这种定向体现在哪里？阳明先生认为："知至善之在吾心，而不假于外求，则志有定向，而无支离决裂、错杂纷纭之患矣。"至善，作为明德、亲民的极则，也就是最高目标，千百年来，许多人都认为它存在于大千世界的万千事物之中，因而越找越辛苦，越找越复杂，越找越迷茫，越找越错乱……阳明先生呢，则反其道而行之，按照惟精惟一的思路，只在自己的内心寻找至善之极则，因而免去了支离决裂、错杂纷纭之患，人的心就不会妄动；只要心不妄动，则一定能静下来；只要心能静下来，则平日处理各种事务，都能从容安祥；只要心能安祥，则任何一种意念、想法的产生，都会以至善为标准；至于这些意念、想法是否符合至善的标准，则你自己心中的天然的良知，会帮着你进行详细、精确的审察过滤；只要通过了良知的过滤，则你在处理任何事情时，所选择的方案没有不

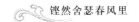
精确的，所采取的措施没有不恰当的。为人处世达到这种境界，也就达到至善之境了！

其四，大人是有大功夫的人。这种功夫，就是格物的功夫。何谓格？阳明先生论述道："格者，正也，正其不正，以归于正之谓也。正其不正者，去恶之谓也。归于正者，为善之谓也。夫是之谓格。"由此可知，这个格物的功夫，就是为善去恶的功夫，就是存真去伪的功夫，就是显光明德性、去私欲之蔽的功夫。

141. 养心莫善于义理，为学莫要于精专

——《王阳明全集·续编一·家书墨迹四首·与徐仲仁》

今译：对于修养心性而言，没有比在道义和天理上下功夫更好的了；对于研习学问而言，没有比在精心和专心上下功夫更重要的了。

对于养心求学的这一深切体会，出自于阳明先生写的《与徐仲仁》书。

徐仲仁何许人也？

徐仲仁名叫徐爱，生于 1487 年，死于 1518 年，既是阳明先生最早的入室弟子，也是阳明先生的妹夫。阳明先生在这封信里，还特别提到，自己的父亲王华当初在为其妹妹选择夫婿时，很多人推荐的是徐爱的叔叔，说他比徐爱要聪明，但后来王华却果断地舍弃了徐爱的叔叔，而选择了大家都认为要笨一点、木讷一点的徐爱。后来的结果，徐爱的那位聪明的叔叔因为心性淫荡，而败家败业，笨拙的徐爱尽管寿命不长，但却成了阳明心学的"大儒"！以至于钱德洪在评点这封信时，发出了"聪明不足恃"的感叹！

钱德洪为什么要评点这封信呢？原来，这封信，与另外三封书信，《与

克彰太叔》《上海日翁家书》和《岭南寄正宪男》一起，是阳明先生的小儿子王正亿在书柜里无意发现的。正亿发现后，便视为珍宝，让人装制成册，并请钱德洪在每篇书信后，写了一个跋。

在《上海日翁家书》的跋中，钱德洪着重记录了阳明先生一家人在国家骤起大变、朝廷骤临大难、个人骤对大险时，是如何用大义和天理来养就一颗坚强之心的慷慨表现。

面对宁王突然发起的叛乱，阳明先生表明的态度是："人臣之义至此，岂复容苟逃幸脱？"也就是说，作为大明朝的臣子，我又怎么能不忠于朝廷呢？要尽忠义，我又怎么能临阵脱逃呢？

面对拼命追赶的叛军，阳明先生的妻子诸氏提剑决绝地说："公速去。毋为妾母子忧；脱有急，吾恃此以自卫尔。"意思是，先生您赶快走吧，不要为我们母子担忧；一旦发生紧急情况，我有这把剑在手就可以自卫了。其实，面对汹汹强敌，诸氏所谓的"自卫"，实质上就是"自杀"罢了。这就充分体现了诸氏愿与夫君一起慷慨赴国难的决心！

面对好心人关于"移家避难"的劝说，阳明先生的父亲王华的态度是："吾儿以孤旅急君上之难，吾为国旧臣，顾先去以为民望耶？"是啊，自己的儿子为了替皇上分忧正在孤军奋战，自己作为王朝的旧臣，怎么能辜负老百姓的厚望而先行逃跑呢？在谢绝了好心人的劝说后，王华老人便与地方官员一起，共同研究守城的办法，尽可能地让防守严密一些，再严密一些。

更令人感动的是，这种以忠诚大义养心的基因，不仅在王华这一代、阳明先生这一代发扬光大，还传承到了下一代乃至更下一代。1552年，也就是嘉靖壬子年，倭寇侵犯黄岩城，全城被烧成一片废墟。当时王正亿正在北雍游学，他的妻子黄氏在万分危急之时，果断地舍弃了家中的财物，只抱着王家的祖宗牌位、图像和一些祖传家书逃走。阳明先生的这四封书信，便是这样得以保全的。由此可见，王家后人对精神财产的看重远胜于对物质财产的重视！

142. 明学术，变士风，以成天下治

——《王阳明全集·外集四·送别省吾林都宪序》

今译：宣扬倡导良知之学，彻底改变官场士子之风气，以使天下达到大治之境。

儒家严以修身，最高的追求是立德、立功、立言三不朽。

立德，是"成圣"之道；

立功，是"成雄"之道；

立言，是"成家"之道。

古往今来，各朝各代，高官就如同那广阔草原上的野草，数也数不清。为何独有阳明先生能够成为立德、立功、立言"真三不朽"的人呢？

这其中，最主要的原因，就是阳明先生尽管身在官场，但并没有把升官作为自己人生的最高价值追求。相反，无论是在滁州当养马的闲官，还是在指挥平定宁王叛乱的战斗进行得最激烈时，他都没有忘记自己的人生第一目标：内圣外王；他都没有忘记自己人生的第一使命：宣传倡导良知之学于天下！

之所以如此，是因为他对当时明王朝江河日下、人心丧乱的颓势认识得太清楚了，对其衰败的深层次原因，他在1528年写的《送别省吾林都宪序》中，作了无情的剖析："今夫天下之不治，由于士风之衰薄；而士风之衰薄，由于学术之不明；学术之不明，由于无豪杰之士者为之倡焉耳。"

当时的天下，士风究竟衰薄到了什么程度呢？

阳明先生的形容是：今天的士大夫们，他们计较争夺功名利禄，比起那些市井之徒还要过甚；而面对困难、灾害和隐患，则想方设法予以隐瞒，或

者嫁祸于他人。平时以结党营私为能事，一旦自己的私欲得不到满足，则吹胡子、瞪眼睛、卷起袖子赤膊相斗，有的甚至到了赤裸裸、公然公开的地步，也不以为耻。即便这样，也没有人认为这是不对的。

由此可见，当时的明朝官场，已经被私欲的乌云笼罩了，大有"黑云压城城欲摧"之势。官场风气沦落到了如此地步，也就到了孟子所叹惜的"无耻之耻无耻矣"的最可悲之程度了。怎么办呢？

阳明先生开出的医治药方是：团结一批像林省吾这样的豪杰之士，共同倡明良知之学，用良知的太阳驱散私欲的乌云！

阳明先生为什么会认定林省吾是一个"临大节而不可夺"的豪杰之士呢？

其一，是因为他有豪杰之淡定。正德初年，也就是1506年，阳明先生因为上疏为戴铣等言官求情得罪了刘瑾，被关进了锦衣卫的诏狱；而林省吾呢，也因为犯了权臣的忌讳被逮了进去。两个人在狱中既无害怕，也无惊恐，而是其乐融融地探讨了一个月《易经》。到后来，几乎忘记了自己的囚徒身份。

其二，是因为他有豪杰之胸襟。阳明先生一到广西后，便向朝廷推荐，由林省吾担任广西巡抚。没想到朝廷并没有采纳阳明先生的建议，而是很快任命郑阳为巡抚。而这时的林省吾，正在率兵去征剿八寨贼匪的路上。身边的人听到朝廷这一不公正的任命后，一方面为林省吾抱不平，一方面则庆幸他可以不在其位、不负其责，可以免除打仗的风险了。没想到林省吾却说："这样不行。把正在做的正义之事突然中止，这是仁者之心能忍受的吗？遇到困难就避让，这是义士之所为吗？我既然已经承担了这一责任，有幸能够发令行事，就应该赶紧奔赴战场，这才是我的初心所向，怎么能够中途而止呢？"就这样，他一路驱驰赶到八寨，冒着酷暑，顶着大雨，忍受着瘴毒的侵蚀，最终胜利完成了讨伐任务。

如此一个人，在大明官场，确属凤毛麟角。

143. 圣贤之学，心学也。道德以为之地，忠信以为之基，仁以为宅，义以为路，礼以为门，廉耻以为垣墙，《六经》以为户牖，《四子》以为阶梯

——《王阳明全集·外集五·应天府重修儒学记》

今译：圣贤之学，实质上就是心学。这座心学大厦，是建立在道德的地基上的，忠信是它的墙脚，仁爱是它的住所，义是它的道路，礼是它的门，廉耻是它的围墙，《诗》《书》《礼》《易》《乐》《春秋》等"六经"是它的窗户，《论语》《大学》《中庸》《孟子》等"四书"是它的阶梯。

水有源，树有根，学有宗。

阳明心学的源在哪里？根在哪里？宗又在哪里呢？

对此，阳明先生在 1514 年撰写的《应天府重修儒学记》中，作了明白生动的回答。

首先，他告诉我们，心学，并不是凭空产生的，而是在儒家的心性学的基础上发展的一门"新学"，是"千圣相传的一点真骨血"。

其二，他告诉我们，这座心学的大厦，并不是建立在沙滩上的，而是以"道德"为基地建立起来的，故修习心学的价值目标，就在于提升自己的道德境界。

其三，他告诉我们，这座心学大厦的基本构成元素（材料）是忠信仁

爱、礼义廉耻。而这八个元素，实质上也就形成了中华文明的DNA。

其四，他告诉我们，通向这座心学大厦顶端的路径和梯子，就是学习《四书》和《六经》。这《四书》包括以孔子言论为主的《论语》，由曾子及学生创作的《大学》，由子思及学生创作的《中庸》，由孟子写的《孟子》。这《六经》，则是指《诗经》《尚书》《礼记》《周易》《乐经》和《春秋》。

其五，他告诉我们，学好心学，终有大用。从大处讲，是"大之则以庇天下，次之则以庇一省一郡"；从小处讲则"小之则以庇其乡闾家族"。

其六，他告诉我们，要想学好心学，必须具"豪杰"之气，有"维新"之志。只有具备了这两个条件，才能够"扩乃地，厚乃基，安乃宅，辟乃门户，固乃垣墙"，将心学发扬光大。

需要说明的是，阳明心学除了以儒学为宗外，还借鉴了禅宗，尤其是《六祖坛经》中"明心见性，直了成佛"的思维方式。而这种思维方式的引进与植入，则使得心学更加简易、更加真切，更加具有广泛的适应性了。

如何理解这话的意思呢？我们还是把心学视为一座高高的大厦。在阳明先生之前，历朝历代万千学子如想登上这座大厦的顶层，必须循着《四书》的阶梯，一级一级往上爬。在有了阳明心学之后，就用不着这么辛苦地一级一级地爬了，而是可以直接乘坐"良知"的电梯，一瞬间直达顶层了！

144. 唯古为学，在求放心。心苟或放，学乃徒勤

——《王阳明全集·续编三·铭一首》

今译：自古治学，但求心安理得、心情平定。想要达到"放心"的境界，只要勤奋修行、修炼就行了。

人生，最大的幸福是什么？

答案很简单：心安理得。

一个人，能够时时、处处做到心安理得，那他（她）就是一个自由之人，就是一个洒脱之人，就是一个淡定从容之人，就是一个面对各种诱惑而不动心之人。

一个人怎样才能做到"放心"呢？

阳明先生在《铭一首》中提出了"七勿"的看法，即"勿忧文辞之不富，唯虑此心之未纯；勿忧名誉之不显，唯虑此心之或湮"。什么意思呢？就是一个人在修习圣贤之学时，不要担忧自己的文章词句不够华丽精彩，只要想想自己的那一颗心是否纯净就行了；不要担忧自己的名气荣誉不够显达，只要想想自己心中的良知是否被私欲淹没就行了。

阳明先生认为，修习圣贤之学，只要"反观而内照，虚己以受人"就行了，"言勿伤于烦易，志勿惰于因循；勿以亡而为有，勿以虚而为盈；勿遂非而文过，勿务外而徇名"。

如何达到以上"七勿"的要求，阳明先生开出的药方还是两个字：一个

是"恕"字，一个是"谦"字。在他看来，"温温恭人，允惟基德。堂堂张也，难与为仁"。一个人只有修到了温文尔雅之境，才算是具有了君子的基本品德；一个人，如果老是趾高气扬，那是很难成仁入圣的。为此，阳明先生一再告诫，君子修行，务必做到"终身可行唯一恕，三年之功去一矜"；一个人要想长命百岁也不难，只要时时做到宽大为怀、忠恕为人就可以了。说得再浅近一点，就是能够做到"事事洞明，决不计较"就行了。

怎样才能修到"不计较"的大功力呢？

阳明先生给学生们讲了一个故事：从前，有一个性情恬淡的君子，带着一个仆人到朋友家做客。没想到，这个仆人贪小便宜，见朋友的一双新鞋很漂亮，便偷偷将之揣进了自己的怀里。这个君子回家后，让仆人去买鞋。仆人把钱收起来，便把自己偷来的鞋给了他。由于这鞋又好看又舒服，君子穿着很高兴。恰好这时朋友来访，一见他脚上穿的鞋，便非常生气，两人于是绝交。过了一个时期后，仆人因为又犯了旧病，连带着把他偷鞋的事也坦白交待了。真相大白，朋友得知后赶忙找到君子，又是赔礼，又是道歉，同时不无责怪地问："唉呀，老兄呀，你当时为什么不解释一下呢？"

这个君子淡然地回答："我没有偷你的鞋，所以我很是心安理得。你当时误会我，冲我发火，我也没损失什么；如今你来给我道歉，我也没得到什么。反而是你，真是亏大了，先是发怒伤肝，现在又是愧疚伤神，你的心才是真的忙、真的苦呀！"

145. 夫君子之学，先立乎其大者，而小者不能夺

——《王阳明佚文辑考编年·答懋贞少参》

今译：君子探求圣学，处理矛盾，只要先把大的根本性的东西抓牢了，则那些小的枝枝叶叶的因素自然就难以干扰和动摇了。

从哲学上讲，这句话里的"大者"，就是主要矛盾；"小者"，就是次要矛盾。

阳明先生一生，之所以能够临非常之难、担非常之责、立非常之功，一个重要的秘诀，就是善于抓主要矛盾，而且抓得准、抓得住、抓得大有成效。

以平定宁王叛乱中的关键一役"打南昌"为例，当时的很多文武将官都是沿用常规思维，即主张对宁王实行围追堵截，通过内外夹击的办法，将宁王聚歼于安庆城下。

但阳明先生却认为：追着宁王的屁股去打，首先就是使自己陷入了被动，被宁王牵着鼻子走了；带上自己临时拼凑起来的三万五千兵马同宁王的十万叛军去安庆城下火拼，根本就不划算。

怎么办呢？攻其所必救。宁王的必救之地又在哪里呢？

南昌！这是宁王的根据地，是宁王的大本营。只要解决了"南昌"这一主要矛盾，安庆之围，收复九江、南康等次要矛盾也就迎刃而解了。

怎样才能把胜利的大旗插上南昌城楼呢？

阳明先生还是老办法：攻其不备，出其不意；十面突袭，一举全歼。

所谓攻其不备，就是阳明先生选定的攻击时间，仍放在 1519 年七月二十日的凌晨，也就是人睡眠最深的时刻。

所谓十面突袭，就是阳明先生针对南昌七门，一共派出了十三路兵马，以迅雷不及掩耳之势一举攻下了南昌城。

果然，得知南昌失守的消息，朱宸濠方寸大乱。他不顾谋士李士实、刘养正的苦苦劝说，一意孤行地于七月二十二日回师攻打南昌。结果呢，完全被阳明先生牵住了鼻子，三天时间里便被打得落花流水。

这一仗，从阳明先生来说，之所以能迅速取胜，是因为他牢牢抓住了"南昌"这个能够牵动朱宸濠之心的主要矛盾，且丝毫不为安庆的安危而动摇自己的决心。

反之，从朱宸濠来说，之所以会迅速惨败，是因为他放弃了自己的主要目标"南京"，其争夺天下的决心完全被"南昌"这一块小根基所动摇，导致在关键时刻六神无主。

历史是不能假设的。假如，朱宸濠当时真能像阳明先生一样，抓大放小，彻底放弃南昌、放弃安庆，直趋南京，那明朝的历史一定会被改写。这种改写，即便是阳明先生也难以阻止了。

146. 君子之学，以变化其气质

——《王阳明佚文辑考编年·赠朱克明南归言》

今译：君子修习圣贤之学，主要目的之一是变化自己的气质。

凭借现代先进的整容技术，要把东施的丑容陋貌变成西施的花容月貌并不难。

但是，要把东施的俗鄙气质变成西施的高雅气质却很难。

人的气质，究竟该如何才能改变呢？

曾国藩开出的药方是："人之气质，由于天生，本难改变，唯读书则可以变其气质。"

阳明先生开出的药方又是什么呢？

答案就在他 1514 年写的《赠朱克明南归言》中。

当时的阳明先生，正在南京当闲官，担任南京鸿胪寺卿；当时的朱克明，在 1514 年初参加春闱考试失败后，回家途中绕道到南京拜见自己龙场时的老师阳明先生。在当面聆听了阳明先生的指点教诲后，朱克明深感受益良多……

离开南京回贵阳时，面对前来送别的阳明先生，朱克明还是忍不住再次求教。

"先生，我等修习圣贤之学，其关键之要义到底在哪里？"

阳明先生举目望了望东方冉冉升起的太阳，以及阳光下迅速明媚起来的花草树木，说："我等求学，首要的目标，是要改变自己的气质。"

"那如何才能改变自己的气质呢？"朱克明追着问道。

"君子的反光镜是小人。小人在气质方面，主要有五个毛病，如粗暴、贪鄙、虚诞、矜夸、轻躁等。这里，粗暴主要指的是态度方面的毛病，贪鄙主要指的是操守方面的毛病，虚诞主要指的是品行方面的毛病，矜夸主要指的是言语方面的毛病，轻躁主要指的是作风方面的毛病。一个人的身上，如果有了这五种毛病，那他（她）的气质必然低俗；反之，当一个人的身上，去掉了这五种毛病，他（她）的气质定然会高贵起来！"

"那如何才能医治好这五病呢？"朱克明仍觉得不解渴，接着又问。

"我的药方很简单，就是相反相成。把温良作为医治粗暴之病的药剂，把廉介作为医治贪鄙之病的药剂，把忠信作为医治虚诞之病的药剂，把谦默作为医治矜夸之病的药剂，把厚重作为医治轻躁这之病的药剂。这五个毛病治好了，你就成了一个温良、廉介、忠信、谦默、厚重的君子了！"

147. 与其为数顷无源之塘水，不若为数尺有源之井水，生意不穷

——《王阳明全集·传习录·右曰仁所录》

今译：与其去开挖一个没有水源的几百亩大的水塘，不如去深挖一个有水源的几尺大的水井，井里的水会源源不断，让你受用不尽。

纵观阳明先生的一生，在龙场悟道之前，其求学算是"挖塘"阶段；在龙场悟道以后，其求学则进入了"挖井"的阶段。

这口井，就是"心学"；而井中的泉眼，则是《周易》。

《周易》为什么会成为阳明先生生命之泉眼呢？为什么成为心学之源泉呢？

这是因为，《周易》确实是个好东西，好就好在它用最简单的六十四个卦象揭示了天地万物生长荣衰的变化规律，并能给人以启发、启示和启迪，给人以指点、指引和指导。

阳明先生受祖传影响，一生读易、玩易、用易，特别是，在他人生最困难的时刻，甚至最绝望的时刻，在他的精神和灵魂极度焦渴的时刻，是《周易》给了他清冽的甘泉，滋润了他的心灵，提振了他的希望……

从各种资料的记载看，阳明先生在其三十年的官场烂泥路上，有三次通过《周易》领会上天的启发：

第一次，是在监狱里玩《易》。那是 1506 年的冬天，阳明先生因凭着一腔忠义和热血为戴铣等求情，惹恼了刘瑾，被打了四十大板，扔进了锦衣卫的诏狱。在那阴暗、寒冷的牢房里，许多人因为经受不了那种折磨、那种孤寂、那种苦痛而绝望而死。被打得皮开肉绽、遍体鳞伤的阳明先生，在食不得饱、穿不得暖、医不得药的境况下，唯一的自救之途，就是"努力从前哲"，仿效周文王在羑（yǒu）里（今河南省汤阴县）的经验做法，把牢房变成一个《周易》研究室。这一点，可以从他的狱中读《易》诗得以见证：

因居亦何事，省愆（qiān）惧安饱。

瞑坐玩《义易》，洗心见微奥。

乃知先天翁，画画有至教。

包蒙戒为寇，童牿（gù）事宜早。

蹇蹇（jiǎn）匪为节，虩虩（xì）未违道。

《遁》四获我心，《蛊》上庸自保。

俯仰天地间，触目俱浩浩。

箪瓢有余乐，此意良匪矫。

幽哉《阳明》麓，可以忘吾老。

从这首诗可以看出，当时的阳明先生在狱中给自己占了一卦，得到的是"遁"卦第四爻。

遁卦，为《周易》的第三十三卦，卦体上为乾，下为艮。乾为天，喻君子；艮为山，喻小人。天下有山，意为君子之下有小人侵害，且小人势力盛强，君子宜暂作退避，以免受其害。该卦的"九四"爻为："好遁，君子，吉。小人，否。"意思是，最好的选择是赶快隐遁，这对于君子是吉利的；相反，这对于小人不吉。应当说，这一卦是占得很准确的。后来的事实证明：阳明先生远走龙场，确实是自得其乐，不仅养好了身体，更养好了精神，还实现了思想上的大觉悟，为中华文化开垦了一片新田地。而权势熏天的刘瑾呢，则在三年零八个月之后（1508 年八月）被千刀万剐了。

第二次，是在武夷山的逃亡途中玩《易》。那是 1507 年的夏天，阳明先生为逃避刘瑾所派刺客的追杀，被一夜大风吹到了福建武夷山，在一间道观中，遇上了昔日的朋友无为道人。无为道人不仅为他释尽了心中的愁闷和苦楚，还送了一着诗，激励他"英雄自古多磨折，好拂青萍建大勋"！而据日本冈田武彦先生所著《王阳明大传》记载：在无为道人为自己指出了明路以后，阳明先生又为自己占了一卦，得到的卦象是"明夷"。

明夷，为《周易》第三十六卦，卦体是上坤下离。坤为地，离为火、为日。意思是，太阳在地底下，其光明被覆盖了。光明被覆盖，比喻贤能之人受到压抑、埋没。当此之时，唯有像周文王、箕子那样善处逆境，在逆境中等待，在逆境中积蓄，在逆境中升华，在逆境中超越。这一卦，阳明先生得的是"六二爻"，即"明夷，夷于左股。用拯马，壮，吉"。意思是，尽管受了伤，而且左腿左股伤得重，但如果去驾驭车马，则会慢慢变得强壮，大吉大利。事实是，阳明先生到龙场驿，一个主要的任务，就是把当时驿站最重要的交通工具"马"养好。更有趣的是，阳明先生一生与马有缘，后来又到滁州当了一阵子专门养马的官，并由此而获得大任，得以展翅。

第三次，是在龙场的山洞里玩《易》。近代最有提振力的哲学大家熊十力先生说过：《易经》是思想革命的宝典。"龙场悟道，之所以能成为阳明先生思想上的一次大觉悟、大转折，一个重要原因，恐怕就是得益于《周易》的启示。

据阳明先生 1508 年写的《玩易窝记》记载，当时他是躲在龙冈山上的一个石洞里研读《周易》，读出了什么样的成果呢？阳明先生将之总结为三句话，即"优然其休焉，充然其喜焉，油然其春生焉"！这"三然"，用今天的白话诗来表述，就是：

当我彻底贯通《周易》的原理时，我的心啊，突然间进入了一种新的境界！

是那样的悠然自得，完全地处于一种休闲和放松的状态；

是那样的充实饱满，完全地处于一种甜润欢悦的状态；

是那样的温暖明媚，完全地进入了一种春天般生意葱茏的状态。

在这种"三然"的心态中，阳明先生的精神、意志完全进入了一种全新之境：希望代替了绝望，群乐代替了孤寂，阳春的温润代替了严冬的肃杀，对孔孟圣贤之学的提升代替了程朱理学的桎梏……

从这个意义上说，没有《周易》便不可能有龙场的思想"革命"，便不可能有中华文明史上的这一场深刻变革！

明心篇

148. 心即理也。天下又有心外之事，心外之理乎

——《王阳明全集·语录一·徐爱录》

今译：良心就是天理啊！这天下难道还有心以外的事情、心以外的天理吗？

若要问，龙场悟道，阳明先生究竟悟到了什么？

很多人会告诉你：心即理。

若要问，心即理究竟是什么意思？

很多专家学者会给你解释，一直解释到天花乱坠，云山雾罩，让你不得不仰天长叹："只在此山中，云深不知处。"

大道至简！

答案其实非常简单：心就是良心，理就是天理。心即理，就是良心即天理。

天理良心，这是中国人常讲的一句话。良心为什么能够对应和感应天理呢？

我们不妨按照古代"天人合一、天人感应"的思路来理解一下。在中国古代的圣哲看来，天、地、人其实就是三个同心圆，其中的"圆点"就是心。无论是天，还是地，还是人，其运行都是受一个绝对规律支配的，这个绝对规律就是老子讲的"道"。这个道，在天为"理"，即天理；在地为"德"，即地德；在人为"性"，即人性；在心为"灵"，即心灵。（见下图）

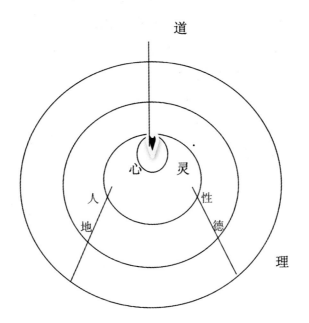

　　看懂了这个图，我们就能够明白陆九渊的那句名言"宇宙即吾心，吾心即宇宙"；

　　就能够明白阳明先生强调的"心即理、理即心"，"心即道，道即天，知心则知道、知天"；

　　就能够明白北宋儒学大师张载的那四句名言，"为天地立心，为生民立命，为往圣继绝学，为万世开太平"。

　　这里的天地之心与人心其实是一体的，张载要为天地立心，实质上就是要为人类播下"良心"的种子，因为他知道，没有人心的太平，就没有万世的太平！

　　而在阳明先生看来，只要一个人的心中种下了"良心"的种子，且能够勤浇灌、勤打理，就会自然而然地在一言一行、一举一动中放射出美德的光芒和正大的能量，就像他对徐爱说的那样："以此纯乎天理之心，发之事父便是孝，发之事君便是忠，发之交友、治民便是信与仁。"

说得再通俗一点，阳明先生就是告诉我们，只要一个人的良心没有被狗吃了，那他（她）在家，就一定是个孝子；在国，就一定是个忠臣；对朋友，一定会讲究诚信；当官，一定会爱护百姓……这一切，都是"良心"树上自然而然地长出的叶，开出的花，结出的果。

至于"天人感应"，自从汉代的董仲舒提出这个概念后，信者有之，怀疑者有之，斥之为"迷信荒唐"者有之，尊之为"高明超越"者亦有之。

宇宙如此浩荡，人又如此渺小，距离又如此遥远，天理与人心之间真的能够发生感应吗？如果有感应，又是靠什么作媒介呢？

千百年来，许多人都在为此不懈地探究和思索。今天，现代物理学终于给出了一个能够初步印证的答案！那就是，我们的先哲提出的"天人感应"现象与现代物理学上的"量子纠缠"现象，其实是相通的。这一点，我们只要读一读《北京日报》2016年8月10日刊登的《揭秘全球首颗量子卫星》一文就可以明白了。

——量子世界中存在一种类似"心电感应"的现象，即量子纠缠。就好比有些双胞胎，虽然哥哥在北京，弟弟在上海，当哥哥特别高兴时，弟弟也会特别高兴；而哥哥特别痛苦的时候，弟弟也会特别痛苦。

——量子纠缠是指在微观世界里，有共同来源的两个微观粒子之间存在着纠缠关系，不管他们相距多远，只要一个粒子状态发生变化，另一个粒子状态也会发生相应变化。

——虽然现在还弄不清量子纠缠的原理，但利用量子纠缠技术，需要传输的量子态信息如同科幻中描绘的超时空穿越。

——研究发现，即使将两个纠缠态亚原子粒子分隔到宇宙距离，它们之间的通信也几乎是即刻的。与传统光速通信相比，量子通信的线路时延为零，量子信息传递的过程不会为任何障碍所阻隔。

由此可见，在天理与人心之间，一定有一条神秘的超越时空的渠道或介质存在。我们不仅要为我国今天发射世界第一颗量子卫星而感到无比骄傲，更要为我们的老祖宗最早认识到"天人感应"的科学规律而感到无比自豪。

那这个神秘的介质究竟会是什么呢？

笔者认为，十有八九就是"电"。

富兰克林的实验证明，宇宙中存在可以捕捉的"天电"；

现代医学的实验也证明，人的心脏中存在可以感知的"心电"。

这天电和心电尽管所处范围不同，强弱不同，但本质属性是相同的、相通的。天电中有正电、负电之分，心电中也有正电、负电之分。

现代生物医学已证明，当一个人处于暴躁、愤怒、忧愁、怨恨等状态时，心脏就会放射出"恶离子"，损害人的健康；反之，当一个人处于平和、恬淡、愉悦、宽容之境地时，心脏就会发射出"善离子"，滋养人的身心。

149. 圣人之心如明镜，只一个明，则是随感而应，无物不照

——《王阳明全集·语录一·陆澄录》

今译：圣人的心就像明镜一样。因为明净，对发生的任何事情，都能够做到随时反应，对出现的任何物质都能够做到全面洞照。

阳明先生的"心镜"之说，主要发端于神秀的一首诗："身是菩提树，心如明镜台。时时勤拂拭，勿使惹尘埃。"

对阳明先生的"心镜"说，解释得最好的是徐爱。他说："人的心就像一面镜子，圣人的心就像一面明亮的镜子，一般人的心就像一面昏浊的镜子。按照当代（指明代）一些学者对'格物'的理解，修身之道就像捧着镜

子照东西，只管在'照'上下功夫，却不晓得镜子早已被灰尘遮住了，怎么能够把东西照清楚呢？而按照阳明先生对'格物'的要求，是只管在'磨'上用功夫，把镜子磨得光亮明净了，自然能把各样东西照清楚了。"

修身即修心。从徐爱的这段解释可以看出，阳明先生教人修心，重点是在两个字上下功夫：

一是"磨"字。即对自己心上的贪欲、私欲等灰尘，要勤于擦拭，使自己的心始终保持干净之状。这是个功夫问题。

二是"明"字。没有私欲、贪欲等灰尘的蒙蔽，心镜自然光亮明净，什么东西都能照得清楚，而一旦发现污浊之物，则可以立即清除。由此可见，修心的过程实质上就是磨镜的过程。镜子磨得越干净，内心就会越纯明！

圣人之心之所以如明镜，是因为他们肯在"磨"上下功夫，"只要功夫深，铁杵磨成针"。

常人之心之所以如昏镜，是因为他们不愿意下苦功夫，或下了一阵子功夫而不能坚持，发现自己的心上蒙上私欲、贪欲、邪欲等灰尘后，也懒得清扫，从而越积越厚，最终使自己的心镜成了一块污泥镜，什么也照不清楚了。

150. 知昼夜即知死生

——《王阳明全集·语录一·薛侃录》

今译：明白了昼夜更替的道理，也就明白了生死轮回的规律。

"死生亦大矣！"

这是著名书法家王羲之在《兰亭集序》中发出的一声感叹。这一叹，堪称宇宙之叹，生命之叹！令多少哲学家为之愁思苦想，多少诗人为之愁肠百转，多少愚夫愚妇为之恐惧莫名……

"明白了昼夜之道也就明白了生死之道！"

这是阳明先生在回答学生萧惠所请教的死生问题时下的一句断语。这一断，犹如"石破天惊逗秋雨"，充分显示了阳明心学的那一种淡定的、豁达的、平静的、朴素的、契合于"天德"的生死观。

这里，有一个词需要弄明白：什么是"天德"？

德，左边是双人，右上是十字星，代表方向；右中为目，右下为心。综合起来的意思就是，心明才能眼亮，眼亮才能看清方向。而所谓天德，就是能够顺应天道的运行规律去办事、去进取、去奋斗、去努力！

天德的基本运行特征又是什么呢？

轮回！

生与死是一种轮回，白天与黑夜是一种轮回，盛与衰是一种轮回，强与弱是一种轮回，大与小是一种轮回，快与慢是一种轮回……

既然是一种轮回，宠时又何必喜，辱时又何必忧；强时又何必傲，弱时又何必馁；生时又何必欢，死时又何必恐……

既然是一种轮回，便应当明白，白天应何为，晚上将何息；生时将创造什么，死后该留下什么。对此，阳明先生教导萧惠说："你以为你们真正理解了白天将何为吗？没有。像你们中的许多人，每天迷迷糊糊起来，稀里糊涂吃饭，行为不检点、修习不认真，每天浑浑沌沌地过日子，这哪是白天应有的状态？你这个白天，只是个'梦昼'！如何才能变'梦昼'为'实昼'，那就要认真体会张载先生在《正蒙》里的一句话，做到'息有养、瞬有存'，即该休息时必须休息，以保全身体与元气，一刻也不放纵自己的心，从而使自己的内心处于一种清明纯正的状态，让天理的'太阳'永远照亮自己的心田。"

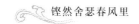

一席话，让萧惠等人既感到羞愧，又感到警悟。这时候，善于总结的徐爱说话了："先生，从您刚才的一番宏论，我是不是可以这样理解，无论生死，还是昼夜，其实都在我们的心里。只要我们心中有天理，心中有太阳，那就是白天；反之，便坠入黑夜。同样，只要我们凭着心中的天理，坚持为国家、为天下苍生多谋利益，那就是生，永恒的生，超越死亡的生！反之，如果我们的心中泯灭了天理之灯，以损人利己、损公肥私为能事，那就是死，一种虽生犹死的耻辱之状！"

阳明先生听后，既感到欣慰，又特别欣赏。徐爱，不愧是王氏心学的第一高足！

151. 佛氏不著相，其实著了相；吾儒著相，其实不著相

——《王阳明全集·语录三·黄直录》

今译：佛教口口声声讲，不执着于现实之象，其实是执着于象；我们儒家反复强调，要执着于现实之象，其实是不执着于象。

最能印证这一观点的，是阳明先生劝醒一个禅僧回家的故事。

1502 年，也就是明弘治十五年，31 岁的阳明先生因健康状况欠佳，便向朝廷请了病假，回老家余姚养病。第二年春天，又跑到杭州西子湖畔找了个清静之地，继续疗养。有一天，阳明先生到虎跑寺游玩，听人说有一个和尚已经在寺里坐关三年，终日闭目静修，不讲一句话，不看一样东西。

阳明先生觉得不太正常，便直接走到那和尚跟前，大声地喝道："你这

和尚，整天口巴巴地说什么？整天眼睁睁地看什么？"

那和尚被唬得一咕噜爬起来，十分不解地问道："小僧不语不看已经有三年了，您却问我口巴巴说什么，眼睁睁看什么，这是什么原因呢？"

阳明先生没有正面回答他的话，而是问道："你是哪里人，俗名叫什么，出家有几年了？"

和尚答道："我是河南人，出家已有十几年了，我俗名叫周子孝，法名性空。"

阳明先生接着问："那你家里还有什么人？"

性空回答说："家里还有老母亲，但不知是否还活在世上了。"

阳明先生又问："你想她老人家吗？"

性空愣了一下，眼睛含泪地说："哪能不想呢！"

阳明先生注视了性空一眼，继续点拨说："既然如此想念，那就充分说明，这三年来，你尽管嘴里没说，但你的心里却时时刻刻在念叨你的老母；你尽管眼里没看，但你的心里却时时刻刻在看着你的老母啊！"

性空和尚一听，幡然醒悟，连忙合掌施礼说："您的指点，确实令我大彻大悟，但我下一步该怎么办呢？"

阳明先生回答说："父母天性之情，如何能断灭得了？你现在呆坐在这里，只能是徒费时间，空费精力。俗语说得好，父母便是灵山佛，不敬爹娘敬甚人。"

"还有，我也曾与你一样，痴迷于佛教，但后来我悔悟了：逃避并不能解除痛苦，求得快乐。这个佛教，它害怕父子关系牵累，就逃避父子关系；害怕君臣关系牵累，就逃避君臣关系；害怕夫妇关系牵累，就逃避夫妇关系。可这些关系，能逃避得了吗？这方面，儒家要强多了，既然存在父子关系，就给它以仁爱；既然存在君臣关系，就给它以信义；既然存在夫妇关系，就给它以相亲相爱。这难道不好吗？"

性空和尚一听，禁不住痛悔地哭了起来，再次深深地向阳明先生鞠了一

躬，说："多谢先生指点！自今以后，性空已死，子孝重生！我明日即返回家乡孝敬母亲！"

152. 天地万物与人原是一体，其发窍之最精处，是人心一点灵明

—— 《王阳明全集·语录三·钱德洪录》

今译：天地万物与人原本就是由同样的元素构成的，而人与草木禽兽的最大不同，在于人体里有一个最精妙的特别窍门，这个窍门就是人心中的那一扇良知之门。打开这扇门，人就能与天地万物相通、相感、相应。

阳明先生的这句话，看起来颇让人费解：人，怎么会与山石草木同为一体呢？

但如果用现代的物理、化学知识来分析，这句话确实蕴含了大大的科学因子。

土石是由什么构成的呢？主要成分是硅、氧、钙、钾、镁等。

草木植物是由什么构成的呢？主要成分是氢、氧、碳等。

水是由什么构成的呢？主要成分是氢和氧。

风是由什么构成的呢？空气的流动形成风。空气中包含的主要成分是氮、氧、水蒸气等。

人又是由什么构成的呢？

答案是：常量元素、微量元素加灵魂。常量元素中，氧占了65%，碳占

了 18%，氢占了 10%，氮占了 3% 等。

由此可见，人与草木土石风水的主要差别在于：人有灵魂！舍此以外，所含元素，无有不同。

龚自珍认识到了这一点，才有了"落红不是无情物，化作春泥更护花"的诗句。

阳明先生认识到了这一点，才得出了"故五谷禽兽之类，皆可以养人；药石之类，皆可以疗疾。只为同此一气，故能相通耳"的结论。

也正是在这一理念的支撑之下，阳明先生在其为官生涯中，做了不少今天人看起来是迷信，却实实在在地起到了安人心、惠民生的奇事，其中最著名的就是"求雨"！

那是 1517 年暮春时节，阳明先生在平定福建的匪乱后，屯兵上杭休整。恰逢上杭一带久旱无雨，田土焦裂，庄稼种不下去，老百姓忧愁无限。阳明先生便在自己的办公地搭了一个台子，亲自写了一篇祈雨辞，亲自带领当地官员登台焚香念告于苍天之下。所谓至诚如神，当天晚上，雨便下来了，而且下了整整一夜，既令老百姓欣然无限，也令阳明先生欣喜无限，因为他趁着大雨之夜土匪松懈，指挥军兵又一次清除了"余寇"。美中不足的是，这一夜的雨仍然满足不了农耕的需求。这又怎么办呢？没想到天遂人愿，当阳明先生胜利回师上杭时，老天竟又连降了三日三夜的大雨……

这一下，上杭的百姓欢喜若狂，不仅将这场雨称之为"时雨"，还把阳明先生祈雨的地方，称之为"时雨堂"。

这一下，阳明先生也是欢喜得不得了，不仅登上上杭城南之楼了望百姓耕田耕地繁忙的景象，还一连写了三首《喜雨》之诗，充分抒发了自己乐民之乐、忧民之忧的辽阔情怀。

（一）

即看一雨洗兵戈，便觉光风转石萝。

顺水飞樯来买舶，绝江喧浪舞渔蓑。

片云东望怀梁国，五月南征想伏波。

长拟归耕犹未得，云门初伴渐无多。

(二)

辕门春尽犹多事，竹院空闲未得过。

特放小舟乘急浪，始闻幽碧出层萝。

山田旱久兼逢雨，野老欢腾且纵歌。

莫谓可塘终据险，地形原不胜人和。

(三)

吹角峰头晓散军，横空万骑下氤氲。

前旌已带洗兵雨，飞鸟犹惊卷阵云。

南亩渐忻农事动，东山休共凯歌闻。

正思锋镝堪挥泪，一战功成未足云。

仔细品读这三首诗，我们也能清晰地看到：

其一，五百多年前上杭地区的那场干旱，确实厉害，导致百姓无法耕种。

其二，五百多年前，阳明先生用心中一片"至诚"求来的那场大雨，确实太及时了，整个乡野"欢腾纵歌"代替了忧心如焚。

其三，五百多年前由阳明先生指挥的那一场剿匪战，确实打得干净利落，"一雨洗兵戈""一战功成"。

153. 你未看此花时，此花与汝心同归于寂。你来看此花时，则此花颜色一时明白起来。便知此花不在你的心外

—— 《王阳明全集·语录三·钱德洪录》

今译：你没有看到这一树花时，那这树花就与你的心同归于寂灭了；你现在来看这一树花时，那这一树花的颜色便在你的心中明艳起来了。由此可见，这一树花不是长在你的心外，而是心内了。

自近代人把哲学分为唯物主义和唯心主义两大基本派别以来，阳明心学便被扣上了"唯心主义"的大帽子。

其实，世界万事万物，包括各种理论，都是有利有弊，有长有短。就唯物主义而言，它主要是从"物"出发，来研究天、地、人生发变化的规律；就唯心主义而言，它主要是从"心"出发，来研究天地万物乃至人与社会运行发展的规律。

近代之人之所以把阳明先生视作"唯心主义"的代表，主要的依据便是这一番著名的"花论"。

这一"花论"是如何引出来的呢？

据《传习录下·钱德洪录》记载：一个风和日丽的日子，阳明先生带着几个学生和朋友一起到南镇游玩。其中一位朋友带着挑战的口吻，指着路边岩石上的一株盛开的杜鹃花问道："阳明子，你总是说天下无心外之物，那这一株杜鹃花在这深山老林中自开自落，与我的心有什么关系呢？"

阳明先生笑着问道："怎么会没有关系呢？你没有看到这株杜鹃，则这株杜鹃自然便不在你心里，它会和你的心同归于太虚；如今你看到了这株杜鹃，则这株杜鹃便通过你的眼，走进了你的心中。而此时，这火红火艳的花，不就在你的心中盛开了吗？假如它没有进入你的心内，你又怎么能够感应得到呢？"

由此，我们可以领悟到，阳明先生的一句"天下无心外之物"，其要义并不在于外物之有无，而在于外物能否入心的问题。能入心，则物自在心中了；不能入心，则物自不在心中了！

花如此，人又何尝不是如此。在茫茫人海中，在漫漫人生旅途中，我们遇见的人何止千万，但真正能记住的又有几人？能交往的又有几人？能交心的又有几人？这期间，万千之数与少数的差别，就在于"入心"与"不入心"罢了。

正是循着这一思维，阳明先生在地方当官时，为百姓解决了许多难题，积累了许多福德。如公元 1510 年三月，阳明先生结束了龙场的谪贬生涯，被朝廷派到江西庐陵县担任知县。他上任面临的第一大难事，就是一起"无中生有"的事。庐陵这个地方并不产葛草，可朝廷却给这个地方加了一种"葛布"的摊派，而且一年比一年重，搞得百姓苦不堪言。造成这一状况的原因，估计有二：一是朝廷税务部门在核查税源之地时，弄错了地方，把不产葛草的庐陵县划入了盛产葛布的范围，如江苏吴中、广东增城等。二是前几任地方官为明哲保身，把这沉重的、不合理的负担当作了自己心外之物，宁愿得罪百姓也不敢得罪朝廷，便逼迫百姓掏钱去外地购买上缴朝廷。刚开始，朝廷摊派较轻，每年花一百多两银子也就应付过去了；可后来摊派任务翻了好几倍，老百姓便承受不起了。用阳明先生的话形容，是"百姓惶恐，民怨已积"，随时会"激成大变"。

当此之时，阳明先生没有和他的前任一样，而是把"葛布"当成了自己的心内之物，下定了不要乌纱帽也要为百姓摘除这项"无中生有"的负担的决心，上书据理力争，终于使朝廷免去了庐陵的葛布摊派，让"葛布"与"民怨"同归于寂了！

由此更可见，唯心主义到底好不好，并不在于你所唯的对象及方式等，更不在于概念的表述，而在于你的心所唯如何。唯的是一己之私利，还是天下苍生之公益；唯的是一己之权位，还是天下国家之大利！

154. 孔子气魄极大，凡帝王事业，无不一一理会，也只从那心上来

——《王阳明全集·语录三·钱德洪录》

今译：孔子的气魄极大，凡是帝王事业，无不一一梳理研究，而且都是从根本上下功夫，从人心上下功夫。

何谓帝王？

就是一国之中，拥有最高地位、掌握最大权力的人。

何谓帝王事业？

就是正人心、化民俗、治国家、平天下的事业。

古往今来，帝王大体可分为三类：

一是"办事"帝王，也就是毛主席的老师杨昌济先生讲的"一代帝王"。他们是名副其实的权力皇帝，但往往只能建功于当时，其影响期限与其政治生命之长短相一致，或几年，或十几年，或几十年。他们生前虽掌握了至高权力，但死后亦如飘风之过耳。更有可悲者，好事没办几件，坏事做了不少，落得个身后骂名滚滚来。中国历史上的 376 位帝王，不少属于此类。

二是"传教"帝王，也就是杨昌济先生讲的"百代帝王"。他们是名副其实的圣贤皇帝、精神皇帝。他们生前虽然没有当过皇帝，甚至连大官也没有当过，但他们留下的学说、思想却影响着几代、几百代的人，而且，越是随着时间的推移，他们对一个国家、一个民族文化精神的传承越是深远广大。

三是"办事"兼"传教"帝王。这一类帝王人数很少，但对国家、对民族的贡献极大。他们生前，都创造了令世人瞩目的丰功伟业，或挽狂澜于既倒，或起宏图于艰难；或补天裂于非常，或救危亡于关键。他们死后，其思想的光芒越来越夺目，精神的旗帜越来越绚烂，对世道人心的化育作用越来越突出。

盘点古今，历史上的绝大多数皇帝当属第一类帝王；老子、孔子、孟子、周敦颐、程颢、程颐、张载、朱熹、陆九渊等当属第二类帝王；黄帝、唐尧、虞舜、大禹、周公、王阳明等当属第三类帝王。

伟大的帝王事业究竟该从哪里入手？

阳明先生以树为喻，点化学生说："这帝王事业就像种树。一棵树，既便是有千枝万叶，也离不开一根之化育。因而，要想树长得高大，只须在培养根本上下功夫就行了；要想帝王事业做得伟大，只须在润化人心上下功夫就行了。你们学习孔子，如果不在心上用功夫，只是简单去模仿其气魄，那就是本末倒置了。"

155. 天下事不能尽如人意。大抵心病愈则身病亦自易去

——《王阳明全集·文录一·与薛尚谦·三》

今译： 这天下的事情不可能完全如人的心意。大概来说，一个人的心病好了，身体的毛病也会容易去除。

人的疾病是从哪里来的呢？

《黄帝内经·素问》的答案是："百病生于气也"。

张介宾在《类经·疾病类》中的结论是："气之在人，和则为正气，不和则为邪气。凡表里虚实，逆顺缓急，无不因气而生，故百病皆生于气。"

人的气又是从哪里来的呢？

答案是：大多生于不如意。

由此可见，一个人的身体健康很大程度上取决于人的心灵健康，而一个人的心灵健康很大程度上取决于人在面对"不如意"时的态度和情绪。

作为一代心学大师，阳明先生不仅善于医治个人之心病，尤善于医治社会之心病。

在医治个人的心病方面，他采取的方法往往是当头棒喝，令人醍醐灌顶！比如，他有一个学生，眼睛出了毛病，着急得火烧火燎一般，不仅搞得自己心神不宁，还影响了其他同学。阳明先生恐其心病加重，便故意大声喝斥道："你心中的良知得不到光大，你不忧戚；你的眼睛出了点毛病，你忧戚如焚，你这是典型的贵目贱心！另外，据中医的医理来分析，肝开窍于目。

心属火，肝属木，你心中越急，心火就越旺；心火越旺，肝木就越燥；肝木越燥，眼睛就越难受。故为今之计，你必须先把心平静下来，心静则肝凉，肝凉则目清！"这一席话，让那个学生豁然开悟。果然，当他把自己的心静下来后，眼睛也慢慢舒服了；同时在一些药物的辅助治疗下，其眼病很快就好了。

在医治社会的心病方面，阳明先生采取的方法往往是就汤下面，顺手牵羊，让不稳定的社会心理不知不觉地安宁下来。比如，在用几封书信招降了卢苏、王受的七万人员后，阳明先生发现田州地区的老百姓仍存在心理不安的问题。仔细派人了解，原来是一只石乌龟在捣乱。据当地百姓形容：这只石乌龟很灵验，每逢田州地区发生动乱时，它便会趴回到河岸边；而每当社会安定时，它又会趴回到河中间。岑猛作乱时，这只石乌龟回到了岸边；岑猛之乱平息后，它又回到了河中间。卢苏、王受发起抗战时，石龟回到了岸边，可当卢、王二人接受招抚后，这石龟却没有回去……一时间，各种传言便起来了，有的说，朝廷对卢、王二人的招降是假的，等一有机会，肯定会算旧账；有的说，卢、王二人是诈降，等阳明先生一走，他们还会重新造反……对此，阳明先生决定召开一个盛大集会，当众降服石龟。

那一天，风和日丽，春光明媚，万众云集。阳明先生让人把石龟移到了河中间，而后自己穿上道袍，开始仗剑起舞。舞了一阵后，他突然趴在石龟背上，装作与石龟窃窃私语了好一阵，等到把"思想"工作做得差不多了，阳明先生随即大喝一声，口中念起了一串咒语，"田石平，田州宁，千万世，巩皇明"。随着他的声调越来越高，万千民众也跟着唱和起来，直唱得一片祥和，一片安泰……唱完后，阳明先生又挥洒巨笔，将这十二个字写在石龟背上，并让人镌刻好，以此作为镇州之宝。从此，这个石龟就成了田州民众的镇心之宝！

156. 一一世事，如狂风骤雨中落叶，倏忽之间，宁复可定所耶

——《王阳明全集·文录一·答甘泉》

今译：世事无常，那一桩桩、一件件，都像那狂风骤雨中的落叶，转眼之间，哪里还能找得到固定的居所呢？

作为一代心学大师，阳明先生一贯给人的感觉和印象，就是徐爱在《传习录》开篇所形容的"和乐坦易，不事边幅"。

然而，他在 1519 年写给其人生知己湛甘泉先生的信中，却发出了如此一声悲凉、无奈的感叹，又是为何呢？

1519 年，对阳明先生来讲，是他的功业达到顶峰的一年。从六月十五日得到宁王叛乱的消息，到七月二十六日生擒宁王，他仅仅用了 41 天时间，便如秋风扫落叶一般，将宁王及其十万叛军扫进了章江河里，扫进了历史的垃圾堆。如此"谈笑间"，令"强虏灰飞烟灭"的战争奇迹，真是前无古人，后不见来者。

1519 年，对阳明先生来讲，也是其人格饱受凌辱、尊严屡被践踏的一年。自七月二十六日生擒宁王后，迎接他的不是鲜花，不是奖赏，而是正德皇帝那可怕的猜疑和猜忌，是许泰、江彬等一班佞臣的侮辱和折磨，是朝廷中一班重臣的眼红和嫉妒……一切的一切，让他瞬间掉入了一张罗网之中，无力挣扎，无力抵抗，只有被动挨整的份儿。旷世奇才，一瞬间换来如此多的旷世之冤、旷世之辱、旷世之磨、旷世之痛，即便是阳明先生心力强大，

也难免不痛彻心肺！

"忠心贯日三台见，心血凝冰六月寒。"

这是阳明先生在哭祭被宁王杀害的江西巡抚孙燧、按察副使许逵时写的诗。名义上哭的是孙许二公，实质上哭的是世事黑白的颠倒，哭的是天下良知的泯灭，哭的是自己的辛苦遭逢……而诗中的"心血凝冰六月寒"，则主要源于当时先生的"三悲"情绪：

其中的第一悲，阳明先生悲伤的是自己的身体。"年未半百，而衰疾已如六七十翁，日夜思归阳明，为夕死之图。"由于生来体弱，加上先天性的肺痨，再加上南赣剿匪和江西平乱的艰巨压力，已经严重地消耗了他身体的元气，透支了他的健康和生命。

其中的第二悲，阳明先生悲思的是年迈的老奶奶。"祖母益耄 (mào)，思一见，老父亦书来促归，于是情思愈恶。"孝心不能等待。当时，先生的老奶奶岑氏已近百岁，父亲王华也七十三岁了，作为一个孝顺的儿子和孙子，先生又何尝不想回去尽尽孝道呢？

其中的第三悲，阳明先生悲叹的是仕途的坎坷。一年前，他在给黄绾的信中感叹："仕途如烂泥坑，勿入其中，鲜易复出。"而今，宁王之乱已平，他再次"欲弃印长往，以从大夫之后"，但是又"恐形迹大骇，必俟允报，则须冬尽春初乃可遂也"。

冬天快要尽了，春天还会远吗？在经历了 1519 年的冰霜雪剑之后，阳明先生祈盼着，自己的生命之树会在不远的春天绽放出一片新绿！

157. 循理之谓静，从欲之谓动。欲也者，非必声色货利外诱也，有心之私皆欲也

——《王阳明全集·文录二·答伦彦式》

> **今译：** 一个人，如果能处处遵循天理良知，即便是忙碌不停，其内心也是宁静的；反之，如果处处追逐物欲，即便是静止不为，其内心也是躁动的。欲望这个东西，不一定非得是歌舞、美色、钱财、私利等外在的诱惑，只要心中起了私念，就是欲望的体现。

要完整、深刻地理解好阳明先生在 1521 年《答伦彦式》中的这句话，不妨先体察品味一下一个善女子、一个恶男人的故事：

这个善女子是谁呢？

她是阳明先生的好学生冀元亨的妻子李氏。冀元亨是湖南常德人，自正德十一年乡试中举后，便一直跟随阳明先生修习圣贤之学。宁王发动叛乱前，冀元亨受阳明先生的指派，只身入虎穴，探察宁王的动向；宁王叛乱后，张忠、许泰等人为了陷害阳明先生，便将冀元亨抓进了大牢，严刑拷打。为了逼迫冀元亨就范，张、许二人还指令湖南官员去抓其妻李氏。面对恶巴巴的差役，李氏没有丝毫惊慌，只说了一句："我丈夫尊师乐善，岂有他哉。"进了监狱后，李氏与女儿照常织布纺麻，诵读《尚书》、吟唱《诗经》。李氏的言行表现，完美地印证了阳明先生信中的一句话，"虽酬酢万变，皆静也"。当地的一位管司法的官员知道后，非常好奇，便带了两包茶叶到狱室请李氏喝茶，同时问她："你丈夫跟着阳明先生学习，到底学到了

什么呢？阳明先生的心学究竟高明到了什么程度呢？"面对一连串的疑问，李氏只是淡淡一笑，说道："我丈夫的学问很平常，不出闺门衽（rèn）席间！"这位司法官员听后，先是迷惑不解，继而惊叹不已，最后惭愧万分。堂堂《明史》专门记录了这位贞烈湘女的这句话，为的是充分彰显心学的特征，即：圣人之道，不离日常生活；越是有事，越是磨炼良知、增强心力的好机会；大难大机会，小难小机会！

这个恶男子又是谁呢？

他叫池仲容，是广东浰头 38 寨土匪的总头领，外号"金龙霸王"。1517年底，阳明先生在扫荡了福建、江西的土匪后，便着手谋划根除三浰土匪的事情。尽管此时阳明先生已有绝对的把握剿灭池仲容等，但秉持上天的"好生之德"，他还是决定以攻心为上、以招抚为主。他先是派人给池仲容送去了牛、酒、银子和布匹，同时写了《告谕浰头巢贼》书，反复申明，自己不想动刀动枪，导致生灵涂炭，只想和平解决问题，盼他们早日回到政府的怀抱。接着，又派人给池仲容送去了大明历法，希望他们能像常人一样过上耕种生活，同时邀请他们到赣州城里观灯，一起过个大年。等池仲容带领一班弟兄到了赣州之后，阳明先生给予了高规格的隆重接待，同时间接对他们施以礼乐教化，以切实察看他们的习性和本质，看有没有改造的可能。通过几日近距离的观察，阳明先生发现他们贪婪残忍的贼性已经很难改变时，特别是池仲容，完全是在虚与委蛇，无一丝一毫诚心诚意，每天看起来在招待所里好吃好喝好玩，实质上其心一刻也没闲着，而且你越是挽留，他越是紧张。这种情况下，为避免"放虎归山"，避免造成更多的流血牺牲，阳明先生终于下定决心，于 1518 年正月初二晚将池仲容等人送到了阎王殿，再一次以霹雳手段，显示了菩萨心肠。

158. 一，天下之本也；精，天下之大用也

——《王阳明全集·文录四·送宗伯乔白岩序》

今译：一，是天下万物的大本源；精，是天下万物发生作用的大关键。

这句话，堪称阳明先生修学心得的真谛。

要全面理解这句话的内涵，我们不妨反复品读阳明先生于1511年写的《送宗伯乔白岩序》。

那是一个暮春的早晨，草长莺飞，百花争奇。一个名叫乔白岩的人，准备出发到南京赴任。临行前，特意找到了已经开始在京师讲学且小有名气的阳明先生，请教圣学之道。阳明先生赠予了他三句话共九个字的真言。

第一句是，"学贵专"！

乔白岩听后连连点头，说："太对了！我青少年时期喜欢下棋，简直到了废寝忘食的地步。那个时候，除了棋子和棋盘，我眼里没有别的东西，耳朵里也没有别的声音。如此，一年时间里，我就成了乡里下棋的第一人；三年时间里，全国范围都难以找到对手了。这就是学贵专的好处啊！"

阳明先生赠予的第二句真言是，"学贵精"！

乔白岩听后又是连连称赞，说："太好了！等我长大以后，便喜欢上了诗词歌赋，每一个字都得推敲，每一句话都得琢磨。刚开始时，写出的东西，连宋、唐时的水平都够不上；但几年下来，最终达到了汉魏文章的境界。这就是学贵精的好处啊！"

阳明先生赠予的第三句真言是，"学贵正"！

乔白岩听后更是大为赞同，说："我中年以后开始仰慕圣贤之道。对于自己过去迷恋于下棋和诗词歌赋，浪费了光阴，也很是后悔。但现在，我觉得自己所学太多、太杂，心里都装不了。先生认为该怎么办呢？"

阳明先生笑了一笑，说，"你学下棋，可以称之为学习；学诗词歌赋，也可称之为学习；学圣人之道，还可以称之为学习。但尽管如此，这三种学习的目标却差距很远。道，就是通向目标的大路。至于大路以外的荆棘小路，是很难达到目标的。因而，只有专注于圣人之道，才能称之为专；只有精通于圣人之道，才能称之为精。你过去专注于下棋，而不专注于圣人之道，那只能称之为'专溺'；你过去精通于文词技能而不精通于圣人之道，那只能称之为'精僻'。圣人之道，至广至大，根本就不是文词技能所能涵盖的。想要从文词技能上追求圣人之道，那就离圣人之道会越来越远。因此，圣学之道，非专注则不能达到精通，非精通则不能达到洞明，非洞明则不能达到真诚！这就是'惟精惟一'的真谛所在。"

159. 心犹水也，污入之而流浊；犹鉴也，垢积之而光昧

——《王阳明全集·文录四·别黄宗贤归天台序》

今译：人的心灵就像水一样，一旦有污物恶臭流进来，自然就变得浑浊了；就像镜子一样，一旦有灰尘垢土积起来，自然就变得昏暗无光了。

"煮饭之要具有二：一曰釜，一曰薪。釜之为德，在一恒字。水不能蚀，

火不能融，水火交煎，皆能忍受。此正如我革命党人，百折不挠，再接再厉。薪之为德，在一烈字。炬火熊熊，光焰万丈，顾体质虽毁，借其余热，可以熟饭。此正如我革命党人，一往独前，舍生取义……我乃王守仁信徒，故不愿为釜，而愿为薪。"

读了这段激昂飞扬的话，你一定会想：此人一定是阳明先生的"好学生"！

他是谁呢？他叫汪精卫，1883 年出生于广东三水，本名汪兆铭，字季新。

1905 年 7 月，22 岁的汪兆铭在日本拜见了孙中山，加入同盟会。8 月，被推为同盟会评议部评议长，以"精卫"作笔名先后在《民报》上发表了《论革命之趋势》等一系列文章，宣传三民主义。之所以号"精卫"，乃取精卫填海、献身革命之意。这个时期的汪精卫，受日本阳明学的热烈氛围影响和孙中山先生的直接引导，成了阳明心学的"真粉丝"，非常重视锻炼自己的"心力"。

如何锻炼呢？1910 年 1 月，汪精卫与黄复生到达北京，暗中策划刺杀摄政王载沣，结果没有成功，反而被抓进了大牢，判处终生监禁。在监狱之中，起先他还能以阳明心学激励自己，写下了"引刀成一快，不负少年头"的绝句，但后来，在载沣、袁世凯等人的糖衣炮弹的攻击下，他的世界观、人生观发生了一百八十度的大拐弯，妥协主义、投降主义等思想开始在他心中萌芽，且性格与意志越来越软弱。等到日本发动侵华战争后，汪一开始便被"恐日情绪"所包围，最终被日本的淫威吓倒，成了举世闻名的"大汉奸""卖国贼"。

汪精卫的一生，之所以会出现前后"殊途"的状况，主要原因，还是他的心力太弱，革命心志没有能够经受住生死、荣辱的各种考验。其实，汪精卫的心志转折点与阳明先生是一样的，都是在监狱、在大牢里。不同的是，阳明先生在监狱里获得的是精神和意志的超越，而汪精卫呢，获得的却是革命意志的衰退。也就是在监狱中，汪让"污水"流进了自己的心河，让灰

垢积满了自己的"心镜"。最终，他让自己的人生之河，变成了一条"臭水沟"；让自己的人生之镜，变成了一面污垢之镜。

160. 圣人之学，心学也。学以求尽其心而已

——《王阳明全集·文录四·重修山阴县学记》

今译：圣人之学，就是心性之学。此学以追求能够尽量发挥人的善良美好的本心为目的。

"尽心"一词，最早见于《尚书·康诰》，原话是："往尽乃心，无康好逸豫。"意思是，你去那里要尽心尽力，不要贪图安逸享乐。

其次见于《孟子·梁惠王上》，原话是："寡人之于国也，尽心焉耳矣。"意思是，我在治国安民方面，尽心尽力了。

但阳明先生于1525年在《重修山阴县学记》中提出的这个"尽心"，意义则有所深化，包含了两层意思：一是全心全意；二是全面发挥彰显人的善良美好本心。前者是从整体要求而言的，要求每一个有志于圣贤之学的人，要全心全意为人民服务；后者则是从个体要求而言的，要求每一个有志于圣贤之学的人，要全面充分地彰显出自己的善良本性。

如何才能达到这两条标准要求呢？

阳明先生在这里采用了比较的手法，对尽心问题作了精辟的解读。

他首先指出，禅学与圣学都求"尽心"，但差别很大。禅学所谓的尽心，看起来与圣人之学所强调的尽心差不多，但它主张抛弃人伦大道，脱离社会生活，实质上已在不知不觉中陷入了自私自利之境地。禅学的这种尽心，用

来独善其心还可以，但用来治理国家平定天下就不行了。

反之，圣人之学的所谓尽心，则比禅学大多了。用阳明先生的话说，就是"圣人之求尽其心也，以天地万物为一体也"。具体的要求是：

不要光顾自己享受父子亲情，只要这天下还有别人没有享受到，其心就是未尽；

不要光顾自己成全君臣之道义，只要这天下还有别人没有成全到，其心就是未尽；

不要光顾自己拥有夫妇之恩爱、朋友之情谊，只要这天下还有别人没有拥有到，其心就是未尽；

不要光顾自己一家人能够吃饱穿暖住好，只要这天下还有别人没有生活好，其心就是未尽。

从这个意义上讲，修习圣人之学，最高的标准和境界就是"尽心"，就是全心全意为人民服务，全心全意为国家和民族服务！

161. 夫佛者，夷狄之圣人；圣人者，中国之佛也

——《王阳明全集·别录一·谏迎佛疏》

今译：所谓佛祖，就是外族人的圣人；所谓圣人，就是中国人的佛祖。

千万别小看了阳明先生的这句话！

这句话，算是架通了儒、佛两家之间的一座桥梁，且从本质上说清楚了

圣、佛之间的共同特点。

这句话，出自阳明先生的《谏迎佛疏》。这道奏疏，据分析，应当是写于1516年，其时，先生正在南京鸿胪寺当闲差。也许是鉴于十一年前写《乞宥言官去权奸以章圣德疏》的沉痛教训，先生写这道疏的措词更为委婉，论说更为亲切。但即便如此，这道奏疏仍然没有报上去。

这道奏疏的一个最大亮点，就是阳明先生从自己的切身经历和体会出发，对儒、佛两家之短长作了一个实实在在的比较。他说，自己年轻的时候，曾经有一段时间痴迷于学佛，尊崇得不得了，自认为悟到了佛学的奥秘。但后来经人点拨，从门缝里看到了儒家"以天地万物为体"的光明广大之境，从此，便一心专注于圣学了。

阳明先生对两家学说的比较是很有趣的，诙谐之中让人又感到真切实在。

第一，比寿命之长短。据佛经记载，佛教的开山之祖释迦牟尼，辛勤说法四十多年，活了八十二岁，在那个时候确实算是高寿了。而作为儒家最尊崇的圣人——唐尧和虞舜呢，一个活了一百二十岁，一个活了一百零几岁，寿命长了几十年。

第二，比工作方法之简繁。佛祖为了弘扬佛法，可谓是行万里路，吃千般苦，爬雪山，穿沙漠，忍饥挨饿，风餐露宿，其慈悲之情怀，确实让人感动！而尧、舜安定天下、教化百姓所用的方法则恰恰相反，仅仅是端坐临朝，清简为政，无为而治，百官各安其职，百姓各安其业。

第三，比工作效果之神妙。佛祖呢，像一个优秀的导师，通过苦口婆心、耳提面诲地向信众宣讲教义，让他们开悟，帮助他们戒除"嗜酒、滥杀、贪贿、发怒"等恶习，功效不可谓不大！尧、舜呢，则像一轮红日，其德性的光芒照耀到天下每一个角落。人民沐浴着他的阳光，不知不觉之中便让心中的良知之光反映了出来，真是达到了"不言而信，不动而变，无为而成"的效果。

基于上述的比较，阳明先生明确地指出：在夷狄等外族之国，可以用佛道来化导人民；而在我中国，则自当用圣人之道来化育人民。他打比方说，这就像一个人在陆地上行走必须用车马，而渡河过海必须用舟船一样。现在在中国弘扬佛教，就好像用车马去渡江海，即便有造父那样高明的驾车能手来驾驭，也难以确保顺利安全，且必然会有沉溺之患。

为此，阳明先生发出了振聋发聩的一声吼："吾中国之大，顾岂无人能传尧、舜之道者乎？"

这话，从艺术性角度讲，丝毫不亚于甚至超越了骆宾王在《为徐敬业讨武曌檄》中那一句千古名言："请看今日之域中，竟是谁家之天下。"

162. 即从初心，死无所避

——《王阳明全集·别录四·再报谋反疏》

今译：既然当初为官便立定了报国济民的志向，如今面对死亡威胁也毫不退避。

什么是大丈夫？

孟子告诉你："富贵不能淫，贫贱不能移，威武不能屈，此之谓大丈夫。"

阳明先生告诉你：当面临"天下安危之大机"，遭值"国家大变"之时，能够做到"义不忍舍之而去""忍死留于此"的人，就是大丈夫。

公元1519年夏天，对大明王朝来说，实在是一个多事之秋；对阳明先生来说，则是一段黑色岁月。

这一年的六月十四日，宁王朱宸濠公开宣布叛乱。江西巡抚孙燧、按察副使许逵被杀害，巡按及三司、府、县大小官员凡是不愿投降的全部被关押，各个衙门的印信全部被没收，各地的府库全部被搬抢一空，监狱里的犯人全部被释放。一时之间，江西全境变成了一个"无官、无衙门、无钱粮"的空地。

这一年的六月十五日，阳明先生根据朝廷旨意，从赣州出发前往福州平叛，正好走到丰城县，得到了宁王叛乱的信息，稍作思考，便赶紧回程，不料遭到宁王千余名叛军的追击。幸亏当时北风大作，阳明先生借风使用了疑兵计，才得以逃脱。

这一年的六月十八日，阳明先生历经艰险回到吉安府，立即会同吉安知府伍文定、已退休的右副都御史王懋中、在家养病的副使罗钦德、郎中曾直、御史周鲁等人，进行紧急商决，高高地举起平叛的大旗，以"收合涣散之心，作起忠义之气"。

这一年的六月十九日，阳明先生向朝廷快递了《飞报宁王谋反疏》，详实地报告了江西的严峻局面，表明了自己"进不避嫌，退不避罪，唯民是保，而利于主"的初心，提出了"当多难之日，事宜从权"的建议，请求朝廷特事特办，立即对伍文定、王懋中、罗循、曾直等人授以紧要职任，让江西各级政府尽快地运转起来。

这一年的六月二十一日，阳明先生得到祖母去世、父亲病重的消息，向朝廷上了《乞便道省葬疏》，希望能够请几天假，抽空"抵家一哭"，一方面安排好祖母的葬礼，一方面探望父亲的病情。遗憾的是，先生的这一个小小的愿望未能得尝。他只能选择"即从初心，死无所避"，以区区报国血诚，不辞灭宗之祸，去担当起力挽狂澜之任。

163. 安受尔命，宁奈尔心

——《王阳明全集·别录九·告谕军民》

今译：人生在世，祸福无常，很多时候，需要你平静地接受命运的安排，心甘情愿地享受心灵的煎熬和痛苦。

1519 年十一月十五日，阳明先生在《告谕军民》中写下的这八个字，是多么的悲凉和凄怆，又是多么的无奈和忧伤，更是多么的神奇和酸楚……

据说，当时南昌城里已经矛盾尖锐，势同水火的官军和老百姓，在读完这则告示、听了这句话后，无不先是失声痛哭，继而羞愧难当。哭什么呢？作为百姓，哭的是自己的家居被烧、家人被害，家产被掠。作为官军，哭的是自己"抛父母、弃妻子、被风霜、冒寒暑、颠顿道路，经年不得一顾其家"；更有甚者，"南方卑湿之地，尤非北人所宜，今春气渐动，瘴疫将兴"，随时面临生命之危。

愧什么呢？作为百姓，应当将心比心，"须念诸官军久离乡土，抛弃家室之苦，务敦主客之情，勿怀怨恨之意"。作为官军，也应将心比心，体谅南昌城里的居民百姓，刚刚遭受战火的洗劫，居无所、食无粮、病无医，如此惨状，又如何经受得起雪上加霜？

如此对立着的双方，一哭一愧，不仅没有出现张彬、许泰、张忠等混账人希望产生的"火拼"局面，反而是出现了军民融合、军民团结的大好局面。

古今中外，以感人至深、引人共鸣而论，能与阳明先生这八个字相提并论者，唯有古巴比伦墙上的那一首诗了……

多谢命运的宠爱与诅咒，

我已不知道我是谁，

我不知道我是天使还是魔鬼，

是强大还是弱小，

是英雄还是无赖？

如果你以人类的名义把我毁灭，

我只会无奈地叩谢命运的眷顾！

164. 吾儒亦自有神仙之道

——《王阳明全集·外集三·答人问神仙》

今译：我儒家也有自己独特的能够长生不老的神仙之道。

古往今来，有多少人在探求长生不老之术！

阳明先生也不例外。

在 1508 年写的《答人问神仙》一文中，阳明先生坦陈了自己修习长生不老术的成果。他说：我从八岁开始就迷上了这个东西，至今已有三十年了。结果呢？牙齿慢慢松动，头发渐渐花白，眼睛已经近视，耳朵已经聋背，常年卧病在床，吃的药越来越多……这，就是我迷恋神仙之道的结果。

究竟有没有真正的神仙之道呢？

阳明先生的回答是：似有若无。何谓有？就是像上古时代广成子、老子那样的"圣人"，他们完全是按照"道"的规律进行修炼，"淳德凝道，和于阴阳，调于四时，去世离俗，积精全神；游行天地之间，视听八远之外"，算是达到了长生不老的境界。但阳明先生又认为，这种圣人，乃"天之所成，非人力可强也"！何谓无，就是像葛洪、三茅真君那样的道士，他们完全是以"术"为主，通过修习炼丹、画符、占卜等秘术曲技，本想求得长生不老，但结果都没有活过百岁。

真正的长生之道是什么？

阳明先生通过自己三十年的惨痛教训，最终感悟到：肉体的寿命再长，也不过几十年、一百年、一百几十年，在漫长的时光中，不过是电光火石。真正的长生之道存在于儒教之中。就像颜回那样，尽管他的肉体生命只存在了三十二年，但他的精神生命却已经延续了一千多年，而且还会随着人类的命运延续下去……

这一点，也恰恰应了佛教《金刚经》里的一句话："凡有所相，皆为虚妄。"如何理解？就是指世上一切具体的、有形的东西，如房子、桌子、椅子、肉体、服饰、杯子、碗筷等，不管其质地有多么好，有多么耐用，最终都会消失，归于虚空。反之，这世上很多无形的东西，如高尚的精神、道德、情怀、思想等，则都会永久地流传，并越来越融入和存在于一代又一代人的生活中。

人生代代无穷已，江月岁岁望相似。

由此可见，道家所求之长生，乃以肉体之长生为主，非真正的长生！而儒家所谓的神仙之道，乃以精神之长生为主，是真正的长生！

165. 君子养心之学，如良医治病，随其虚实寒热，而斟酌补泄之，要在去病而已

——《王阳明全集·年谱卷三》

今译：君子涵养心性的学问，就像高明的医生治病一样，应根据病情的虚实寒热之不同，而考虑实施滋补或疏泄的办法，关键在于能够去除病痛。

良师教人，就像良医治病一样。

作为一代良师，阳明先生教育学生，不仅秉承了优良传统，像孔子、孟子一样注重因材施教，随材点化；还吸收佛家、道家，尤其是禅宗的教育引导之法，特别注重用不同的方法、用灵活多样的方式拨亮学生的良知之灯，使之能自照其污、自明其过、自改其错、自培其根。

1524 年，对阳明先生来说，应当是其心学教育传播事业大发展的一年。

这一年，他在其学生——绍兴知府南大吉的协助下，开办了稽山书院，聚集来自四面八方的三百多个学生，一起研习实践圣人心性之学。这些学生中，有来自湖广的萧璆（qiú）、杨汝荣、杨绍芳等人；有来自广东的杨仕鸣、薛宗铠、黄梦星等人；有来自直隶的王艮、孟源、周衡等人；有来自南赣的何泰、黄弘纲等人；有来自安福的刘邦采、刘文敏等人；有来自新建的魏良政、魏良器等人；有来自海宁的董萝石等人……

对这些学生，阳明先生除了上大课讲述些圣学的基本原理外，更多的是采取中医看病的方法，在与学生的讨论中，随时随地随机随人地给予指点和

导引。

如，对南大吉，阳明先生行的便是不言之教，采用的是"提神"的办法，通过引导他擦亮自己的良知之镜，从而及时发现自己心灵上的污垢灰尘，及时进行擦拭。

又如，对比自己大了 15 岁的董萝石，阳明先生用的则是平等交流的办法，通过陪同董老学生一起游山玩水，在不知不觉之中给他的心灯加了油，使其内心越来越自在快乐，以至于当别人劝说董萝石不要自讨苦吃时，董萝石真诚地感叹说："我正在庆幸自己从苦海中超脱出来，你们却认为我是在受苦，我真是可怜你们呀！自从拜了阳明先生为师，我就像鱼儿遨游于大海一样，就像鸟儿飞翔于天空一样啊！"

又如，对性情敦厚木讷但天资甚高的王艮，阳明先生则采用"泄"的办法，经常向其泼冷水，让他在清凉激灵之中猛然觉醒自己的缺点，猛然觉悟心学的秘诀，最终成为阳明心学泰州学派的开山宗师，为阳明心学在基层群众的传播作出了重大的贡献。

附录

附录一

王阳明一生的七个数字

57 年的人生，确实太短暂了些！

但在短暂的人生岁月中，能让自己的旅途如此跌宕起伏，如此异彩纷呈，如此开阔磅礴，如此影响深远，确实是一种罕见。

如何简单而周全地概括阳明先生的一生，思来想去，七个数字就足够了！

一，即"一"个志向。这个志向，就是做圣人。这个志向，在他十二岁与老师探讨"天下何事为第一等人"时，就已经立下了；在他十八岁到广信府拜谒娄谅，得到"圣人必可学而至"的鼓舞时，就已经坚定了。何为圣人？用孔子、孟子、朱子、阳明先生等圣哲的话讲，就是能够具"万物一体之仁"的人，就是能够"扩大公无我之仁"的人，就是能够"存天理、灭人欲"的人。用今天的话讲，就是能够"全心全意为人民服务"的人。阳明先生立志做圣人的目标是什么呢？就是"康济天下""不负初心"，能"共明良知之学于天下，使天下之人皆知致其良知"！

阳明先生的这个志向，与毛泽东主席的宏愿是何等相似！1951年，他在与周世钊的谈话中，回忆青年时代读书时的情景，如此感慨道：

我真怀疑，人生在世间，难道注定要过痛苦的生活吗？

决不！这种不合理的现象，是不应该永远存在的，是应该彻底推翻、彻底改造的！……从那时候起，我就决心要为全中国痛苦的人，全世界痛苦的人贡献自己的全部力量。

对毛泽东同志的这一宏愿，韩毓海先生作如此评价：当这个20岁的青年以佛陀的目光凝视这个物竞天择、适者生存的动物世界时，他的心却不是寂灭、消沉下去，而是一日日地澎湃、长大起来。

二，即"两"条路径。一条是事功之路，也就是官场之路，科举之途；一条是讲学之路，也就是学术之路，圣学之途。中国历代的读书士子，在这两条路径的选择上，大体有三种情形：一种是热衷于科举、沉醉于官场，把官位升迁当作衡量自己人生价值的唯一尺度，当作生活幸福的唯一源泉，一切喜怒哀乐都由官场的升迁沉浮而定。一种是把科举与学术完全对立起来，认为追求圣贤之学，就不应该再走仕途。持这种观点的，如程颐、吴与弼、陆象山等人。还有一种是主张把科举与学术结合起来，把事功与讲学结合起来，相得益彰。持这种观点的，就是阳明先生。在他看来，人在"士林"、在官场修行，比躲在深山老林里修行，要艰难十倍，效果也要强上十倍。故阳明先生一生，尽管老是打辞职报告，但他始终还是没有放弃仕途，放弃事功。反之，他是采取一种顺其自然的态度，有事时立功以成雄，无事时讲学以成圣。正因为有了两条路径的完美结合，才使得阳明先生具有了他人不具备的风采。比如，明朝文官中，以军功封伯爵的三人，除阳明先生外，还有正统年间的靖远伯王骥、成化年间的威宁伯王越。这二人，虽然在"脚踏实地"的事功方面也很了不起，但因为没有"仰望星空"的学术成就，故很快地淹没于历史的长河了。同样地，明朝理学的大家吴与弼、娄谅等，虽然"仰望星空"的学术成就也很不错，但因为没有脚踏实地的辉煌事功，故随着历史长河的流淌，也就变成了淡淡的回忆。

独有阳明先生，是把"仰望星空"和"脚踏实地"完美结合的人，是把官场与学场完美结合的人，是把举业与圣学完美结合的人。故，他也就成了千古圣人。

三，即"三"大学问。作为千百年来，能够做到立德、立功、立言真"三不朽"之人，阳明先生的学问，堪称博大渊深，简便实用。在立德方面，阳明先生从浩瀚的儒家经典中，提炼出了"良知"二字，并赋予它全新的内涵，创立了"良知"之学，并对什么是良知，如何守住自己的良知，如何妙用自己的良知作了翔实的阐述，形成了一套完整的理论体系，堪称一代良知教主！在立功方面，也就是担实任、干实事、出实效方面，阳明先生以"简易真切"为目的，创立了一套"不动心"术，无论是行政还是军事，无论是大事还是危局，他都能做到心有定主，化繁为简，化难为易，以最小的成本、最小的代价，化解最为繁杂艰巨的难题，从而取得四两拨千斤的效果。他做事的方法论，就是抓关键、抓要害，所谓杀敌须就咽喉上着刀，为学当从心髓入微处用力。也可以说，没有阳明先生，孔孟之儒学或许永远只能停留在说和教的层面，有了他，儒学活用才有了实证。在立言方面，也就是倡明学术、共明思想方面，阳明先生以"惟精惟一"为要诀，创立了一套"主一"之功。阳明先生并没有像司马迁、朱熹那样，关起门来一心著述，而是仿效孔子述而不作，通过孜孜不倦地教导启发学生来传播思想，传承文明。除了课堂教学外，阳明先生还有一个传播学术的重要"渠道"，就是写信。凡是同事、同学写来的有关信函，尤其是涉及求学问题的，他都不辞辛劳地认真回复。几乎每一封回信，不论短长，都是一篇探讨学问的好文章，都是一份倡导圣贤之学的宣传书。

四，即"四"大战功。阳明心学，之所以独具魅力，能够吸引五百年来一大批英雄豪杰（中国如徐阶、张廷玉、曾国藩、左宗棠、康有为、梁启超、孙中山、宋教仁、黄兴、蔡锷、章太炎等，日本如中江藤树、大盐平八郎，以及日本明治维新前三杰的吉田松阴、高杉晋作、坂本龙马，明治维新后三杰中的大久保利通和西乡隆盛，号称日本"军神"的东乡平八郎，等等）的追随，一个重要原因就是阳明先生在用兵打仗上的出神入化的艺术。所谓兵者死生之地、存亡之道，一门学问能够在世上最危险、最复杂的游戏斗争中得到检验，其信服力自然也就不是那些光说"空话"的学问所能比拟的了。阳明先生在军事上创立的四大奇迹是：

（一）从1517年春天至1518年春天，指挥一万多民兵和地方杂牌部队，采取突袭合围、各个击破的办法，横扫福建、江西、湖南、广东四省九府的几百个匪巢，彻底消灭了南赣地区几十年来的匪患。

（二）从1519年六月十八日至七月二十六日，指挥临时拼凑起来的三万多地方乌合之众，把宁王的七万多叛军（号称十八万）打得落花流水，并生擒了宁王朱宸濠。

（三）1528年正月，仅凭一封恩威并施、情理并用的书信，让卢苏、王受及率领的七万多名"叛军"心甘情愿地全部归服，从而达到"不折一矢、不戮一卒，而全活数万生灵"的功德。

（四）1528年四月至六月，主要依靠卢苏、王受带领的"降兵"一万余人，剿灭了盘踞在八寨、断藤峡的五千多土匪，彻底根除了这一带近百年的匪祸。

以上四大战争奇迹的创造，充分显示了阳明心学的巨大威力，这也是后来"成大事者"必慕阳明学的重要原因之一。

五，即"五"大成就。阳明先生一生，当得起"五个伟大"。

首先，他是伟大的思想家、心学家，他创立的良知之说，即是儒家千古圣贤相传的一滴"真骨血"，也是儒家五百年的源头活水，还荟萃了佛家和道家的精华。

第二，他是伟大的军事家，在中国及至世界的军事史上，他创造了以小胜多、以弱胜强、以最小的成本取得最辉煌的战果的典例，他的用兵之术，确实达到了出神入化的境地；他创立的"心理"战法，堪称"前不见古人"，后难有来者。

第三，他是伟大的行政管理家。无论是在庐陵做知县，还是在南赣、江西当巡抚，他都能通过"教、赏、罚"三种手段，迅速地恢复一个地方的社会秩序，尤其是他创立的"十家牌法"，堪称以民自治、自监、自管的典范。

第四，他是伟大的教育家。他强调要把"德育"摆在第一位；教育孩子，一定要寓教于乐，要多鼓舞鼓励，使其"中心喜悦"，从而自我加压、自我前进。对求学的学生，他则注重随机点化，注重个性化施教。

第五，他是伟大的艺术家。他的书法，以颜体为基础，吸收了李北海书法的雄健，吸收了黄庭坚书法的开张和洒脱，形成了一种稳健、俊秀、挺拔的书风，形成了独具风格的"阳明体"，在中国的书法史上，当之无愧地占有了一席！

六，即"六"大磨难。阳明先生曾言："某于此'良知'之说，从百死千难中来"。这话确实说得有根有据，有证有验。纵观先生的一生，小的委屈、屈辱、诽谤可谓不计其数，大的生死劫难共有六次：

一是廷杖之刑。即1506年十二月，因为上书为戴铣等求情，被打了四十廷杖，血肉淋漓，差点到阎王殿报到。

二是牢房之难。受刑后的阳明先生，被扔进了锦衣卫的诏狱，饱尝了伤痛、寒冷、饥饿、寂寞之苦，同狱之人有的精神失常，而先生靠着一本《周易》护住了精气神。

三是暗杀之险。即1507年春夏之交，在杭州胜果寺养病，遭到了刘瑾派去的刺客追杀，幸亏得到了正义之人的相助和自身的机智，才得以逃脱。

四是贬谪之苦。先生于1508年春天到达龙场后，遭遇了语言不通、瘴毒侵蚀、居无房、食无粮，以及个别地方官的寻衅滋事，有意陷害，等等。幸赖有龙场悟道，自己彻底地转变了信仰、阶级立场，实现了自我救赎，实现了涅槃重生。

五是莫名之冤。1519 年七月，平定宁王叛乱，立下盖世功勋后，反遭到朝廷中枢大臣的嫉妒，遭到了江彬、许泰、张忠等人的恶毒诽谤与陷害，几乎遭受灭门之灾。

六是暗算之箭。先生在 1528 年平定广西思恩、田州叛乱，消除八寨、断藤峡的百年匪患后，请病假不得，不得已"擅自"回乡养病，仙逝于江西青龙浦后，反而遭到桂萼的陷害，不仅立功未赏，反而遭到残酷清算，被剥夺了爵位，取消了一切荣誉和待遇。

七，即"七"句名言。阳明先生一生讲学、事功，体悟何止万千，名言佳句又何止万千，但最广为人知的，有这么七句：

第一句是"破山中贼易，破心中贼难"。这句话点明了阳明心学的修行真谛。这个心中之贼，就是"私欲"。每个人生下来，都有一个良知，也都有一个"私"贼，良知与私贼的斗争，伴随每个人的一生。能够做到百战百胜者，乃是圣人；能够做到胜多败少者，乃是贤人；而胜少败多者，则是愚而不肖之人。

第二句是"人须在事上磨，方立得住"。这名话，点明了阳明心学的本质特征。阳明心学不是虚论之学，而是实践之学。修习阳明心学最好的途径，就是通过一件又一件具体事情去磨砺。离开了具体实践，离开了生产劳动、军事斗争，离开对复杂矛盾的处理，也就没有阳明心学。即便是有，也是纸上心学。

第三句是"志不立，天下无可成之事"。这句话，点明了阳明心学的鲜明特质。阳明心学是一门立志之学，阳明先生一生讲学，鼓励得最多的就是要学生"立志"，立定做圣贤之志，立定光大良知之志，立定康济天下、兼济苍生之志。

第四句是"良知是你的明师"。这句话，点明了良知对人生的重要性。每个人生下来，上天都给你配了一个高明的老师，这个老师的名字就是"良知"。有了这个老师，你便能分辨是非、区别善恶、判断真伪。每当你遇事处于茫然之时，你无须翻书，也无须问人，只要真正的静下心来，问一问自己内心的良知，你便能知道事情该如何看，事情该如何办。对父母，你自然会用一个"孝"字；对朋友，你自然会用一个"信"字；对国家、对人民，你自然会用一个"忠"字。

第五句话是"你未看此花时，此花与汝心同归于寂。你来看此花时，则此花颜色一时明白起来"。这句话，是阳明心学被贴上"唯心主义"标签的重要标志。这句话，在过去几百年里，一直被人怀疑、遭人非议；但自从量子物理学问世后，这句话的科学性已被充分证明了。万物皆备于我，万物皆备于我心。就像那名位权势，对迷恋于它的人来讲，就是唯一，就是一切，就是生命价值之重；而对于跳出三界外的人来讲，就是浮云，就是飘风。

第六句是"满街人是圣人"。这句话，充分体现阳明心学的人民性和平等性。在阳明先生看来，人，来到世上，都是平等的。每个人都具有做圣人的根基，因为每个人都有自己的"良知"；每个人都具有做圣人的可能，因为只要你用良知约束好自己的私欲，你就迈进了圣贤的门槛。这世上，尽管每个人能力不同、地位不同、背景不同、条件不同……但只要你立下了圣人之志，并刻苦修行，就有可能成为圣人，能量大的成为大圣人，能量小的成为小圣人，最终是"人人自有，个个圆成"。

第七句是"与其为数顷无源之塘水，不若为数尺有源之井水"。这句话，道破了修习阳明心学成功的重要心诀。阳明先生一生，为学主张"精一"，修行主张"专一"，逢疑遭惑时强调"主一"。在他看来，无论是修德，还是修学，无论是事功、事业，都应当从"一"出发，只有在"一"的方面把功夫下足了，下够了，下透了，才能收到"一生二、二生三、三生万物"的效果。尤其是在研学问、明学术方面，每个人都应该给自己挖上一口井，使自己的心时时能得到浸润，不至于焦枯。

附录二

阳明年表及大事记

1472年，壬辰岁，明宪宗成化八年。九月三十日亥时（晚上九点至十一点），出生于浙江省余姚县瑞云楼。祖父王伦，字天叙，人称"竹轩先生"，祖母岑氏，夜梦神仙驾祥云给自己送来了孙子，故为阳明先生取名为"王云"。

1476年，丙申岁，成化十二年，5岁。从出生到五岁，小阳明一直是不言不语，全家人十分着急。恰好有个老和尚路过，抚摸着小阳明的头说："好个孩儿，可惜道破。"王天叙听后恍然大悟，立即将小阳明的名字由"王云"改为"王守仁"。这个名字的深刻寓意，来源于《论语·卫灵公》，原文是："知及之，仁不能守之，虽得之，必失之。知及之，仁能守之，不庄以莅之，则民不敬。知及之，仁能守之，庄以莅之，动之不以礼，未善也。"

1479年，己亥岁，成化十五年，8岁。随父亲王华游海盐县资圣寺，写诗一首:"东风日日杏花开,春雪多情故换胎。素质翻疑同苦李,淡妆新解学寒梅。心成铁石还谁赋?冻合青枝亦任猜。迷却晚来沽酒处,午桥真讶灞桥回。"

1480 年,庚子岁,成化十六年,9 岁。秋天,随父亲王华再游资圣寺,奉命写诗以纪念。诗云:"落日平堤海气黄,短亭哀柳叙孤航。鱼虾入市乘潮晚,鼓角收城返棹忙。人世道缘逢郡博,客途归梦借僧房。一年几度频留此,他日重来是故乡。"

1481 年,辛丑岁,成化十七年,10 岁。父亲王华高中状元,任翰林院修撰,从六品。分配了官宅(大约五间房),月俸八石,相当于 1.7 两银子。

1482 年,壬寅岁,成化十八年,11 岁。随祖父王伦前往京师。途经镇江金山寺,即席赋诗两首:"金山一点大如拳,打破维阳水底天;闲依妙高台上月,玉箫吹彻洞龙眠。""山近月远觉月小,便道此山大于月。若人有眼大如天,还见山小月更阔。"

1483 年,癸卯岁,成化十九年,12 岁。按父亲王华安排,进京师一私塾念书,由于玩心太重,沉迷于下象棋和"打仗"游戏。父亲王华一气之下,将棋盘、棋子全部扔进了河里。小阳明为此深感悲愤,写诗一首:"象棋终日乐悠悠,苦被严亲一旦丢。兵卒坠河皆不救,将军溺水一齐休。"

同年,在街上遇一道士,告诉他:"当你的胡须长到齐衣领的时候,你的心就入了圣境;当你的胡须长到齐胸部的时候,你的心就结了圣胎;当你的胡须长到齐腹部的时候,你的心就结了圣果。"

同年,与老师讨论"何为人生第一等事",认定"唯有成为圣贤,才是人生第一等事"!

1484 年，甲辰岁，成化二十年，13 岁。亲生母亲郑氏去世，年仅 49 岁。以此推算，郑氏当生于 1435 年，比其父亲王华（生于 1446 年）大了整整 11 岁，当为"童养媳"。

父亲王华一生娶了三个妻子，即郑氏、赵氏和杨氏。阳明先生为家中长子，二弟名守俭（杨氏所生），三弟名守文（赵氏所生），四弟名守章（杨氏所生），妹妹名守贞（赵氏所生）。

1485 年，乙巳岁，成化二十一年，14 岁。在按要求学习四书五经的同时，开始钻研兵法。

1486 年，丙午岁，成化二十二年，15 岁。在认真研读兵书的同时，苦练马术和箭术，并只身一人走出居庸关，到现今的大同、张家口和赤峰一带深入调查了解夷狄部落在生活起居、军队编制以及行军打仗的特点和规律。梦见汉代名将马援，写诗一首："拜表归来马伏波，早年兵法鬓毛皤。云埋铜柱雷轰折，六字铭文尚不磨。"

1488 年，戊申岁，明孝宗弘治元年，17 岁。到江西南昌与诸氏结婚。岳父诸让，字养和，号介庵，生于 1439 年，29 岁中举人，36 岁中进士，历任南京吏部文选司主事、江西布政司左参议、山东布政司左参政等。诸让一生娶了两个妻子（张氏和周氏），生了 7 个孩子（儿子诸宏、诸弦、诸缉、诸经、诸绣；女儿诸云、诸霞）。

新婚当晚，醉酒后的阳明先生不知不觉走进了南昌铁柱宫，向一道士学习养生术，一夜未归。

新婚之后，阳明先生集中精力练习书法，悟得其中之诀窍，功力大进。其主要体会是："吾始学书，对模古帖，止得字形。后举笔不轻落纸，凝思静虑，拟形于心，久之始通其法。"

1489 年，己酉岁，弘治二年，18 岁。偕夫人诸氏回余姚，致广信拜见大儒娄谅，坚定了"圣人必可学而圣"的志向。娄谅，字克贞，别号一斋，生于 1422 年，43 岁考中举人后，被委派到四川成都担任府学训导。上班两个月，即请病假回到家乡，与弟弟娄谦一起盖了一座楼，号为"芸阁"，从此开始了教书育人生涯。娄曾向当地著名教育家、理学家吴与弼求教"心身之学"，得到吴的倾囊相授。

1490 年，庚戌年，弘治三年，19 岁。这一年春天，祖父王伦去世，父亲王华丁忧回乡守丧。在父亲的督导下，白天与堂叔王冕、王阶、王宫等努力研读科考书，晚上研读经史子集。闲暇之余，学习绘画。从其现存的两幅水墨山水画看，笔意和格调主要模仿王维和米芾。其中，对宋末元初一个叫温日观的画家所画的葡萄，特别欣赏，并在其画上题诗一首："龙扃（jiǒng）失钥十二重，骊珠迸落鲛人宫。镔刀剪断紫璎珞，累累马乳垂金凤。树根吹火照残墨，冷雨松棚秋鬼哭。熊丸嚼碎流沙冰，鸭酒呼来汉江绿。铁削虬藤剑三尺，雷梭怒穴陶家壁。瞿昙卧起面秋岩，一索摩尼挂空宅。"

1492 年，壬子岁，弘治五年，21 岁。到杭州参加浙江省乡试，中举人。这次考试，共三道题目：第一道出自《论语》，为"志士仁人"一节；第二道出自《中庸》，为"《诗》云'鸢飞戾天'"一节；第三道出自《孟子》，为"子哙不得与人燕"二句。阳明先生三篇应试作文都写得不错，其中以"志士仁人"一篇写得最好！在阳明先生心中，"夫所谓志士者，以身负纲常之重，而志虑之高洁，每思有植天下之大闲；所谓仁人者，以身会天德之全，而心体之光明，必欲有以贞天下之大节。是二人者，固皆事变之所不能惊，而利害之所不能夺，其死与生有不足累者也"！

1493 年，癸丑岁，弘治六年，22 岁。到京师参加礼部会试，名落孙山。时任会试主考官李东阳为打压青年阳明的狂傲之气，当众嘲弄说："你今年未中，下一科一定高中状元，何不写篇'来科状元赋'？"阳明先生毫不推辞，当即挥写了一篇《来科状元赋》，其中流露的豪气与自信，令旁观者暗暗称奇。

1496 年，丙辰岁，弘治九年，25 岁。第二次参加礼部会试，仍然失败。这时，很多同学都为自己的落第感到羞愧，独阳明先生却说："世以不得第为耻，吾以不得第动心为耻。"同年十月，返乡途中，经济宁城，登太白楼托古抒怀，写《太白楼赋》，既表达了自己"旷绝代而相感兮，望天宇之漫漫"的惆怅，又表达自己要以武丁、颜回、管仲、孔丘、孟子、吴起等先贤先圣先雄为榜样不懈奋斗的志向。

1497 年，丁巳岁，弘治十年，26 岁。再次到北京。这个时候，明朝的边境已发生动荡，鞑靼的屡屡侵犯，已让朝廷狼狈不堪。以天下为己任的阳明先生，开始遍寻兵法秘书，精心研读。这段时间里，他读的兵书，据冈田武彦先生推测，主要应是《武经七书》。这是北宋王朝编辑的一部兵法丛书，算是发给官员学习的普及性教材。其内容主要包括《孙子兵法》《吴子兵法》《六韬》《三略》《司马法》《尉缭子》和《李卫公问对》。阳明先生在这个时期对兵法的刻苦钻研，为后来纵横疆场、决胜千里打下了坚实的理论基础，也为最终形成"阳明兵法"奠定了基石。

1498 年，戊午岁，弘治十一年，27 岁。重新燃起修习圣学之志，但遍寻天下适合自己的良友益友，却又有一些失望。没奈何，只能去神交古人。当读到朱熹的"居敬持志，为读书之本；循序致精，为读书之法"时，对自己过去读书一味地贪多求广、浅尝辄止的学习方法作了反思，从此转向了专一求精之途，学问功夫始有大进。他后来一再告诫学生，"与其为数顷无源之塘水，不若为数尺有源之井水"。这次转变，就是从"挖塘"向"掘井"的转变。

1499 年，己未岁，弘治十二年，28 岁。再次到北京参加会试，一举成功。殿试后，被赐予二甲进士出身第七名，分配到工部实习。阳明先生进入官场后，接受的第一项任务就是到河南浚县负责督造威宁伯王越的坟墓。这个威宁伯王越，乃 1451 年进士，历任兵部尚书、三边（大同、延绥、甘宁）总制，是大明一代杰出的军事家，用兵善出奇，几乎百战百胜，是青年王阳明的崇拜对象。据记载，阳明先生曾在梦中见到王越，王越解下腰间宝剑送给他。梦醒后，阳明先生无限感慨道："吾当效威宁伯以斧钺之任，垂功名于竹帛，吾志遂矣。"阳明先生后来之所以能在军事上取得令人瞩目的成就，在很大程度上应得益于王越的无形引导和激励。在具体的组织施工中，阳明先生直接将王越兵法运用到了工程建设中，采用"什伍之法"管理民工，每十人或五人为一组，组内人员负有连带责任，彼此相互帮助、相互鼓舞、相互监督，又快又好地完成了工程建设任务。事后，王越的家人为答谢阳明先生，果如梦中情景，将王越的佩剑赠送给了他。

圆满完成威宁伯墓的督造任务后，阳明先生回到京城。当时有彗星从京城上空扫过，被认为是不祥之兆。再加上当时鞑靼屡屡侵犯西北边境，朝廷上下深感忧虑惶恐。青年王阳明凭着一腔激情，写了一篇《陈言边务疏》，向朝廷提出八条建议。尽管这篇奏疏并未得到皇帝的重视，但却反映了阳明先生的战略眼光、战略思维，堪称"阳明兵法"之雏形。

1500 年，庚申岁，弘治十三年，29 岁。这一年六月，出任刑部云南清吏司主事；十月，轮值负责提牢厅事务。这个提牢厅，是刑部的一个内设机构，其主要职责是稽查刑部监狱的罪犯，领取和发放囚衣、囚粮、药物等事务，相当于今天的监狱管理局。阳明先生当值之月，正是他咳嗽毛病又犯、深感"支离厌倦、疲顿憔悴"之时，但他并未因此懈怠，而是针对提牢厅的诸多弊端，重新修订了工作规则，并一直沿用。

1501年，辛酉岁，弘治十四年，30岁。这一年八月，奉命前往直隶和淮南地区审查犯人。由于他心存慈悲，作风细致，实事求是，故平反了很多冤假错案，积了许多功德。

1502年，壬戌岁，弘治十五年，31岁。这年春天，在完成审查任务后，阳明先生启程回京。途经茅山，偶遇了丹阳人士汤云谷，向汤学习了道家的呼吸屈伸之术和凝神化气之道。从茅山下来后，阳明先生又上了九华山，并写了一篇《九华山赋》，表达了自己对超脱尘世的思慕之情。一日，夜宿化城市，碰见了一位蔡道士，欲向其学习神仙之学，被蔡道士拒绝。5月，行至扬州时，病情加重，只好卧床歇息。8月，向朝廷上了《乞养病疏》，获得批准后，回到老家余姚养病。因为肺病怕热，他把自己的休养地放到了阳明山之阴的阳明洞。据黄绾在《阳明先生行状》中记载，通过一段时间的静坐修炼，先生感觉自己的"元神"已能从身体自由出入，而且具有预知功能。一日，他对身边的仆童说："有四个朋友相访，你快去五云门等候。"仆童半信半疑地来到五云门，果然看见王文辕、许璋等四人前来拜访。这个王文辕，因为体弱多病的原因，也喜欢修习静坐之术。许璋是王文辕的好友，性格淳厚，潜心性命之学，善权谋之术，且精通天文、地理、兵法和奇门遁甲。他给阳明先生传授了阵法和奇门遁甲之术。1516年九月，阳明先生受命到南赣剿匪时，王文辕预告："阳明此行，必立事功。"众人问其缘由，王回答道："吾触之不动矣！"这一预言，后被传为经典佳话。

1503 年，癸亥岁，弘治十六年，32 岁。从老家余姚搬到杭州西子湖畔养病，同时与学生探讨学问。这一年的四月至八月，会稽地区遭遇大旱，阳明先生受会稽太守佟公的邀请，前往会稽山求雨。在《答佟太守求雨》一文中，他首次表达了对儒学的信奉态度，对"立诚"的重要性的认识，"天道虽远，至诚而不动者，未之有也"！年底，结束西湖疗养，回到京城上班。

1504 年，甲子年，弘治十七年，33 岁。这一年秋天，在山东巡按监察御史陆偁（chēng）的邀请下，出任山东乡试主考官。对这一临时职任，阳明先生看得很重，他在《山东乡试录》中如实记录了自己的心情："守仁得以部属来典试事于兹土，虽非其人，宁不自庆其遭际！又况夫子之乡，固其平日所愿一至焉者，而乃得以尽观其所谓贤士者之文而考校之，岂非平生之大幸欤！"在这次主持乡试的过程中，阳明先生共出了十三道经义题，五道策论题，此外，论、表还各出了一道题。其中五道策论题分别是：礼乐论、佛老批判论、伊尹论与颜回论、风俗论、急务论。为保证评判标准的统一，维护考试的公平，阳明先生给每一道题都做了标准答案。

同年九月，转任兵部武选清吏司主事。

1505 年，乙丑岁，弘治十八年，34 岁。这一年，阳明先生与时任翰林院庶吉士的湛甘泉相遇，二人一见如故，共同发誓要为复兴圣学而奋斗。湛甘泉比阳明先生年长六岁，但却比他晚去世三十二年，享年九十五岁。这一年，阳明先生开始收学生，讲授身心之学。

这一年五月，明孝宗驾崩，太子朱厚照继位，庙号武宗。年仅十五岁的武宗，受到刘瑾等八名宦官的挑逗，更加任性荒唐，抓司礼太监王岳，废内阁大臣刘健、谢迁，将司礼监和禁军总督的大权全部交给了刘瑾，整个朝纲被刘瑾把持，为所欲为。

1506 年，丙寅岁，正德元年，35 岁。这一年十月，江西婺源人、给事中戴铣和山西阳曲人、御史薄彦徽共同上书弹劾刘瑾，被刘瑾打入大牢。时任兵部武选清吏司主事的阳明先生，出于良知和义愤，于十一月向正德皇帝上了一道《乞宥言官去权奸以彰圣德疏》，试图说服皇帝放了戴铣等人，引得刘瑾大怒，被杖责四十，打得皮开肉绽，奄奄一息。十二月，阳明先生被关进锦衣卫大牢，在牢中度过了新年。在此期间，他写了《狱中诗十四首》，既反映了狱中生活的凄惨，又表达自己"箪瓢有余乐"的乐观主义精神。

1507 年，丁卯岁，正德二年，36 岁。这年春天，阳明先生离开北京，前往贬谪之地贵州龙场，离京之时，好友湛甘泉作《九章》赠别，崔子钟作《五诗》相和，阳明先生则以《八咏》回赠二人。由于体质本来就弱，再加廷杖之刑和监狱之苦，使阳明先生的身体健康状况更加恶化，他不得不到杭州养病。一个夏天的午后，正当他在胜果寺的廊下乘凉时，被刘瑾派来的两个刺客挟持，生命危在旦夕。幸得他在胜果寺的邻居沈玉和殷计相救，才得以乘两刺客酩酊大醉之机逃脱。在与刺客周旋之际，阳明先生写了两首诗和一首绝命辞，发出了"百年臣子悲何极，日夜潮声泣子胥"的无限悲叹！

摆脱刺客的追杀后，阳明先生乘坐一小船，于七天后抵达舟山岛。换船前行后，遇上暴风，往南漂了一昼夜，没想到漂到了福建。在一座古寺里，遇见了当年南昌铁柱宫的那位老道。一席交谈交心，老道不仅打消了他"隐姓埋名"的避世方略，还特意写了一首诗予以鼓励："寰海已知夸令德，皇天终不丧斯文。英雄自古多磨折，好拂青萍建大勋。"受老道鼓舞，阳明先生决定迎难而进，前往龙场。临行前，在寺庙墙壁上题《泛海》诗一首："险夷原不滞胸中，何异浮云过太空？夜静海涛三万里，月明飞锡下天风。"

1508 年，戊辰岁，正德三年，37 岁。这一年的春天，阳明先生到达贵州龙场。面对几乎与世隔绝的困境，阳明先生采取了"恬淡意方在，素位聊无悔"的积极态度。没有住房，自己搭建茅屋；没有粮食，自己开荒耕作；没有朋友，自己放下架子，与当地百姓打成一片，并逐渐产生骨肉般的亲情；没有思想交流，自己便将曾经研读过的经典在头脑中放电影，形成《五经臆说》。

据《皇明大儒王阳明先生出身靖乱录》记载，为了解决自己心中一直盘绕的"圣人处此，更有何道"的疑问，阳明先生在自己的住处后"凿石为椁，昼夜端坐其中"，苦苦思悟。忽然，有一天晚上，阳明先生梦见了孟子，听孟子讲授了良知一章，豁然开悟，感叹道："圣贤左右逢源，只取用此良知二字。所谓格物，格此者也。所谓致知，致此者也。不思而得，得甚么。不勉而中，中甚么。总不出此良知而已。惟其为良知。所以得不由思，中不由勉。若舍本性自然之知，而纷逐于闻见，纵然想得着，做得来，亦如取水于支流，终未达于江海。不过一事一物之知，而非原原本本之知。试之变化，终有窒碍。不由我做主。必如孔子从心不逾矩，方是良知满用。故曰：'无入而不自得焉'。如是又何有穷通荣辱死生之见，得以参其间哉。"

透过这段文字，我们可以看出，在那一个夜晚，在那一场梦里，通过孟子的点拨，阳明先生"大悟格物致知之旨"：

所谓格物者，在格除心中的物欲，光复天然之良知！

所谓致知者，不在于获取多少知识，不在于研究一事一物之理，而在于通过修炼，达到良知的境界！

所谓本心者，乃人人都具有的天生之良知也。蔽此良知，即愚而不肖之人；致此良知，即圣而贤明之人！

所谓圣人之道，不贵于从心外探求，而贵于向心内自悟自得！

为满足本地一些青年和从各地陆续赶到龙场的一些学生的需求，创立了龙冈书院，阳明先生亲自起草了《教条示龙场诸生》，算是给书院立下了学规，主要内容包括"立志、勤学、改过、责善"四大项。

1509年，己巳岁，正德四年，38岁。这一年秋天，阳明先生碰上了一件悲惨之事：一位来自北京的吏目，在前往蛮荒之地的任职途中死了。不仅他死了，陪同他一起的儿子和仆人也死了。阳明先生黯然伤情之余，写了一篇《瘗（yì）旅文》，一方面表达对三人的哀悼之意，一方面则表达了自己对人生苦难的旷达之怀。在他看来，吏目的悲剧之源在于他的"心苦"，既要"五斗而易尔七尺之躯"，而不愿"欣然就道"，以至于"容蹙然"，于是乎，在饥渴劳顿、筋骨疲惫之际，"瘴疠侵其外，忧郁攻其中，其能以无死乎"？而自己三年来，能够"历瘴毒而苟能自全"，则完全在于自己的"心乐"，"以吾未尝一日之戚戚也"！

这一年，贵州提学副使席元山久慕阳明先生之名，向他请教学问。阳明先生针对当时社会学界已普遍认同的、由朱熹提出的"先知后行"说，提出了"知行合一"说，创立了"心理合一之体、知行并进之功"的新哲学、新心学。

1510年，庚午岁，正德五年，39岁。这一年的三月至十月，阳明先生到江西庐陵县任知县。七个多月的任期内，一共发布了十一道告谕，有效地解决了庐陵县存在的争讼告状成风、盗贼出没、县城规划不合理等棘手问题。公务之余，阳明先生还到庐陵城东十五公里的青原山上的青原书院讲学。十一月，离开庐陵，入京朝觐，寓居大兴隆寺。在好友储柴墟的介绍下，黄绾特意拜访了阳明先生。

十二月，阳明先生被任命为南京刑部四川清吏司主事，后经黄绾、湛甘泉、乔白岩三人找时任户部尚书杨一清帮忙协调，于1511年正月被改任为吏部验封清吏司主事。

1511年，辛未岁，正德六年，40岁。这一年正月，到吏部任验封清吏司主事，相当今天中央组织部的干部任免处处长。二月，出任会试的同考试官，选取了邹东廓（名守益）和南元善（名大吉）等几个高徒。十月升任吏部文选清吏司员外郎，相当今天中央组织部干部局副局长。一年之内，连升两级，这在当时的官场，亦属幸运之极。但阳明先生并未为之欢欣鼓舞，反倒是在送别湛甘泉出使安南诗中，道出了自己对圣学复兴艰难的真切忧虑："迟回歧路侧，孰知我心忧"；"伊尔得相就，我心亦何伤"。

这一年冬天，阳明先生托人在浙江萧山和湘湖附近购买了一块山清水秀之地，建了一座草庵，希望自己将来能和湛甘泉、黄绾一起在此共同研讨圣学，一起颐养天年。

1512年，壬申岁，正德七年，41岁。这年三月，阳明先生被提任为吏部考功清吏司郎中，相当于今天中央组织部的干部考核局局长。十二月，被提任为南京太仆寺少卿，官居正四品。与此同时，其妹夫徐爱被任命为南京工部员外郎。二人同船自运河而下赴南京。一路上，阳明先生为徐爱等弟子讲解了《大学》。一年之内，又是一个连升两级，不知不觉中，阳明先生迈进了"九卿"之列。

1513年，癸酉岁，正德八年，42岁。二月，回到了老家余姚。五月，前往宁波会见了日本的了庵和尚，并特别写了一篇《送日本正使了庵和尚归国序》，高度赞扬了了庵和尚"靡曼之色，不接于目；淫哇之声，不入于耳；奇邪之行，不作于身"的高深修养工夫。当时的了庵和尚，已有八十九岁了！十月，前往南京西北部的滁州上任。上任之后，因为工作太清闲，阳明先生每天所做之事还是"老三篇"：吃饭，睡觉，在游山玩水之中给学生讲授圣人之学。

1514年，甲戌岁，正德九年，43岁。这年四月，被任命为南京鸿胪寺卿，级别仍为正四品。鸿胪寺乃接待外国使臣的部门，原本是很忙的，但由于阳明先生任的是南京鸿胪寺卿，故依旧闲得只能靠讲学打发岁月。这个时期，聚集到南京学习的学生包括：黄宗明、薛侃、马明衡、陆澄、季本、许相卿、王激、诸偶、林达、张寰、唐俞贤、饶文璧、刘观时、郑骝、周积、郭庆、栾惠、刘晓、何鳌、陈杰、杨杓、白说、彭一之、朱麟（chí）等。阳明先生传授学问的方式主要有两种：一是现场切磋交流；二是书信点拨。

1515 年，乙亥岁，正德十年，44 岁。这一年四月，阳明先生给朝廷写了一道《自劾乞休疏》；八月，又上了一道《乞病养疏》，请求能够"暂回田里，就医调治"。这年七月，明武宗为迎接乌斯藏活佛，命中官刘允携带厚礼（盐引数万），乘座一百多艘船只，浩浩荡荡前往藏地。这次迎佛活动时间长、花费巨大，以致国库黄金告罄。阳明先生为此写了一篇《谏迎佛疏》，劝诫正德皇帝"能以好佛之心而好圣人"。也许是鉴于 1506 年冬天的教训，阳明先生并未将这篇疏送上去。

1516 年，丙子岁，正德十一年，45 岁。这一年的八月十九日，阳明先生升任都察院左佥都御史，受命担任南赣及汀、漳地区的巡抚。十月，阳明先生上《辞新任乞以旧职致仕疏》，表达了自己体弱多病，不堪大任之意。十月二十四日，朝廷再次要求："特命尔前去巡抚江西南安、赣州、福建汀州、漳州、广东南雄、韶州、惠州、潮州各府及湖广郴州等地，安抚军民，修理城池，禁革奸弊，一应地方贼情、军马、钱粮事宜，小则径自区画，大则奏请定夺。"十一月十四日，兵部又严令督促："既地方有事，王守仁着上紧去，不许辞避迟误。"十二月三日，阳明先生启程前往赣州剿匪。

1517 年，丁丑岁，正德十二年，46 岁。正月十六日，抵达赣州，设立军机处，向下辖全体官员发布首条训令，并致信兵部尚书王琼，表达了自己的感恩图报之心。同月发布《十家牌法告谕各府父老子弟》；三月，再下《案行各分巡道督编十家牌》，其主要目的是维护社会治安，清除敌军暗探，破解民匪一家的死结。二月十九日至三月二十一日，彻底扫平了盘踞漳南数十年之久的匪患，贼首詹师富、温火烧等均被斩杀。颁布《谕俗四条》，用以约束、教化百姓。五月二十八日，上《添设清平县治疏》。十月九日至十一月十三日，扫平江西横水、桶冈等八十多处匪巢，抓获及斩杀谢志珊、蓝天凤等八十六名匪首及三千一百六十八名匪众，俘虏两千三百三十六人。十二月五日，上《立崇义县治疏》。

1518年，戊寅岁，正德十三年，47岁。这年的正月七日至三月八日，率军亲赴广东龙川县一举扫平浰头匪患。至此，为害四省九府达数十年之久的匪患被彻底扫清。阳明先生因为操劳过度，导致旧疾恶化，不得不再次向朝廷上了一道《乞休致疏》，请求辞官休养，未得到批准。四月，为教化民众，正化风俗，发布一道《告谕》，对民间婚丧嫁娶、礼书往来等作了明确规范要求。重兴社学，特作《训蒙大意示教读刘伯颂等》，介绍自己对儿童教育的体会。五月一日，上《添设和平县治疏》。六月十五日，上《三省夹剿捷音疏》。六月六日，升任都察院右副都御史，朝廷赏赐荫子锦衣卫，世袭百户侯。

这一年，阳明先生在赣州刊刻了《大学古本》，并为其写了一篇序文。

这一年七月，学生薛侃在赣州刊刻了《传习录》上卷，内容包括：徐爱所录十四条语录，陆澄所录八十条语录，薛侃所录三十五条语录。

1519年，己卯岁，正德十四年，48岁。这一年的六月九日，阳明先生率军从赣州出发，前往福建解决福州三卫叛乱问题。十五日，抵达丰城县的黄土脑，接到丰城知县顾佖以及沿途地方总甲的报告，宁王已于六月十三日，以自己过生日为幌子，将江西省、府、县各级主要官员几乎全部"邀请"到府中贺寿，或杀、或拘、或逼迫变节，公开举起了反叛大旗。十八日，阳明先生从丰城返回吉安，并采纳吉安知府伍文定的建议，以吉安为根据地，高高地举起"平叛"大旗。

六月十九日，向朝廷上奏《飞报宁王谋反疏》；二十一日，再上《再报谋反疏》。与此同时，向家里发送了两封家书，告知了宁王叛乱一事，表达自己为国解难的决心和信心。

为扰乱宁王心神，打乱宁王阵脚，自十八日起，一连几天，阳明先生命人伪造一系列调兵文件，故意让宁王截取，搞得宁王"不宁"。

六月二十六日，阳明先生下令从南安等十二府及奉新县调集兵卒；七月一日，特派致仕县丞龙光前往吉水县组织民兵义勇军；七月四日，向福建布政使发送了《预备水战牌》。

七月十三日，阳明先生率领临时组织起来的三万四千多名义勇军，离开吉安，向南昌进发。

七月十九日晚，阳明先生指挥十三路兵马进攻南昌城；二十日黎明，占领了南昌城。

七月二十四日至二十六日，指挥伍文定、邢珣等一帮文官，在鄱阳湖上与宁王叛军激战了三天，彻底追歼了宁王的叛军，并生擒了宁王。

八月十七日，向朝廷上了《请止亲征疏》，希望谏阻正德皇帝亲征扰民。九月，将朱宸濠等一干俘虏交给了太监张永，回到杭州净慈寺养病，十一月，回到南京。

1520年，庚辰岁，正德十五年，49岁。这一年正月，许泰、张忠等佞臣在南京向正德皇帝进谗言，说阳明先生企图谋反。阳明先生处境危险。后经张永帮忙，阳明先生逃过一劫，并被任命为江西巡抚。

1521年，辛巳岁，正德十六年，50岁。这一年三月，明武宗朱厚照驾崩。五月，明世宗朱厚熜登基。八月，阳明先生上《乞便道归省疏》，得到批准；九月，回到老家余姚。十二月十九日，被封为新建伯，并被任命为南京兵部尚书兼光禄大夫、柱国，每年享禄米千石，追封王家三代及其妻室。平定宁王叛乱的不世奇功总算得到认可。

1522 年，壬午岁，嘉靖元年，51 岁。正月初十，阳明先生上《辞封爵恩赏以彰国典疏》，请求辞让新建伯爵位，未被批准。二月十二日，父亲王华病逝，享年七十七岁。为父守丧期间，收钱德洪等八十多名学生，以探讨圣学之乐。

1523 年，癸未岁，嘉靖二年，52 岁。这年春天，邹谦之拜访阳明先生，一起切磋圣人之学数日。临别时，阳明先生写诗相赠，其中两句是："须从根本求生死，莫向支流辩浊清"。

1524 年，甲申岁，嘉靖三年，53 岁。这一年，时任绍兴知府的南大吉自悟良知后，命山阴县吴瀛将绍兴府卧龙山岗上的稽山书院作了修复，供阳明先生讲学。阳明先生为此写了《稽山书院尊经阁记》。据记载，到稽山书院听讲的人多达三百多人，来自湖广、广东、南直隶、江西等地。十月，南大吉组织编写了阳明先生的论学书简，大致相当于今天的《传习录》中卷。

1525 年，乙酉岁，嘉靖四年，54 岁。这一年，阳明先生收了一个六十八岁的老学生董萝石，并为他专门写了一篇《从吾道人记》。针对顾东桥对"良知"提出的质疑，阳明先生回了一封长信，在信的后半部分，谈及了"拔本塞源"的问题。这一年正月，阳明先生的夫人诸氏去世，四月下葬。

1526 年，丙戌岁，嘉靖五年，55 岁。这年夏天，右佥都御史聂豹借着到福建巡察的机会，拜访了阳明先生。分别后，聂豹写了一封长信给阳明先生，针对阳明心学遭受世人非议的问题，提出了"与其尽信于天下，不若真信于一人。道固自在，学亦自在，天下信之不为多，一人信之不为少"的观点，得到阳明先生的赞赏。这一年八月十五日，与学生们一起赏月，作《后中秋望月歌》一首，发出了"此后望月几中秋？此会中人知在否"的感叹，似乎暗示将不久于人世。十二月，作《惜阴说》。同月，生子正亿。

1527 年，丁亥岁，嘉靖六年，56 岁。这年正月十一日，朝廷决定由阳明先生兼任都察院左都御史，去平定广西思恩、田州的叛乱。六月，阳明先生上《辞免重任乞恩养病疏》，未获批准。九月，先生启程前往广西。十一月二十日，抵达梧州府。十二月一日，向朝廷上《赴任谢恩遂陈肤见疏》，阐述了自己以"抚"为主的方略。二十五日，发布《放回各处官军牌》，将思田地区的数万名守备兵全部解散，让他们休养生息。

1528 年，戊子年，嘉靖七年，57 岁。正月十六日，卢苏、王受率数百头目到南宁府城下自首投诚，思恩、田州之乱在"不折一矢、不戮一卒"的情况下完全平息。二月十二日，阳明先生向朝廷上了《奏报田州思恩平复疏》。四月至六月，平定了八寨、断藤峡的匪患。七月十二日，上《处置八寨断藤峡以图永安疏》。由于病情不断加重，万不得已，阳明先生于八月二十七日离开南宁府，踏上了回乡的归途。十一月二十九日上午辰时，病逝于江西大余县青龙铺。临终前，学生周积问有何遗言，先生淡然答道："此心光明，亦复何言！"

附录三

阳明心学歌

（一）

万物一体①，皆通良知。

阳明先生，良知使者；

龙场悟道，点铁成金；

灵丹一粒②，圣脉得续。

---

① 天地万物万态，虽然万变，但不离其一。从始端而讲，是万物生于一。如万物生长靠太阳，而太阳之主要构成元素，亦不过一氢而已。从尾端而论，是万物归于一。如世间之物，无论是人，还是草木，还是其他动物等，一把火烧后，俱为灰烬，而灰烬的主要元素，不过一钾而已。可见万物一体，实乃万物皆由几种主要元素构成而已；既然构成之元素相同，又如何不能相通呢！诚如阳明先生所言："风雨露雷、日月星辰、禽兽草木、山川土石，与人原只一体。故五谷禽兽之类，皆可以养人；药石之类，皆可以疗疾。只为同此一气，故能相通耳。"

② 《传习录下·陈九川录》记载，阳明先生曾对学生说："人若知这良知诀窍，随他多少邪思枉念，这里一觉，都自消融。真个是灵丹一粒，点铁成金。"

（二）

良知之根，人人现成。

天然之尺，是非自分[①]；

天然之则，善恶自明；

天然之镜[②]，诚伪自辨。

（三）

良知之神，以心为舍[③]。

心越宽广[④]，神越自由；

心越温清，神越自在；

心越素朴，神越自安。

[①] 《传习录下·陈九川录》记载，阳明先生曾指点学生："尔那一点良知，是尔自家的准则。尔意念着处，他是便知是，非便知非，更瞒他一些不得。"
[②] 《传习录上·陆澄录》记载，阳明先生曾言："圣人之心如明镜。"《答陆原静书》亦阐述："圣人致良知之功，至诚无息。其良知之体，皦如明镜，略无纤翳。妍媸之来，随物见形，而明镜曾无留染。"
[③] 中医言：心为神舍。神者，灵魂也。
[④] 心如何才能宽广？阳明先生言："须是廓然大公，方是心之本体。"心底无私，天地自宽矣。故大公无私者，圣人也；先公后私者，贤人也；损公肥私者，小人也。

（四）

良知之功，广大精微^①。

王者治心^②，强者炼心；

兵者攻心，仁者乐心^③；

康济天下，不负初心。

（五）

良知之术，简易真切^④。

繁能化简，难能变易；

---

① 广大精微一句，出自《中庸》，原话是："君子尊德性而道问学，致广大而尽精微，极高明而道中庸。"世之学问千千万万，但大体可分为"广大"之学与"精微"之学两类，也就是宏观与微观两类。如儒家内圣外王之学，内圣，就是修省内心的精微之学；外王，就是兼济天下的广大之学。又如二十世纪物理学的两颗明珠，爱因斯坦的相对论，就是致广大之学；量子物理学，就是尽精微之学。

② 阳明先生曾言："大道即人心，万古未尝改。""古人为治，先养得人心平和。"青年毛泽东亦言："欲动天下者，当动天下之心！"

③ 阳明先生经常教导学生："乐是心之本体"；"常快活便是功夫"。

④ 阳明先生一生，最推崇简易，反复强调：凡功夫一定要简易真切，愈简易愈真切，愈真切愈简易。他一再告诫世人，圣人之学是"至简至易、易知易从"，千万别堕入"劳苦而繁难"之境。

万事万变，此心不动[①]；

物来顺应，随机而动[②]。

（六）

良知之同，天下古今[③]。

无间贤愚，无分贵贱；

作圣之本，纯乎天理[④]；

人人自有，个个圆成。

---

① 世事复杂多变，如何应付应对？在许多人想来，一定是事先作充分准备，预先讲求。阳明先生则一语道破天机："圣人之心如明镜，只是一个明，则随感而应，无物不照"；"是知圣人遇此时，方有此事。只怕镜不明，不怕物来不能照"。由此可见，阳明先生在应对外面复杂的事务时，并不是事先去预想各种具体方案，而只是事先预备智识才力；并不去理会有多少东西需要映照，而只管专注地磨好自己的心镜。

② "不动心"一词，最早出自《孟子》，原话是："我四十不动心。"平定宁王叛乱后，有人向阳明先生请教兵法，先生笑答曰："用兵何术，但养得学问纯笃，此心不动乃术尔，凡人智能，相去不甚远，胜负之决不待卜诸临阵，只在此心动与不动之间。"

③ 阳明先生认为，良知面前人人平等！既然每个人都有良知，那每个人便都有"致良知、成圣人"的机会。先生一贯强调："良知之在人心，无间于贤愚，天下古今之所同也"；"良知之在人心，天下古今之所同也"；"良知之在人心，不但圣贤，虽常人亦无不如此"。

④ 圣人的标准究竟是什么？古往今来，无非是三种：一是纯乎天理，道德高尚；二是既道德高尚，又知识才能出众；三是知识才能出众。阳明先生独尚天理而不重知识才力，且认为"知识愈广而人欲愈滋，才力愈多而天理愈蔽"。他认为，"作圣之本是纯乎天理"，圣人的标准，只有一个，就是道德！每一个人，就像那一块一块的金子一样，判断他是不是金子，不是看他的重量多少，而是看他的质量纯度如何。一个人，判断他是不是圣人，不是看他的地位如何，不是看他的知识才力如何，而是看他的良知光明度如何，道德修养如何！

（七）

良知之病，在一傲字①。

除却轻傲，即是格物；

谦虚其心，宏大其量②；

精神宣畅，志气通达。

（八）

良知之道，坦如大路。

静处体悟，涵养良知；

事上磨炼，锻造良知③；

知行合一，自致良知④。

———————

① 阳明先生认为，人生大病在一傲字。在《与王纯甫》书中，他是这样检讨自己的："某平日亦每有傲视行辈、轻忽世故之心，后虽稍知惩创，亦惟支持抵塞于外而已。及谪贵州三年，百难备尝，然后能有所见，始信孟氏'生于忧患'之言非欺我也。"

② 阳明先生在《答刘内重》书中阐述："谦虚其心，宏大其量，去人我之见，绝意必之私，则此大头脑处，自将卓尔有见。"

③ 《传习录下·钱德洪录》记载，阳明先生对学生阐述良知修行方式时，说："良知明白，随你去静处体悟也好，随你去事上磨炼也好，良知本体原是无动无静的。此便是学问头脑。"这里，阳明先生已将良知修行方式作了结合，即，既要通过静处体悟涵养良知，又要通过事上磨炼锻造良知。

④ 对于致良知的层次，阳明先生将之分为三种：其一，然而自致良知者，圣人也；其二，勉然而致良知者，贤人也；其三，自蔽自昧良知者，愚而不肖之人也。

（九）

良知之灯，灭千年暗^①。

《孟子》为源^②，《大学》为本^③；

《坛经》为芯^④，《周易》为基；

千圣相传，点滴骨血^⑤。

（十）

良知之恒，万古一日^⑥。

人有良知，心安体健；

---

① 语出《六祖坛经·忏悔品第六》："一灯能除千年暗，一智能灭万年愚。"
② 阳明心学体系中的几个核心概念，如"良知""不动心"等，均从孟子处借来，并加以扩充、丰富。
③ 《大学》之所以被称之为"大学"，是因为它讲的是造福大众、服务人民的大学问。阳明学直接传承了《大学》的"亲民"元素，并将之扩充提升为全心全意为人民服务之学。
④ 阳明先生虽然抛弃了佛教，但却借用禅宗"明见心性，直了成佛"的顿悟式修行方法。如果把阳明心学比作是一盏灯，那么《孟子》提供的是灯座，《大学》提供的是灯油，《坛经》提供的是灯芯！
⑤ 越到后期，越专注于良知说，确实达到了"良知之外更无知"的程度。他认为："某于良知之说，从百死千难中得来，实千古圣圣相传一点滴骨血也。"
⑥ 阳明先生在《寄邹谦之》书中形容："良知之在人心，则万古如一日。"说明了良知的永恒性和普遍性。

国有良知，全面小康①；

世有良知，济于大同②。

---

① 何谓小康社会？《礼记·礼运》作了生动描述，其社会体制的根本特征是："今大道既隐，天下为家，各亲其亲，各子其子，货力为己，大人世及以为礼。"其社会伦理的表现特点是："礼义以为纪，以正君臣，以笃父子，以睦兄弟，以和夫妇，以设制度，以立田里，以贤勇知。"

② 何谓大同社会？《礼记·礼运》同样也作了生动描述，其社会体制的根本特征是："大道之行也，天下为公。选贤与能，讲信修睦，故人不独亲其亲，不独子其子。"其社会伦理的表现特点是："老有所终，壮有所用，幼有所长，矜寡孤独废疾者，皆有所养。男有分，女有归……谋闭而不兴，盗窃乱贼而不作，故外户而不闭。"